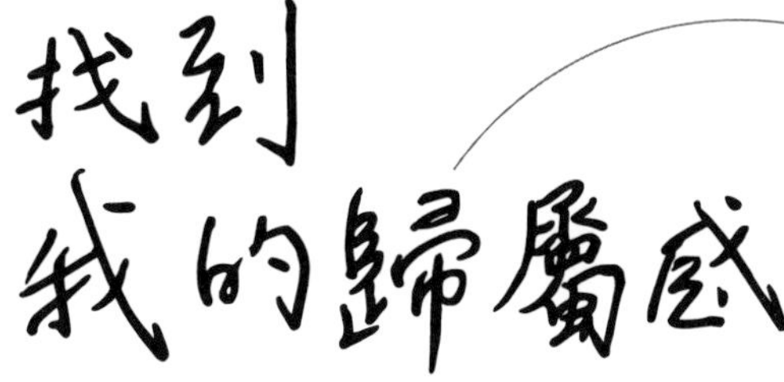

找到我的歸屬感

建立連結，尋求認同，擁有存在感的心靈探尋

探索真我升級版

艾蜜莉・懷特
Emily White —— 著

沈維君 —— 譯

Count Me In

How I Stepped Off the Sidelines,
Created Connection, and Built a Fuller, Richer, More Lived-in Life

原書名：找到不再孤單的自己：尋找認同、建立歸屬感的快樂提案

推薦序

快樂常是連結的副產物

臨床心理師　洪仲清

「歸屬感＝在團體中受歡迎、被需要、被接納＋能融入該團體的感受。」

以上的公式，引自本書針對「歸屬感」進行深度的探討。歸屬感是我們人類的需求之一，但這不見得是理所當然的事，即便是在家庭中，也有些人會覺得自己跟整個家格格不入，好像一個外人。

像這種「外人」感覺，由於社會制度的關係，「媳婦」這個角色，特別是有些常需要跟夫家的親友互動的媳婦，會感受特別深刻。如果自己的家，是一個一直要特別努力表現，來尋求被認同、但又常遭遇挫折與拒絕的地方，我想，要產生歸屬感，大概很難吧！

當然，如果一個孩子常被否定、被嫌棄，或父母常以撤回愛做為教養的手段，像是跟孩子說

「我們家沒有你這樣的孩子」、「乾脆讓你去給別人養」……等。那麼，孩子對家庭的歸屬感也會漸漸稀薄，對於在外面尋找歸屬感的機率就提高了。

歸屬感，或者產生連結，只能以人為對象嗎？

「……曾有人以各種方式告訴我們，有些我們認為很重要的事情其實並不重要，像是越野單車、動物、或對發條鐘著迷等這些事。但歸屬感永遠根植於我們所重視的事物。這意味著，如果你聽任別人告訴你不該在乎什麼，到頭來你就會斷絕了所有連結，或拚命追求永遠感覺不太真實的連結。」

現在過度重視人與人之間的互動，導致沒那麼喜歡互動的人，被當成「怪咖」。不過，自從各種網路的交流平台出現之後，我認識了不少朋友，很明白地指出，自己其實沒那麼喜歡跟人互動。我在臨床上面對的一些孩子，天生就有更喜歡獨處的傾向。

我曾經看一個作家，寫到農業時代的情況。說實在話，一個人整天在田裡勞動，特別是以前人口沒那麼多，除了回家可能碰到家人之外，真的很少遇得到外人，就更別提要講話聊天了。現在都市化、商業化的社會，用沒那麼明顯的方式，給喜歡獨處的人污名，好像這些人很怪，常常躲起來做壞事。

其實，就算喜歡獨處，也可以跟事物產生連結，感覺到歸屬感。關心一件事物，甚至土地，都有機會感覺歸屬。更不用說，有些人能跟寵物有相當深厚的情感。

「⋯歸屬感永遠來自於『關心』。你若冷漠無感，就無法建立連結，因為沒有任何東西可以讓你與之產生連結。如果你限制自己只關心一些你勉強在乎的事，你獲得的歸屬感就會打折扣，因為你並未投入最深的情感。」

恐懼給予承諾，部分是因為怕受傷害。所以，為了避免傷害，會讓自己不再期待，或者也不想期待。只是沒想到，這可能反而讓自己失去更多。

我常對各種事物保持好奇心，也鼓勵孩子們要多探索未知，當然以安全性為界線。往外走的時候，多用一點心，其實也正在往內走。

跟人事物的互動，常常讓我們更認識自己。然後，這些經驗需要大量的功夫，把它們串在一起，整理出意義。一個找不出意義的人，常會感覺虛度自己的人生。

「共患難會讓人們更靠近，這是歸屬感研究的關鍵因素。事實上，正如我所領悟到的，痛苦會拉近彼此的距離，不僅速度極快，感受也會很深刻。不過，唯有透過行動，你才能進階到更完整的契合階段。光是坐著不動，心情低落，對事情也不會有任何幫助。」

所以我常建議，感到人生暫時失去意義的朋友，悶在家裡實在會很難過，可以出去走走。也可以在自己的能力範圍，適當地助人，常能找到某種歸屬。

我們也知道，「革命情感」其實會非常堅強。人與人之間，如果要相互陪伴走一段路，就很容易遇到種種困難。但是我們願意承諾，共同面對困難，也能成功過關，那麼共患難這個經驗，就會變得非常珍貴。

讓我們捫心自問，我們跟他人，真正有過共患難的經驗嗎？如果沒有，「創造」會比「等待」，更能實現。

「如果我們想要建立連結，唯一需要做的就是往內心探尋。」

對於某些懂得靜心的朋友，會開始慢慢體驗到，我們其實可以跟自己建立連結，又不跟現實脫節。因此，獨處便能安然。原來我們常是心有歸屬，然後投射到外在。心神不安，跟人相處，也容易斷訊。

目次

前言

尋找歸屬感的挑戰

——我的心靈療癒計畫——

認識越多人會越快樂，真的是這樣嗎？

二〇一二年夏天不是我的幸運季。前一年充滿壓力，因為一段經營已久的感情走到了盡頭。幾經權衡之下，我決定離開鍾愛的濱海小鎮，回到我成長的內陸大城市，在那裡我曾度過大半輩子。在這段生活發生劇變的期間，我失去了幾個朋友、三隻寵物、我的房子，還有正在進行中的書籍也因此告終。

我過得不是很快樂，但我不以為意，這多半是因為我主要的興趣本來就不是在追求快樂。大一時，我曾潦草地抄下蕭伯納的這句話：「快樂與美麗都只是副產物。」當時我覺得這句話很有道理，雖然十八歲的我也說不出什麼所以然。如今，四十四歲的我對此已經頗有領悟。對我來說，「快樂」永遠是「連結」的副產物。我總愛想像自己與身邊的人之間有股水流，這會讓我覺得與當下所處的環境是頻率相同的。

對我而言，從「連結」通往「快樂」的生產線早已開始運轉。我四歲時就和世上最快樂的人——泰莉，共用一間臥室。我有兩個姊姊，她是小姊姊。泰莉似乎天生就很快樂。她不只生性樂觀，也有著讓別人感到愉悅的大把精力。她看起來就很無憂無慮：她有一頭迷人亮眼的白金色頭髮，彷彿她自身就散發著光芒一樣。就像蝴蝶總是趨光而飛般，人們也都深受她吸引。我媽媽特別另外裝了支電話，她的朋友與未來可能成為男友的人都會打這支電話給她。每次泰莉電話講個不停時，還是小女孩的我，總是躺在床上裝睡，那種感覺就像聆聽一波波浪花拍打著岩石。

我所珍視的，並非是快樂本身。對我來說，快樂是像泰莉這樣的人與生俱來的能力；我重視的是互相連結的感覺，當我躺在黑暗中，聆聽摯愛的人說話的聲音時，這種感覺便會油然而生。隨著年齡增長，我漸漸明白，透過連結尋找快樂比較符合我的個性。這與我喜歡修修補補的個性有關，我喜歡逐一分析並調整自身情緒，直到這些情緒能讓我覺得舒服自在。關於「建立連結」這件事，有個實際的地方很吸引我。如果感受就像水流一樣，我可以試著釐清會造成阻礙的原因，或者思考為什麼水流會如此順暢。

當我住在濱海小鎮時，一直都是這麼做的。我在生活顛簸之際放棄書寫的書籍主題就與「社群」有關。書中所描寫的那座小鎮有某種力量，能讓人感覺成為群體的一份子是很容易的事，當我得知必須收拾行李離開時，我正準備開始寫那本書。結果，書當然寫不成了，因為我沒辦法住在擁有五百萬人口的大城市裡，卻書寫著小鎮生活。可是，我之前做過的調查研究依然盤據在腦海中，而那年夏天，我一直苦思希望能解開其中的謎團。

比方說，我知道我在「連結」與「快樂」之間感覺到的關聯性，對許多人來說是真實存在的。哈佛大學的政治學家羅伯特・普特南（Robert Putnam）就主張，可以準確預測一個人快樂與否的唯一指標，是其建立的人脈深度與廣度；也就是說，你認識越多人，包括在社交上的互動與親密的來往等層面，你就會越快樂。

而我之所以無法在多倫多釐清我的生活，原因就在於此。以往我從連結能通往快樂的那條道路感覺行不通了，而我無法透過裝設電話來找出問題，因為跟之前所離開的小鎮相比，我在多倫多其實認識更多人。事實上，從統計數字來看，我擁有的人脈比大多數人都還豐富。過去三十年來，溝通科技已大為進步，但我們可仰賴的人數卻減少了。平均來說，現在即使把智慧型手機與臉書的連結都算在內，能與自身保持高度連結的朋友，都比一九八五年少了三分之一。

為什麼會這樣？沒有人可以提出正確的解釋。有些研究學者表示，問題是出在科技產生的孤立效應；但也有學者認為，科技能讓我們避免因工作不穩定、收入降低與離婚率提高而感到孤獨。我不確定哪個觀點才是正確的，但這不重要，因為以我為例，無論是從哪個層面來看，只要一提及學者口中所謂的「**密友**」，我就已突破統計數值的平均值。我有四位認識了幾十年的至交好友，還有一些家人，包括我的姊姊泰莉與克莉絲、我媽媽、繼母、一群姪子和姪女——這些人都在我身邊大半輩子了。而且，除了其中一位朋友已經從多倫多搬到魁北克鄉下之外，所有與我關係密切的人都和我住在同一座城市裡。

而這也表示，我實在沒道理老覺得自己與他人沒有足夠的連結感。我很喜歡列清單——如果你打算分析自己的情緒，清單就是必備的工具。那年夏天，我開始列出我認識的人，並且評估他們分別是屬於「很親近」、「親近」或「有點親近」的層級。我還花了點時間思考是否要把搬到魁北克鄉下的賽門從「非常親近」移到「親近」那一欄。不過，無論如何，最終盤點下來，前面兩欄總共有八個名字。雖然我在多倫多有很多以前的同班同學，但我沒有設「完全不親近」這個欄位，因為我的生活沒留太多空間給泛泛之交。我喜歡在捷運上看到熟悉的臉孔，也喜歡在路上與認識的人邊走邊聊，但我不覺得有必要把小學認識的人重新拉回我的生活圈裡。而這種想法讓我回到之前曾困擾我的問題：如果泛泛之交不會對我造成困擾，而且我也已經擁有這麼多親密的連結，為什麼我仍覺得自己的情感生活有所空缺？

我在北極圈小鎮的美好生活

那年夏天，我正接受心理諮商。身為一位剛分手的四十來歲女性，這麼做可以說是有必要的。而且我也不介意去看心理醫生，因為我喜歡吉納維芙。她滿頭白髮，喜歡用鮮豔的靠墊與整牆明亮的掛毯裝飾辦公室。她大多穿一身黑或米色，有時候我覺得這些顏色全都是種偽裝，因為當我專注於自己時，她便可以隱身在顏色中。這種方法果然有用。我一踏入她的諮商室，就開始說出我的困擾。包括被分手，還有那股奇怪的空虛感侵入我的生活中——就是我覺得自己應該是以一些特定的方式屬於特定的人，但卻**完全**無法感覺到歸屬感。

「妳還記得以前什麼時候曾經有過歸屬感嗎？」吉納維芙輕描淡寫地問道。

我本來打算回答是當初住在濱海小鎮的時候，可是說到歸屬感，我對那裡的感受其實相當複雜，因為之前我曾擁有的歸屬感已經被帶走了。而且，我還突然想起另一件事。

「嗯，是我待在靠近北極那一帶的時候。」我說道，而且在腦海裡立刻出現當時的畫面。二○○○年時，我曾經住在伊魁特[1]北方的偏遠小鎮六個月，那裡景色絕美，讓我徹底著迷。伊魁特位於林木線以北，如果你人在戶外極目眺望，遠在數公里外的風景都一覽無遺，在色彩繽紛的凍原上，到處都是石南灌叢與苔蘚，放眼望去是一片燦爛的金色與深紅色，走在充滿彈性的地面上，有如在空中彈跳。

「為什麼北極那裡會那麼特別？」吉納維芙問道，「是因為妳在那裡認識的人嗎？」

「倒也不是。」我的情況有點難解釋。我當時跟一家律師事務所簽約，不過合約是有期限的，這表示我在那個北方小鎮不可能與人建立深厚的友誼。我照樣認識人，也花時間與他們相處，但自從我知道自己並不會待太久後，就沒有再與人深交。我把注意力改放在「土地」上。我的室友養了一隻精力旺盛叫達科塔的狗狗，是混梗犬與哈士奇，每次下班後，我都會和牠來趟漫長而艱難的散步。那時候是夏天，所以是永晝狀態，我們就這樣一山走過一山。有時會有一小群馴鹿圍繞在我們身邊。一開始，這會讓我覺得緊張，不過後來我學會看達科塔的眼神行事，很快就抓到訣竅。就是當一大群受傷的動物經過時，我只要屏住呼吸不動就好。在夜裡亮白的日光照耀下，牠們目光看起來非常溫柔。馴鹿真是很奇怪的動物，我知道牠們明明看得見我，卻只是悄悄經過我身邊，有時候我們的距離只有大約十五公分那麼近，但牠們還是對我視而不見，這讓我對牠們感到很好奇。此外，當我看到群山上星羅棋布的巨大石雕時，也不禁為之震懾：這些巨大的因努伊特石堆（inukshuks）是由當地的游牧民族築起的，目的是要讓迷路的人知道他們並不孤單。有時我會讓達科塔站在這些雕像下方，叫牠「往北看」，然後替牠拍照。通常我們會坐在拉布拉多海[2]附近的大圓石上，讓潮水朝我們四周湧來。

從許多方面來看，這裡都是個困難重重的地方：四處都是通往無名荒野的泥土路，在必須與人共乘的計程車裡會碰到粗暴的爭執，社交生活就繞著撲克牌遊戲「瘋狂八點」的比賽打轉。許多人都百無聊賴，而且睡眠不足。有一回我去上班，發現有位同事坐在桌子前面，用一副呆滯而茫然眼神，機械式地吃著一排小甜甜圈。

但我卻過得如魚得水。我有一個黑色襯裡的睡袋，能讓我睡得飽飽的；我有達科塔；而且我有可愛的室友朗妲，每次只要她贏了瘋狂八點，就會把戰利品（那是個超級瑪利歐造型的沛茲糖果盒）放在我們的電視機上。儘管我沒有跟任何人特別親近，但這並不重要，因為我覺得自己是屬於那個地方的。漫長的散步將我與土地、動物、大海都緊緊連繫在一起。我感覺到與我產生連結的不是「人」，而是「物」。那種連結感深植在我心中，能讓我覺得平靜，也更有安全感，自從我成年後，從沒有過這種深刻的感受。

1　Iqaluit，加拿大領地觸及北極圈的城市。
2　位在格陵蘭與加拿大之間，是通往加拿大北極地區的東部門戶。

我告訴吉納維芙：「有趣的是，有時候我可能會遇到許多真正危險的情況。當時山上就只有我和達科塔。我們可能會迷路，我也可能會扭到腳。」有次我就碰到很糟的狀況，當時達科塔不願再往山上走，我獨自一人置身於不知名的荒野中，有隻北極熊就在那兒，這可把我給嚇壞了。當達科塔轉身飛奔回家時，我也立刻跟著跑。我一直都不知道牠到底要帶我逃離什麼樣的危險，不過一想到這件事，我總還是有種在劫後餘生之後那種喉嚨發緊的感覺。然而，我決定不提這件事，只強調基本上是真實的那些事情。「在那裡我從不會覺得自己不安全。」我說。

「那妳覺得自己在這裡不安全嗎？」當然，「這裡」指的是多倫多：這是我自小就居住、也瞭若指掌的城市。

我不確定該怎麼回答。就生理安全來說，多倫多讓我覺得安全多了，這是個繁忙的城市，也有許多人為伴。但是，我心理上卻感覺像是失落了什麼，彷彿地心引力並未正確運作。我覺得自己活得不夠踏實，有時候我的生活感覺太沒重量了。

「這裡沒有我在那邊山上看到的那種雕像。」我試著解釋道，「我喜歡它們所傳達的訊息。人們堆起這些石雕，創造彼此同在的象徵。即使當時他們並未真正在一起，但至少就精神層面而言是如此。他們正想念著彼此。」

「這就是妳的感覺？妳覺得好像沒人惦記著妳？」

「嗯，或許是在認識我的人裡，想我的人還不夠多。」這話聽起來連我自己都覺得怪怪的，但吉納維芙似乎聽懂了。

「妳的生活圈太小了。」她暗示道。

「沒錯！」她所說的也正是曾讓我覺得困惑的想法，「在北方，所有的一切感覺都很大。我的意思是真的『很大』。北極圈是個幅員遼闊的地方。而我所感受到的同樣也很廣闊，我擁有的似乎更多。但現在我覺得自己已經失去了那種寬廣的感受。」

「那妳可以重新創造嗎？」

「妳是指北極圈？」

「我指的是妳待在北方小鎮時的那種感受。」

「嗯，多倫多是個截然不同的地方。」我說道，「而且達科塔現在肯定已經離開人世了。那是很久以前的事了，牠又是隻大狗，不可能到現在還活著。」

我實在不願想到達科塔已經死去的事實，我覺得那不公平。我得承認，我對生活也有如此的不公平之感，彷彿像是被什麼難以名狀的事物給騙了。

「在北極圈，」我說道，絞盡腦汁想尋找更貼切的說明，「並不是只有『人』這件事。」

「那……妳會怎麼稱呼『土地』呢？」

聽到吉納維芙這樣說實在是很有趣，不過她說得沒錯。住在北極圈的居民不會說「戶外」或「大自然」。那就只是土地，它無處不在，也完全零距離。而這塊土地有種神祕的特質，我總覺得從未窺見全貌。午夜的天空白濛濛地發亮，照得門戶與牆垣彷彿不再是堅硬的固體，只要一伸手就可以穿透過去。在那裡，似乎還有其他比鄰的世界也同時存在。有時候我跟達科塔躺在後院，讓牠把頭枕在我肚子上，同時心裡想著，我所獲得的遠比能接受的還要多。

歸屬感已瀕臨絕種？

我搖搖頭甩掉回憶。吉納維芙的辦公室位於大街上，交通嘈雜。她開了冷氣，因此室內很涼爽，但她對這八月的太陽也沒轍。陽光透過路面與大樓反射的陽光，讓我連在室內都得瞇著眼睛。

「我沒辦法在這裡重新創造那種感覺。」我說道。

「聽起來，妳似乎是在說一種感覺，而不是一個地方。」她平靜地回答，「妳是說妳想要屬於某個比妳更廣大的東西。那非得在北極圈不可嗎？」

我搖搖頭。不。若把北極圈當成一種歸屬的標準，那標準實在太高了。我知道一定還能利用其他方法重新創造這種感覺，而那種方法是我在日常生活中每天都能用得到的。但我立刻就遇到一個吉納維芙似乎並沒注意到的問題。

「但其他能讓我產生歸屬感的東西都消失了，妳知道的。」這是我從我的社群研究中得到的論點：過去能讓我們產生連結的方式已經完全不見了。像是俱樂部的終生會員資格，人們吞雲吐霧的聚會聽，鄰居之間的交誼茶敘，喧鬧的活動會議，保齡球友誼賽……這些全都消失了，也就是「**公眾生活**」這個名詞——我們失去許多公眾生活，只剩下私人生活。但是，我們絕非生來就是要過極度隱私的生活。一方面，只擁有朋友與家人的生活相當不穩固：萬一有人離開你的生活圈，或因為工作而搬家，你的社交圈就會縮小。更重要的是，私人的關係無法讓我們變成「我們必須成為的樣子」。朋友與家人會加強我們某部分的本質（通常是我們與他們分享的那部分），但我們也需要更寬廣、更不個人的世界，讓我們顯露出自己**可能**具有的全貌。

當普特南寫到連結與快樂之間的關聯時，他強調了人際關係的廣度與深度。他的意思是，我們不僅需要親密的人際關係，也需要更寬廣、更自在、而不用與人深入對談或密切分享的穩定關係。但他也提到，這些更廣大的關係正消失中：如今，讓我們能有歸屬感的地方已經越來越少了，當我們想要對一個不那麼個人，且關係比較緊密、也具有強烈歸屬感的團體表達支持時，其實並沒有太多選擇。

這段話令我感到不安，因為我有過太多「東西消失不見」的經驗了。我曾經是律師，而且在二〇〇一年至二〇〇九年這段期間，我執業的領域是環境保護法。這代表我要保護受到威脅的事物，其中我最感興趣的就是動物。我可以說是「生物滅絕」領域的專家。我可以不假思索地說出國際自然保育聯盟「瀕危物種紅皮書」上名列的前十大哺乳類動物，也可以描繪出總是隨著這類名單出現的可怕曲線圖——就是用一條粗虛線，從「易危」（vulnerable）、「近危」（threatened）

到絕種等各種類別所畫出的曲線圖。關注這些瀕危物種的變化，會像心裡發生痙攣般，不時觸動著我。對我來說，「未來」並不像「過去」那麼地吸引我，那種有著無法挽回之失落感的過去尤其更令我著迷。每當我看著這份瀕危物種的清單，「絕種」這個類別總是讓我擔憂不已。我會閱讀旅鴿[3]的資料，想知道我們怎麼可以任由這麼美好的物種消逝（那些是多麼令人驚喜、還漫天遨翔的小鳥啊！），又為何會對能滿足我們基本需求的那些事物視若無睹呢？

我在想，歸屬感是否也快要「絕種」了。根據奧勒岡大學的研究顯示，從一九七六年開始至今，覺得擁有歸屬感的美國人數少了一半，而且不分男女、年齡與教育程度，比例都相同；目前的人數也仍持續下降中。這讓我不禁想到，如果我必須決定「歸屬」是屬於哪個類別，我會將之列到「近危」，而非「滅絕」。因為它雖然難尋，但只要你知道該往何處找，它仍在我們四周。

「尋找歸屬」這個想法很吸引我。我喜歡將生活來個翻天覆地的大轉變，藉此發現情緒究竟是哪裡「破了個洞」，並找到「漏氣」的正確位置，這樣做這很符合我的天性。不過，我不確定這趟尋覓之旅會帶來什麼感受。如果我們正失去歸屬感，那麼，這趟旅程會不會到頭來就像是連續閱讀好幾個月瀕危物種資料的心情呢？在過程中，會不會就像瀕危物種清單給我喘不過氣來的感覺一樣，只要名單上每增加一個物種，就彷彿有隻手掐住我的脖子般？

「思考」與「行動」是兩碼子事。或許其他人不需要特別提醒自己這點，不過，那天當我從吉納維芙的辦公室走回家時，我得告訴自己這兩者是不同的。滿腦子想著瀕臨消失的物種還挺累人的，可是一旦我決定要對此付諸行動後，就不再有無力感。

身為律師，我常需要針對諸如物種棲息地之類的事情撰寫備忘錄。這是份文書工作；不會有人要我站在推土機前。但後來有家雜誌要我針對一種即將瀕臨絕種的蛇類撰寫文章，這種蛇叫做「藍錦蛇」（blue racer），而我的任務就是用一週的時間，跟隨研究團隊在伊利湖的小島上搜尋這種蛇類。

我想，我是個很差勁的田野工作者。別人似乎天生就擅長此事，至少大家都裝備齊全：他們帶了氣墊、有補丁的帳篷與瑞士刀；知道如何用罐頭食品煮出豐盛的餐點，還會在晚上聽曲棍球比賽的轉播以免無聊。他們對我很有耐心——因為他們知道，如果想讓蛇的照片登上雜誌，就得對我百般容忍。因此，當我弄掉記錄日誌、眼睜睜看著靴子陷入泥濘中，或是因為我不知怎地把頭巾搞丟而整個團隊必須停下來等我時，他們並未怨聲載道。

從許多方面看來，我對田野工作者反而比對蛇更感好奇。畢竟這些蛇不生活在我周遭。這正是所謂「即將瀕臨絕種」的意思：你就算走了好幾天，也看不到一條蛇。換個角度來看，田野工作者則一直在我身邊，因為他們不肯讓我單獨循著蛇出沒的路徑行走。我有大把的時間可以研究

3 passenger pigeon。旅鴿曾經是美洲數量最多的鳥類，總數多達五十億隻。由於人們濫捕及棲地改變，數量逐漸減少。一九一四年九月一日，最後一隻旅鴿在美國辛辛那提動物園死亡後，此一物種便宣告滅絕。

他們的心理。他們都是研究生，也熟知下列的實情：世上僅存的三百條藍錦蛇都在這座島上，而且牠們的生存全飽受規模日漸擴張的採石場所威脅。不過，這個令人沮喪的事實並未影響他們的心情。這些田野工作者是群精力充沛的人，他們用風力發電爐煮咖啡，也會用怎麼清洗也不厭倦的舊運動水壺喝水。我很好奇，在一切努力很可能都徒勞無功的情況下，他們怎麼還能保有如此高昂的鬥志？

有天下午，我的疑惑得到了解答。當時，負責領隊的生物學家班正從樹林裡走出來，他的手臂上纏繞了條藍錦蛇。

「你想拿拿看嗎？」他問道。班的身材高大，戴著眼鏡，看起來就像從電影裡走出來的環保鬥士，一副身經百戰的模樣：他頭髮凌亂，雙眼炯炯有神，當發現蛇時，就會全神貫注地靜止不動。

「我很想試試。」我答道。我張開手，彷彿正準備接過聖誕禮物般。班把我的雙手拉近靠攏（這可不太像人們在聖誕節會做的動作），然後，在確認我不會讓蛇掉下去後，他才讓蛇遊走到我的手上。

我實在太激動了。當蛇盤上我的手臂時，我能感覺蛇皮摸起來很清涼，而且出人意料地乾燥。這條蛇好美，蛇身的銀色邊線下方有閃亮的藍色條紋。當蛇朝我望時，我發現牠的眼睛是柔和的棕色，那眼神是如此神秘，既無所不知，也近乎仁慈寬容。

於是，我懂了。這就是讓這些生物學家持續前進的動力。他們試圖拯救的生物是如此神奇，因此他們義無反顧地投入救援行動，即使這樣做會讓身上的衣服每天不是被割到就是扯了個大洞，但他們覺得這樣總比什麼都不做要來得好。事實上，當你勇敢面對並處理問題，而非對現實妥協放棄時，箇中的滋味會是樂多於苦。

我的「歸屬保育計畫」

在我從吉納維芙的辦公室走回家的途中，我在一座遛狗公園停了下來，回想起當年在森林裡的那段時光，那就像是世界突然向我開了道縫隙，讓我能體會到一個簡單的生物竟是如此美好的奧秘。我知道，如果我打算尋找歸屬，這段回憶必會引領我。然後，我突然領悟到，自己**即將**踏上尋找歸屬的旅程了。這是個情感修復的終極計畫，我將挺身而進，面對難關，直到我感覺自己的人生就像當年在北極圈一樣富足圓滿；也直到我再度於超出我產生私人連結的那些方式中生根，並與之接上線。我甚至還知道該如何對我所追尋的事物擬定出一套計畫。當一種動物瀕臨絕種的情況越嚴重時，人們就越可能會進行「復育計畫」，也就是利用一些策略，讓這種物種再度重生，或盡可能遠離「絕種」的威脅。我在尋找歸屬時，就需要這樣的計畫。我想要有個具體且實用的方案，能幫助我恢復更寬廣、且更具有公共意識的連結方式，而且在此時此地就能夠實行。

但問題在於「該從何著手」。大部分的復育計畫在一開始都會先問，要讓被保護的物種賴以生存的基本重點會是什麼；而當我想到「歸屬」時，唯一冒出來的字眼就是**狗**。我想念達科塔，當下我立刻盯著幾隻狗瞧，牠們正按照人類的習慣排隊等著玩噴泉，主人則在一旁用腳踏操作著噴泉。

我在想，我是否應該把標準拉高一點。或許，加入一些很棒的組織會是個很好的起步。然後，我突然意識到我所想到的每個組織都只限男性參加，例如聖地兄弟會[4]、哥倫布騎士會[5]。當我努力回想還有哪些類似的女性組織時，我的腦子一片空白，完全無法想像這種類型的歸屬。上一次我看到聖地兄弟會的遊行是在一九八九年；那些男士戴著土耳其氈帽，開著小型車。我不知聖地兄弟會現在是否還有這種遊行，但我隨即發現到我根本就不知道他們**到底在幹嘛**。這樣一想，歸屬感就再也不會自然而然出現了，不只對我是如此，對任何生於一九六〇年後、或比六〇年再早個幾年出生的人來說，或許也是如此。顯然我必須安於利用現代的方式，而那些方式不可能包括大會堂、立誓或戴上方帽[6]。

這讓我把焦點又放回到**狗**身上。我不太確定自己這麼說是什麼意思，不過我決定不要去質疑這件事。這已足以回答吉納維芙提出「過去我何時擁有過歸屬感？」的問題，當時我只覺得這個問題很重要，如今我已經明白這絕對是關鍵所在。雖然在瀕臨絕種的曲線圖裡，「歸屬感」就像自由落體般直線下降，但大多數人依然知道自己需要什麼，才能產生融入感。我們都曾有過置身事情的中心點的經驗，即使這些經歷已經結束，但它們依然可以為我們在未來尋找歸屬時指引方向。

我坐在長椅上思考著。對我來說，**狗**是讓我得知「自己究竟需要什麼」的線索；狗也是能指點我前進方向的過往參考。我看著眼前的小公園，那裡有棒球場、野餐桌、草地與老槭樹的樹蔭，同時也思考著**大自然**這件事。我指的當然不是北極圈，但那對我來說卻很有意義，甚至比我剛剛一路走來的熱鬧街道更有意義。大自然就像種祝福，而我還記得，在我生命中，人們曾一度以字面上名副其實的方式在談論「祝福」這件事，他們是把祝福當作是種信念。我喜歡這些回憶帶給我的感受——至今我還記得以前穿蘇格蘭短褶裙去修道院學校時身上那種發癢的感覺——於是我決定把「**信仰**」加入清單中。

然後，還有泰莉，以及我們曾經同住的侷促臥房，房間的地上擺滿了衣服，她還會躲在被子裡講電話；接著，我又想到**家與社區**。隨著這些詞彙一起出現的，似乎還潛藏著哪裡不對勁的警訊，但當時我打算不要去想那些事，我只是讓那些詞彙留在內心的清單上，把感覺拋諸腦後。

4　the Shriners，共濟會的外團組織，成立於一八七〇年。

5　Knights of Columbus，世界最大的天主教兄弟會志願者組織。

6　古代西方正式儀式時的穿著，如入會儀式等。

我知道這份清單可能會一直增加下去，但至少我有些出發點了，而這些開端都來自非常個人的所在。在我開始迎向挑戰後，我很訝異自己居然那麼快就無視於這份清單，而聽信別人告訴我得做什麼才能找到歸屬，但我也發現回顧最初的清單可以引領我回到正軌。關鍵就在於要真正踏出、且幾近是自發性的第一步，因為我從這項挑戰中學到的其中一件事情是：如果你不正視自己在尋求歸屬時需要什麼，就不可能會找到它。某些活動可能的確很有趣，例如在食物銀行擔任志工，但如果那項活動對你來說沒有意義，就不可能帶來你所尋找的被接納感。

狗，**大自然**，**信仰**，**家**，**社區鄰里**。這份歸屬之旅的清單感覺有點凌亂，像是我待解迷團的線索。但至少我還有線索。這些就像是土地上的道路，又或是康復計畫裡特定的食物清單。這些線索的組合方式或許不如我想要的那般整齊有條理，不過，在定義何謂「尋找歸屬感的挑戰」時，我將這些線索視為基本要素。它們是我展開旅程的起點。

踏出第一步，孤單就在你身後

如今回想當初在公園時，我很訝異自己對有件事的看法竟會是那麼正確。在失去重心的那段日子，和我尋找歸屬的期間，我從不曾剛好發現有可以加入大型團體的機會，但在過去，這種機會卻是隨處可得的。我的確曾想設法參加、或重新加入天主教會，以及堪稱大型團體的梵蒂岡教會，不過，我最後成功加入的特定團體，成員不超過三十人。除了宗教組織之外，其他大型團體的能見度真的很低。並非我故意避免參加這些團體，而是我根本找不到它們。

我在關於歸屬的研究中無意中證實了很重要的一點，那就是：你即將找到的團體或許會是屬於小型的非正式組織。人們有時會以「鬆散」來形容這些團體提供的連結，這表示這種連結並非來自位階分明或歷史悠久的機構。人們常認為這類鬆散的連結比不上過去他們習慣帶到組織裡那種終生的關係，例如像是世界林業人員協會這類的組織。不過，因為我不曾在林業界工作，所以我無法判斷這種說法是否正確。

我只能說我找到的許多連結，感覺上並沒那麼鬆散。確實，這些團體更具彈性，成員也都來來去去，可是，這種非正式的特點或許反而讓我更容易找到歸屬。事實上，在這段挑戰的過程中，我發現有種潛規則：一個團體裡如果有越多正式的規章，包括申請表格、新人訓練、培訓指南等等，它所提供的歸屬感可能就會越少。正式規章本身並沒有錯，問題是出在這類的規定往往代表這個團體是在尋找特定類型的人。如果你不是那種人——這樣假設好了，如果你並不愛在黎明時分獨自散步，以撿拾受傷的鳴鳥（我就會這麼做）——你就不太可能覺得自己適合那裡。

我也領悟到，如果把重點放在團體的大小或結構上，是有點劃錯重點了。確實，有些團體從一開始就曲解了「歸屬」的真意，不過，很多時候還是得視情況而定，例如，團體領導者的才能就很重要。在進行計畫的某段過程中（我曾和小豬鼻子對鼻子地面對面站著），我立刻就產生了歸屬感。這跟我正在做的事無關，而是因為領導這個團體的女士是創造連結的天才：她知道如何讓人心凝聚在一起，如何歡迎新人加入，如何讓即使只出現過兩、三次的人也能覺得好像已經在團體裡待了好幾年。貝絲並未刻意讓任何人感覺到彼此相屬，她就是個對任何人都懷抱善意的好人，這代表身處這個團隊的成員都能感到自在且心安，也會善待彼此。我也看過有些團體的領導者自己就妨礙了團員產生歸屬感。比方說，我曾經試著成為福音派基督徒，但當時的團體領導人卻顯得非常神經緊張，惴惴不安，導致團體裡的每個人也都跟著她緊張擔心起來。

曾經有段時間，我一直以為團體領導人的才能，是決定團員能否產生歸屬感的關鍵，也就是說，領導者就是負責建立連結的人。從某種意義上來說確實如此；但是，領導人真正該做的其實是以身作則，建立我該效法的那些行為與態度。如今我細想後發現，在現在這個時代，妨礙歸屬感產生的頭號絆腳石，也許不是忙碌的行程、長途通勤或被公然拒絕加入，而是人們對於「該如何產生歸屬感」的**所知**有限。我不確定創造歸屬感是否就像騎腳踏車一樣。如果你中斷一陣子，或太長一段時間都過度努力，又或只是沒把這件事放在心上，你就會失去一些必要的技巧。這些技巧並不難，就像你會知道該如何操作圓鋸一樣簡單。儘管如此，這些仍是你必須熟悉的技巧，包括如何信任、如何合作、如何期待特定的結果並避免產生錯誤的期望等等。

我知道在開始進行這項挑戰之際，我必須做一件最重要的事情，那就是釐清為何我面對「歸屬」這件事會如此**謹慎**。後來我頓悟的答案讓我十分驚訝，也使我佇立於一大片正在興建的公寓社區中；我發現，原來我對歸屬的認知完全錯誤，我必須改變這些想法，才能成功地與別人建立連結。

我不想讓「歸屬」聽起來像是重點全在自己身上的獨腳戲。其實並非如此。事實上，關於歸屬最棒的一點，就是一旦你開始踏上尋找歸屬的旅程，你會發現有許多人都跟你一樣正在四處尋覓。剛開始，你確實必須獨行。你必須參加聚會，到公園去，或是加入社區的大掃除活動。你出門時可能會覺得很孤單，不過，一旦你抵達現場，那種孤單的感覺就會消失。事實上，光是「出席」這件事，就達到一石二鳥的效果了，因為你同時也幫助別人消除了**他們**孤單的感覺。畢竟，在孤立的狀態下，我們是絕不可能建立連結的。我們永遠都會與他人有所連結，這代表當我們想尋求同在感時，只需虔心祈求。

1

哈格提定律

——如何尋找歸屬感？——

瑜珈能讓人接地氣

雖然我已經知道自己該從哪裡出發，但我還是很訝異，居然有那麼多人已經準備要告訴我該從何處起步，而我也準備好將聆聽各種建言。

在我於遛狗公園中產生頓悟的幾個禮拜後，我與兩位朋友共進晚餐，他們在我的人際關係清單中是名列「很親近」的那欄。當時，我提到自己將「尋找更多的連結」。我並未把這件事形容成是種全面挑戰或終極目標，我只是說，等我回到多倫多之後，我想要「讓生命更加充實」。

這種說法聽起來並沒啥特別。尋找歸屬感這件事還蠻流行的。我們超上手地使用LinkedIn或Meetup之類的網站，這些網站聲稱可以幫助人們建立更強大的連結。當然，這其中多半運用的是新科技，不過它們都保證能提供「與人建立連結」的簡便管道。

我總是太眷戀過往，這多半是因為我過去的生活中充滿許多與動物有關的回憶。我父親也常試圖告誡我別沈湎於昔時，他說每每想起過去，總覺相當沉重，盡是貧窮與飢餓。儘管他在某些方面的確是匱乏的，但他的過去依然充滿與「人」有關的記憶。他在一九二八年出生於美國肯塔基州的小鎮，人生中的前十八年身邊都圍繞著親人、鄰居，以及具有同樣信仰的同伴。他在過世前一年寫給我和姊姊們的信中，字裡行間說的盡是眾人的日常瑣事：我那拉小提琴的大伯父；溺愛我父親的祖父母；還有負責主持節日慶典的教區牧師，他會看著雞先是被關在籠子裡，然後消失，最後成為桌上的美食。我父親沒能活到見證Meetup網站或臉書的時代，但我想，他肯定會覺得人們在網路上尋找連結的概念，還蠻有點未來感的。

但我的朋友茱麗葉與安德魯可不覺得這有什麼新潮。我們**曾就是**未來。說得更具體些，我們是屬於所謂的「後公民」（post-civic）世代，也就是說，這個世代成長的過程並未經歷太多更大規模與更公開的社交生活。當我坐在我這兩位朋友家的後花園時，他們雖非有心冒犯，但也直言不諱地表示，我所需要的東西遠超過他們所能提供。他們深明此事。

我們認識已經有幾十年了：茱麗葉和我是高中同學，安德魯則是我的大學室友。自從他們在二〇一〇年結婚後，我的個人隱私似乎就變得更少了。兩個我極度熟悉的人如今在一起了，這意味著我們之間的對話有時就像在翻閱自己的日記一樣，畢竟我們都認識同樣的人，念過同樣的學校，聊到科特．柯本[1]的死也都會覺得很感傷。

在我們分別之後，他們倆的身材都維持得很結實。那天晚上我們之所以會共進晚餐，是因為我回來才一個禮拜時，茱麗葉只看了我憔悴的面容一眼，就說她很樂意為我下廚。第一頓晚餐很公式化，既沒有討論任何事，也沒有炫耀的自吹自擂，之後就變成定期的每週聚餐一次。幾個月

1 Kurt Cobain，美國知名搖滾樂團Nirvana的主唱，於二十七歲時舉槍自盡。

後，當我試著感謝她這麼做時，她只是對我揮揮抹布，擺手說道：「閉嘴呢！我們愛妳。」

有部分原因是出於他們對我的愛，使我邁向他們一致同意我去尋求所需要的更大生活圈。當我一說出「連結」這個詞時，安德魯就立刻想到個計畫。以前在大學時期，他一直骨瘦如柴，營養不良，穿著寬鬆的T恤，留著長至背部的頭髮。到了四十一歲時，他不僅說話的聲調變得柔和、更加專注，還理了平頭，他把自身改變的部分原因歸於瑜伽。他做起事來非常投入，就是那種一做起平板式動作就能持續很久的人。當他聽到離我公寓只有幾個街口遠的地方有間瑜伽教室，而我居然還沒去嘗試過，他感到相當驚訝。

「妳家附近就有一間最棒的瑜伽教室，」他說：「甚至還可能是全國最棒的，而且又離妳家**這麼近**。」

他每天早上得花四十五分鐘才到得了那裡，而我就住在步行即可抵達的距離內，卻連去都沒去過，這件事讓他很訝異，對他來說這簡直跟具有邊緣性病態人格的罪犯沒啥兩樣。

「妳**真的**得去試試。」他說。現在天氣還算暖和，我們可以在戶外用餐。我隨手把餐巾紙扔在柳枝木桌上，將身體往後靠。他們的後院是我在這座城市裡最愛的景點之一，在靜謐中散發著神祕，橡樹的枝椏垂懸於花園上方，一盆盆羅勒與薄荷順著通往門口的步道排列著。我始終想不通，怎麼會有人捨得離開這裡。可是安德魯固執地認為，練習瑜伽的好處遠勝過舟車勞頓之苦。

「瑜伽有某種能讓你接地氣的特質。我想現在對妳真的派得上用場。瑜伽能讓人平靜，可以幫助你增進呼吸技巧，而且……。」

「我會去的！」我試著安撫他地說道。

我沒提到瑜伽已經在我建立連結的待辦事項上了。當我聆聽別人在建議像我這種年紀的女性應該做些什麼，才能產生歸屬感時，大家通常會提到彼拉提斯、靜心冥想、長跑，以及奇特的全新大雜燴，例如泥濘障礙賽。這些活動的重點似乎全都在強調「耐力」這件事，像是得連續好幾天靜默禁語，又或是全身浸泡冰浴之類的。我不確定這些耐力的訓練究竟會帶來什麼，但是身為一個充滿毅力、對沉思冥想又還算技巧純熟的人，我認為可以去試試瑜伽課。

從倒頭栽產生的連結感

我上網搜尋瑜伽的課程表，並報名初學班。那位負責收學費的女士看起來就像天使，她的金髮垂散在沉靜的臉頰旁，綻放著柔和的光采。當我承認自己有點緊張時，她說這很正常。「我會親自帶你進去。」她說。瑜伽教室分成兩個房間，我們剛剛是在第一個房間說話，這裡擺放了一些低矮的軟墊長椅，一張大桌子，還有兩個不顯眼的衣架上掛了待售衣物。這個房間的採光明亮，從高窗灑入的光線透過牆壁反射，使得空間亮到快讓人覺得不舒服了。

當我視線越過前方的區域，就看到另一間略暗房間的一角，那裡肯定拉上了窗簾，因為光線變成蜂蜜色的柔和微光。地板打磨得發亮，而且這種地板似乎可以吸收光線，不會反射。我滿懷渴望地盯著地板瞧，心想：**如果躺在那上面，感覺肯定很像躺在日曬機上吧！**

我正開心地想著加熱地板這件事時，我的嚮導突然擋住門。

「這裡要脫鞋。」她指著我的慢跑鞋說。然後，她指了指一個高大的儲物架。「妳可以把鞋子放在那裡。」她補上一句。在層架旁有張椅子，顯然大家都是在這裡脫鞋。不過我楞住了。

我的腳可以說是「有點問題」。「妳這毛病是遺傳自妳爸。」有一次我媽邊說，邊瞥了我的腳一眼，搞得這話聽起來像是在我出生後，老爸就我雙腳縫合起來一樣。我的腳有層厚厚的硬繭，厚到腳掌兩側和腳後跟都龜裂了。我腳的皮膚相當乾燥，不論抹上多厚的保溼霜，腳皮還是常可怕地龜裂剝落。最糟的是，我兩隻腳的小趾都內翻，無法向外伸直。我小時候，泰莉曾試圖以有些類似整脊療法的手法，想把這些腳趾扭轉回正確位置，她還會邊解釋道：「我只是想讓妳變得**正常**一點。」但這樣做總會讓我坐立不安，動個不停。

泰莉從不曾真的傷到我，不過我心裡還是留下了些微的創傷。我不太可能讓別人看到我的腳，尤其是擁有宛如嬰兒般柔軟無暇雙腳的陌生人。

「我可以穿著襪子嗎？」我問道。

櫃臺小姐看起來一臉困惑。「不行。這樣妳的腳抓地力會不夠，那太危險了。妳得讓自己牢牢支撐在瑜伽墊上。」

在這種情況下，我實在是躲不掉。為了讓對方停止熱切的猜測與盤問，我只好坐下來脫掉鞋襪。我正等著對方發出「好噁！」的驚呼，但她卻把目光從我的腳移開，這種閃避的行為並未讓我更自在，反而覺得更難為情。

「妳只要讓身體伸展就好了。」當我們踏進教室時，她這麼告訴我，語調聽起來或許比之前稍微冷淡了些。我猜對了，地板確實暖和舒適。大家各自安靜地仰躺在不同的位置。大部分人都閉上眼睛。

我攤開自己的瑜伽墊，像別人那樣躺下，這個動作立刻讓我的心平靜下來。從人文角度來看，我們都有點缺乏某樣東西，那就是「不為任何理由，就只是想單純與別人相處的時間」。只要聚在一起，我們就會想利用這段時間來做點什麼，比方說聊天、購物或看電影。社會學家將這種行為形容成「活躍社交」（active socializing），意指我們會想出門去做點什麼事。與此相反的則是「被動社交」（passive socializing），基本上這就像當你的另一半急得火燒屁股時，你卻只顧著閒閒地看報紙。過去二十年來，社會學家觀察到被動社交衰退、活躍社交興起的現象。越來越多人獨居，勢必會造成下面這種結果：如果你獨自在家，而又想要跟人見面時，你通常必須先跟對方約好了一起做些什麼事才行。這沒什麼不對，但這也表示我們能單純與別人安靜共處的時間減少了。其實，「什麼都不做」就是件最美好的事。當我在瑜伽課開始之前躺在地板上，聆聽身邊的人呼吸時，就覺得十分安心。這種感覺源自於我屬於一個團體，卻又無須以任何方式來證明自己。

但一開始上課後，那種感覺就消失了。瑜伽教練介紹自己名叫德瑞克，我立刻就喜歡上他，有部分是因為他並未穿著瑜伽服，而只穿了件寬鬆的背心，身上的短褲看起來像是海灘褲。他這種有點邋遢的穿著看起來魅力十足。雖然德瑞克的身高有一八三，身材簡直就像是用木頭打造般結實，但他的穿著讓人感覺他是個個性溫和、且不是過度熱情的人。他一開口說話，聲音聽起來也有同樣的效果：彷彿一旦他說完這句話，就再也不會開口了。他帶我們做過一輪瑜伽動作，包括**擴胸式**、**下犬式**、**上犬式**、**臀部貼牆**、**將全身重量放在腳跟**等，可是他說話的音調太平淡，聽起來就像有個人在睡夢中喃喃自語一樣。我聽不太懂德瑞克在說些什麼，他也沒有多做說明。整體看來，這不太像鍛鍊身體，反而比較像圖書館的聽故事時間。

至少我是這麼覺得。在做許多動作時，尤其是下犬式，我的頭髮都會往前翻過來蓋住頭巾，害我看不見房間裡的情況。只有挺直身子時，我才看得見別人有多辛苦地在做瑜伽。我開始跟不上大家的步調，不過我不以為意。雖然大家都做得很好，但看起來也沒有要彼此較勁的感覺。

我可以確實感受到大家一直在迴避我。雖然他們的目光專注，彷彿正搜尋遠方的某物，但不論他們眼睛瞄到的是什麼，總是對我視而不見。我專注於當下。臉上的汗水往上流淌，也往下滴落，當我從彎腰變換到直立的姿勢時，低血壓的老毛病，讓我覺得自己就像搭雲霄飛車般往下墜落。

當德瑞克要我們恢復坐姿時，我頓時鬆了一口氣。不過，一聽到他告訴我們坐下後要做什麼時，我又嚇了一跳。我們得雙腿交叉盤坐，將手掌平放在瑜伽墊上，用雙手把整個身體撐起來。這動作對我來，用想的還比較快。我連盤腿都差點做不來了。而且，這個姿勢使我的雙腳突然就出現在我眼前，實在令人不忍足睹：我的腳就在我面前交叉著，像是在肉舖裡陳列的樣品。真是可悲的樣品。更讓我恐懼的是，德瑞克原本沒有把太多注意力放在我身上，但此刻他卻突然走過來，蹲在我前面。

「妳一定做得到。」他用彷彿貓咪般的聲調說道。

「其實我做不到。」

「妳可以的。我希望妳能體會到那是什麼感覺。」即使我試圖爭辯，他還是用手扶著我的腳，把我抬起來。我整個身體都離開了瑜伽墊，頓時覺得自己身輕如燕，毫無重量；或者更精確地說，我超熟練地支撐著自己，因此身體的重量再也無關緊要了。這種飄飄然的感覺從我的身體投射到心裡。德瑞克離我非常近，那身寬鬆的衣著和蹲伏的姿勢，讓他看起來就像某幅古老畫作中的乞丐，而我正睜大雙眼盯著他瞧。這個動作其實很容易讓人和「性」產生聯想，但我完全不覺得這兩者有何相關。一個陌生人正用雙手支撐我全身的重量，從他緊握的手掌傳來強烈的脈動，與我的脈搏相連結，簡直跟通電一樣。

經過一段模模糊糊的時間後，德瑞克說道：「就是這樣。」他放開了我。我依然盯著他看。我的屁股慢慢往下回到原點。他笑了笑，繼續回去巡視整間教室。

「大休息式。」他一說完，我立刻躺下來，感覺彷彿置身天堂般幸福。從一開始上課到現在，我第一次感覺自己與其他人心靈相通，完全放鬆，而且有種輕微的快感。當德瑞克扶著我那雙可怕的腳時，展現出無私的精神，讓我打從心底感動。那種碰觸就像種儀式，引領我進入更大的團體裡。我感覺自己融入了那間教室，幾乎就像變成木地板其中的一片，而且在這位不可思議的老師帶領下，我也成為這個轉化與提升自我團體中的一員。

沒有任何正式的儀式帶領我們脫離放鬆的狀態，也沒有吟唱或搖鈴。德瑞克跟正常人一樣地說話，只是用更大聲、更平常的語調，說些尋常的事。

「大家今天都做得很棒。」他說著，聽起來就像在自助餐廳裡你會聽到的那種語調一樣，「有問題的人，可以來前面找我。」

我沒有任何問題。我還處在茫茫然的狀態中，不過我覺得自己克服了「建立連結」的這個難題，它不但變得輕而易舉，而且還充滿生理感官上的刺激。我帶著毫無顧慮的心情穿上鞋，輕快地走出瑜伽教室，邁進向晚的夜色中。

我對「微笑回報率」過度期待了嗎？

九月末的天色是我最愛的漸層色調，既不是藍色，也不是黑色，而是紫色；那令人目眩神迷的光線，讓街道籠罩在一種魔幻的氛圍裡。馬路對面有賣水果和花卉的攤子，當我帶著飄飄然的心情過街去買柳橙時，我認出剛剛與我一起上課的一位女士。我給了她一個燦爛的露齒笑容，就像我會對茱麗葉、泰莉或任何我覺得特別親近的人的微笑一樣。可是對方並沒有對我回以微笑，反而做了件奇怪的事。她只是直直地盯著我看，然後就轉身離開。

我的連結感瞬間瓦解。那感覺就像我被脫光衣服，毫無防備，尷尬至極，超想找個地洞鑽進去。原本我上完課就已經因為興奮而滿臉紅通通的，不過我可以感覺到，此刻從我脖子一路漲紅到臉頰的是另一種顏色，很快我就會變得滿臉通紅了。我不想讓任何人看到我這副模樣，可是又不知道該往哪兒躲。這家店很小，只有三條走道，我不知道她會走哪一條。我躲不開，但也不想再度跟她面對面。所以我做了一件事，如果當下是換成其他場景，我的動作看起來可能會很滑稽：我沒有轉身，而是直接倒退走出門去，看起來就像有人用槍指著我一樣。

在空氣沁涼的夜裡，我佇立在人行道上，試著喘口氣。雖然錯的是她，我卻覺得自己才是犯錯的人。我開始回想剛剛究竟是怎麼一回事。我不該微笑嗎？還是不該假設我們之間有某種同氣相求的情誼？我開始往前走。每當覺得焦慮的時候我就會走路。可是，不論我走得多快，都無法甩掉那種彷彿被甩了一巴掌的拒絕感受。

這件事讓我有點驚訝。讓我訝異的不是遭到拒絕的感覺，而是我甩不開這種感覺。以往即使我有相同的經歷，這種情緒也通常很快就會消退，而這是有原因的。二〇〇四年，加州大學洛杉磯分校的神經科學家娜歐米・艾森柏格（Naomi Eisenberger）發現，在我們的大腦中，處理社交痛苦與身體疼痛的區域是重疊的。她利用磁振造影儀掃描剛在社交活動上遭受拒絕的學生大腦，發現這些人處理身體疼痛的神經迴路也會隨之活躍。在後續進一步的實驗中，她讓一些學生注視剛跟他們分手的戀人照片，同時也讓其他學生接受引發疼痛的熱刺激。結果再一次證實，不論痛苦是源自身體，還是出於心理，都會啟動同樣的神經區域。

關於「『心痛』與『身痛』都產生在大腦相同區域」的這種說法，如今有一些令人驚訝的觀點產生。比方說，科學家發現，泰諾止痛藥不只能減輕身體的疼痛，也可以緩解心理的痛苦。此外，研究還發現，從掌管其中一種痛苦的大腦區域其敏感程度的高低，就可以預測你對另一種痛苦的感受度；如果你能迅速且劇烈地感受到身體的疼痛，表示你的情緒可能也很容易受到打擊。

從這方面來說，我相當幸運，因為我感受痛苦的門檻天生就比較高。當我從濱海小鎮搬回來之後，第一次騎自行車出門時就**連人帶車**跌倒在地。當時那景像彷彿是立體派的畫作：我身體的一部份卡在把手上，另一部分則掛在變速器旁，從肩膀到臀部都懸在車架上，大腿則跪倒在地。那真是痛徹心扉。不過，我在公園台階上坐了十分鐘，整頓好心情，重新振作起來之後，我心想，**嗯，我還活著**。然後，我飛快地騎了一個小時的單車，或多或少也忘了疼痛這件事。

我們家族的所有女性都像我這樣。我媽媽生三個孩子時都沒接受麻醉，而克莉絲和泰莉十幾歲時打起架來就像維京海盜般，那時我們父母正在辦離婚。她們倆都人高馬大，而且顯然十分強悍。有一次，我盤腿坐在樓梯扶手旁，親眼目睹泰莉下樓梯走到一半時，順手就把克莉絲推下去。我和泰莉都嚇了一大跳，瞬間屏住呼吸。克莉絲跌落地面後，站起身來，立刻就回頭朝泰莉追過去（因為我當時年紀還小，所以她們總是很小心，在跑到我身邊時會先停下來，等繞過我後再繼續追逐）。

畢竟，我們是一群精力充沛的小孩；我們大可以成為那種會協助丈夫墾荒的好太太。有時候我在想，我們的身體這麼健壯，生在現代真是浪費了，我們徒有一身好裝備，卻根本不需要搬運木材或騎馬橫渡冰冷的溪流，現在只能用來處理遭到拒絕的威脅。克莉絲長大後，告別了古挪威人的好鬥時期，變成一位非常美麗又文靜的少女。她決定攻讀電腦資訊管理的學位，而且早就做好心理準備，知道自己會是班上唯一的女生。那是八〇年代初期，只有男生才會那麼熱愛當時才剛發明的第一代打孔機，還報名參加程式設計的課程。「他們都會是群混蛋。」她沉穩地說道。果然，在接下來的四年，她一直遭受輕微的戲弄，不過她也沒怎麼在乎就是了。

先前我在水果店裡遭到的拒絕，問題就出在我不知道該把它歸到哪一類。就算我感受痛苦的門檻很高，對此也沒什麼幫助，因為這種痛苦是來自不明確的原因。專家強調，當我們尋找歸屬時，這種「曖昧不明」的拒絕會帶來最大的傷害。如果有人告訴你：「你在這裡不受歡迎。原因就出在這裡。」那感覺就像從腳踏車摔下來。你可以專心處理疼痛，然後再繼續前進。可是如果毫無緣由，你就會像是被壓倒在地無法動彈。你爬不起來，是因為你不知道究竟是什麼撞倒了你。

我試著不要讓這件事造成妨礙。這間瑜伽教室有太多讓我喜歡的地方了，有友善的櫃臺小姐（她後來終於告訴我她叫雪莉）、美麗的地板，還有德瑞克那雙神奇的雙手。可是，每次去上課時，被那位女士拒絕的感覺依然殘留在我心裡。為了試圖搞清楚這種情況，最後我反而把事情搞得更糟，因為我開始太執著於我與其他學員間的差異，像是我會穿寬鬆的運動褲，而他們穿的是合身的瑜伽褲；我戴著門諾教徒風格的頭巾，他們則束著彈性髮帶；我在做拜日式時老是摔倒，而他們卻能保持平衡……諸如此類的事。

心痛時，身體也會痛

當我越留意我與別人的差異，就越覺得有所隔閡。最初遭到的那股感覺拒絕就像病毒般逐漸擴散，我所有的體驗都受到感染。此事事關重大。在一九九五年時，「歸屬」這個主題自成一門獨立的研究領域，不再只是研究友情或社會支持底下的旁支。這都要歸功於羅伊．鮑麥斯特（Roy Baumeister）與馬克．利瑞（Mark Leary）發表的重要研究報告，當時鮑麥斯特任教於凱斯西儲大學，利瑞則在維克森林大學。

我有時覺得，每個世代都需要有屬於他們自己關於「歸屬」的清楚論述，而鮑麥斯特與利瑞的研究正符合我們所需。這兩位心理學家把缺乏歸屬感，提升至與飢餓、口渴這些基本需求的匱乏相提並論。他們主張，如果我們沒有足夠的歸屬感，就會開始發生壞事。例如，憂鬱與焦慮的情緒升高，排山倒海的壓力襲捲而來，我們的健康開始走下坡，喪失解決問題的能力；而且，我們也會成為飽受嫉妒與敵意攻擊的目標，甚至還有早死的風險。由於心痛與身痛在大腦的區域是重疊的，因此我們在面對無法定義的未知事物時，身體就會開始感到不舒服。

這份研究報告可說是該領域的里程碑，其他研究「溝通」與「連結」這兩者關連性的學者，至今也依然常引用其中的內容。不過，鮑麥斯特與利瑞解釋的方式不太對，他們將歸屬形容為「由經常互動加上持續關心」所造成的結果。他們似乎認定讀者已經知道歸屬是什麼。大部分人的確了解此事，但對未來還要再進一步進行的研究來說，「光是知道」這樣的理論基礎是不夠穩固的。

後來，是密西根大學培育出來的教授邦妮．哈格提（Bonnie Hagerty）提出更可行的定義，她對歸屬感有益健康的功效也很感興趣。她以學生、醫院的病患和天主教修女為對象（雖然不知她為什麼要找修女），針對他們對於自身的能見度、包容度與接納度的感受，進行問卷調查，之後她提出以下的定義：

歸屬感＝在團體中受歡迎、被需要或被接納的感受＋能適應或融入該團體的感受。

在哈格提的定義中（我發現她的定義非常可行，所以我稱之為「哈格提定律」），關鍵在於上述兩項要素都必須兼備。如果你與團體格格不入，或者你如魚得水卻感覺自己不受歡迎，那麼，歸屬感依然遙不可及。

那位女士在水果店所做的事，就已經破壞了第一個要素。她讓我感到不受歡迎。她冰冷的目光讓我不禁懷疑自己到底是哪裡做錯了，讓我認為或許我不如自己所想的是屬於那個地方。我必須強調，在我尋找歸屬感的那幾個月裡，並未再遇過類似的事。後來，雖然我確實曾再被拒於門外，不過在某種意義上，那種拒絕比較容易處理，因為對我來說，那就是「明明白白的拒絕」，沒有任何曖昧的空間。只要夠明確，我就可以決定該如何回應。

之後在瑜伽中心上課時，我依然感到困惑，對自己也沒信心。如果不是因為學費的緣故，我很可能會挺過去。我之前以便宜價格購買的兩週上課證到期了，我得知道這些課程的原價是多少。

「算法有點亂，」雪莉把價目表遞給我，說道：「學費取決於你預付的金額，還有你來上課的次數。」

數學向來不是我的強項，不過就算只是快速瀏覽這張價目表，我都能意識到費用過高。

「如果妳先預付一整年的學費，價格最划算。」雪莉還在解釋，不過我已經聽而不聞了。所有的選項都超過我的預算。我不該感覺這像是另一種拒絕，但事實就是如此。這份價目表告訴我，唯有我的收入達到一定水準，我才能屬於這裡，而且我的高痛苦門檻在這裡也派不上用場。

心痛與身痛有關，但也和你的銀行帳戶密不可分，如果你是因為負擔不起歸屬的價碼才心痛的話，就算吃泰諾止痛藥，情況也不會改變。

奧勒岡大學研究發現，擁有歸屬感的美國人日益減少，但有種人例外，那就是：有錢人。幾十年前，已經有人注意到「財富」和「歸屬」間的關聯性。一九七〇年代早期，社會學家瑞德・拉森（Reed Larson）就曾經提出警告，認為友誼將成為「奢侈的商品」，友誼對富人會越唾手可得，對其他人則會越困難。

這並不是說有錢人比較擅長與人建立連結。相反地，當我們失去餘暇、穩定的工作、能持續一輩子的婚姻，以及過去曾存在於社交團體中的事物時，人與人之間的連結便成為我們得花錢才能買到的某樣商品了。於是，我開始對「購買」與「歸屬」之間的關係感興趣，我決定以此為核心，擬定一個完整的計畫。

這種做法就像是大雜燴，不過我真的竭盡所能用此方式尋找歸屬。現在如果你認為自己買不起歸屬感，那你就錯了；你可以的。可是，加州大學柏克萊分校的社會學家亞莉・羅素・霍奇斯柴德（Arlie Russell Hochschild）多年來也一直警告道，如果我們仰賴商業行為，就會忘記如何以「非交易的方式」建立連結。這種說法讓我十分不安，於是我決定，在尋找歸屬的挑戰過程中，我做的每一件事都必須是免費的——只有「購買」這項計畫例外。

「我再仔細研究一下。」我輕快地說道，彷彿一千塊錢的帳單對我完全不是問題。

本身收入也不多的雪莉略帶歉意地看著我，說她期待下次再見。

我依然有被排拒的疏離感，不只是因為我們討論到與錢有關的問題，更因為我是徹頭徹尾的窮光蛋。於是，我停在樓梯間的最底層整頓心情。

寵物對我來說，真的很重要！

門口旁有個公告欄，上面貼了各種傳單，包括瑜伽DVD、靜心冥想、有機食物宅配。我意外看到一張傑克羅素犬拯救團體的傳單，上面有張照片，是隻有雙大眼睛的小型犬，穿著看了就令人心情愉快的紅背心。我立刻撕下傳單下方的小紙片。

當時動物對我有種強烈的吸引力。雖然我已經好幾個月不曾注意到這個字，但我明白自己又回到最初的出發點，那個字就是：**狗**。

我認為，過度分析自己的動機會很危險，不過，在進行這項挑戰的過程中，我確實必須思考動物是扮演什麼樣的角色。牠們不停地出現在我對家庭、社區鄰里、關心與義工等不同主題的計畫裡。倘若不是教會只准許導盲犬進入，牠們很可能也會出現在我的信仰計畫裡。這不只是因為我**喜歡**動物，牠們似乎對我也的確至關重要。而且，更可能是因為在我看來，與動物或與人建立連結，這兩者並沒多大的差異。

這種心態就像我的高痛苦門檻一樣，部份很可能是出於天生，或至少是經由學習而來的。

我還小的時候，只要經過我家的貓咪旁邊，我媽就會說：「停下來關心牠一下，不然妳會傷牠的心。」如今我媽媽已經八十一歲了，也沒在開車，可是她每個禮拜都忍受長途搭車的勞頓，前往動物保護協會撫慰貓咪。她是最棒的義工之一，主要是因為她願意在節禮日或感恩節去協會幫忙。

如果有人問她為什麼願意放棄過這些特殊的節日，她會這樣解釋：「貓咪又不知道那天過節。對牠們來說，那只是日常的一天，跟平常沒兩樣。」

別人聽了可能會覺得好笑：貓咪看待月曆的方式竟然就跟商人一樣。不過，我可不這麼想。我小時候最愛的書是《一家之鼠》與《夏綠蒂的網》之類的經典童書，我父母離婚之後，我從中獲得極大的安慰，在這些書裡，動物都會彼此聊天，牠們的生活比我有趣多了。直到今天，我依然留著童年時《鞋貓劍客》的那本書，而且，在我看來，這個封面完全合乎邏輯——精力充沛的虎斑貓，披著斗篷，頭戴冒險家的帽子，腳踩鑲嵌著珠寶的時髦靴子。如果有隻貓要出門探險，牠**當然**需要穿戴體面的帽子和靴子。

我時常因為這樣的心態而被嘲笑。在法學院，我有個朋友本來是神經科學的博士後研究生，後來轉到法律系。他早期的研究中有一部分是監測貓的大腦，也就是說，要切開貓的腦殼，把電極裝置連接到牠的大腦，然後任憑大腦暴露在空氣中。當我問他這麼做會不會感到不安時，他看著我的眼神彷彿在說我頭殼壞去。

「當然不會。貓又沒有個性，牠們就只會……。」雷蒙或許比我聰明，而且擅於表達，可是他沒辦法把這句話說完。「總之**那裡**根本什麼都沒有，」他直接就這樣下結論，彷彿他的觀點不證自明。

「**我的貓**可是很有個性的。」我答道。當時是一九九六年，而我說的是一年前領養的黑白貓，我替牠取名叫「賀志．包治」（Hodge Podge），暱稱「賀志」，我愛死牠了，甚至覺得我的人生若少了牠，就會從此暗無天日。

「那只是妳自己瞎猜的啦！」雷蒙回道。

這也是人們常拿來唸我的——說我老愛做白日夢，愛胡思亂想。雷蒙就不會受到這種指責。他擁有神經科學的博士學位。是個務實的人。他不會在課上到一半時，突然驚覺他想不起前二十分鐘老師講到哪裡而慌亂起來。

下面這兩種批評往往合而為一：動物之所以對我很重要，是**因為**我無法活在現實中。只要我能清醒點，就會明白牠們跟其他尋常物品一樣，就像桌巾或椅子沒啥不同。

有時候我也會擔心，我老是把動物當人類看，是不是種懶得動腦筋的徵兆？可是，我接著又想到達科塔或賀志，還有騎士貓（Kisu Cat），那是隻看起來威風凜凜的暹羅貓，我很幸運有牠陪我一起長大。於是，我決定了，如果我的這種想法是種缺點，那麼，這項缺點將讓我的生命更加豐富。

對任何尋找歸屬的計畫來說，以下這點都是很重要的。我想，都曾有人以各種方式告訴我們，有些我們認為很重要的事情其實並不重要，像是越野單車、動物、或對發條鐘著迷等這些事。但歸屬感永遠根植於我們所重視的事物。這意味著，如果你聽任別人告訴你不該在乎什麼，到頭來你就會斷絕了所有連結，或拚命追求永遠感覺不太真實的連結。不過，我們實在很難不屈服於別人的批評。我有時候也會想到雷蒙，擔心有些他獨到的見解是我所欠缺的。但後來，我告訴自己別這麼想。如果你認為某些東西很重要，那就是「真的很重要」，在尋找連結的過程中，最糟糕的莫過於拋開這些東西。

只是，這也不代表透過你所重視的事物，就能輕易創造連結感。以傑克羅素犬拯救團體來說，問題立刻出現。這個網站就是活生生的事實：我們在電視上看到的傑克羅素犬都經過專業訓練，但其實這種狗非常神經質、容易興奮，而且具有追逐獵物的天性。

我瞄了賀志一眼，牠在我閱讀時一直坐在電腦旁邊。牠已經十六歲了，而且牠的腎臟正逐漸衰竭，這代表牠已經瘦到皮包骨了。若叫牠服從一隻傑克羅素犬，即使這種狗不會咬人，這樣做似乎也太殘忍了。我屬於牠，牠也屬於我，而且牠需要我陪牠度過生命中最後這幾年。

我靠過去親了牠一下，牠身上總是有種溫暖的羊毛味。我隨即又回到電腦螢幕前，用滑鼠點開動物保護協會的網頁。當我住在濱海小鎮時，最愛做的一件事就是帶流浪狗去遛遛，可是那些狗多半是獵犬，例如米格魯和黑褐色獵浣熊犬。在多倫多的狗就不一樣了。這個地方從二〇〇五年開始禁止飼養鬥牛犬，人們在禁令下卻還是想盡辦法養這種狗。因此，流浪動物之家收容了滿屋子的混種狗，例如混了史大佛夏牛頭犬與拉布拉多犬兩種血統的狗：雖然這些狗還不到兇惡的程度，不過也相去不遠了。

我沒辦法帶這些狗去散步，我怕大狗，所以我打電話給動物保護協會，提出一個問題。

「我很樂意去遛狗，」我說：「不過，我在想，我可不可以只遛小型犬？」

「不行。」櫃臺人員心不在焉地回答。

「為什麼？」

「因為小型犬不夠多。很多人都提出跟妳同樣的要求，可是我們只有大型犬。妳得能搞定牠們。」

我陷入沉默，電話那頭的人似乎覺得她讓我失望了。

「我們很快就會召開貓咪照顧會議。」她安撫地說道。她沒有再補上一句：「**那貓咪妳應該搞得定吧！**」但言外之意相當明顯。

好吧。我問了會議舉行的時間，她叫我十月初的某個週六來參加。

當義工，就不再孤單了？

那裡聞起來跟我記憶中的味道一模一樣。十六年前我領養賀志時，就是在這樣通風不良的地方，空氣中混雜著阿摩尼亞的氣味與一股尿臊味。這裡光線不好，四處空蕩蕩的，窗框都用磚塊圍砌起來，搞得服務台感覺就像核子基地的入口一樣。有人想讓這個地方恢復一點生氣，在液晶螢幕上播放目前開放領養的寵物照片，可是這些螢幕的位置太靠近天花板，動物的照片高掛在空中，看起來還蠻脆弱的。

我詢問會議室的位置，櫃臺人員連看都不看我就說：「二樓。妳不會走錯地方的。」

我一上樓就明白她的意思了。我看不見會議室，因為裡面擠滿了人，人數多到從門口一路排到走廊上。我聽見有位女士在房間裡說些「充實」與「守則」之類的話，可是我的視線被站在門口與走廊上的人群擋住了。樓上有窗戶，但都沒開，我開始覺得穿著登山靴與燈芯絨夾克太熱了。

這種盛況讓我明白動物對許多人來說都很重要。我敢肯定，那裡的每個人都希望在生活中與動物有更多接觸。但我同時也想到，其中有一小部份人之所以出現，是否是因為他們閱讀了一些關於「建立連結」的自助書，這類書籍有許多是在探討培育特質、發揮同情心或待人和善。這些行為表現應該會讓人體分泌一種稱為「催產素」的荷爾蒙，引發能帶來平靜的連結感與信任。增加催產素的方法之一是發生性行為，不過，大多數文章都把重點放在適合闔家閱讀的例子上，也就是剛生產完的母親身上有大量的催產素。由於性行為與生小孩都不是隨手可得的經驗，因此，這些作家就必須指點讀者以更容易的方式來促進催產素的分泌，而關懷動物往往是首選。

我不確定這些自助書籍的作家是不是錯了。花時間與動物相處，**確實**感覺很好。不過，其他專家（例如研究動物輔助治療的學者）也強調，這種感覺良好的效果比較是偏向心理上的效應，與荷爾蒙的影響無關。動物不會否定我們，也不會對你造成威脅。狗也許會咬人或做出無法預測的行為，可是你很難想像一隻大麥町盯著你看，那眼神彷彿在說：「**我不敢相信你居然會穿成那樣**。」與動物一起工作可以帶來連結的感覺，箇中原因並非我們的身體突然變成新生兒母親的體質，而是因為我們放下了防備：我們不會再覺得自己老是被批判，我們也願意主動與外界接觸，即使在感覺不安全或不確定時，也仍願對他人真情流露。

這些我都明白；我只是不想跟會議室外面的人群混在一起。站在那裡，什麼都聽不到，實在無聊透頂。於是，我離開走廊，直接走向領養貓咪的地方。

此處窗戶大開，能夠走進充滿新鮮空氣與陽光的地方，感覺真好。現場有點吵，貓咪的籠子成排堆疊在一起，籠子前面下方都有細長的欄杆，就像監獄一樣。不過，這些籠子又大又乾淨，裝滿了食物、玩具和可供貓咪攀爬的架子。還有一些「貓咪擁抱者」，她們全都是女性，坐在房間角落的墊子上，溫柔地撫摸貓咪，和貓咪在地板上玩耍。我立刻就喜歡上這些女士，我欣賞她們願意以實際行動改變現況，即使那只是小小的改變。

每一隻貓都有自己的簡歷，就掛在各自的籠子上，看起來有點像短篇故事，簡單描述著牠是怎麼來到這裡的。有位女士坐在一個敞開的籠子旁，籠子上的貓咪簡介開頭就是大寫的字：「安寧照護」。她從地板上抱起那隻瘦弱年邁的貓咪，往窗戶走去，並輕拍著牠，好讓牠感到安心。

我不得不移開目光。這隻貓讓我想到賀志，而且，這位女士對來日不多的動物充滿情感，我看了不禁有點動搖，我不確定我能不能像她那樣敞開自己的心房。

後來，我一直有種想要遠離那股傷痛的衝動，可是在那個當下，我就只是看著那一幕，心裡想著，一、**我辦不到**；二、**我覺得不太舒服**。

當我告訴媽媽我將參加培訓課程時，雖然她自己也是「貓咪擁抱者」，卻告訴我這不是好主意。

「親愛的，」她說，「妳一定會覺得無聊極了。」我媽媽很難有固定的口音，尤其是她的腔調會隨著自己疲倦的程度而改變。我媽媽從小在美國中西部長大，成年後，大部分時間都住在肯塔基州，所以她通常會把母音拉長，還帶點鼻音。不過，重點是她的口音聽起來就是不太一樣。在她十八歲電視才問世，而她始終無法像電台播音員一樣，用標準的、平板的音調說話。她跟我父親一樣，從小家境貧窮，只是在她窮困的成長環境裡更缺少了美麗的風景，因為那是在明尼亞波里斯[2]，這代表她十一歲就必須去找工作。不過，她聊到那份工作時充滿情感。她是在藥局上班，其中一項任務就是站在門口，大聲報出電車的路線名，這樣顧客才不會錯過他們的車班。即

2 Minneapolis，是美國明尼蘇達州最大的城市，該州的冬季漫長且嚴寒。

使她現在已經高齡八十一，聲音聽起來依然像那個時代的人，用她那「我可以幫你什麼忙嗎？」的聲調一視同仁地說出：電車、廉價商店賣的小說、厚尼龍和穿著制服的阿兵哥……等這些字眼。

「妳真的可以想像自己花上三個小時，都輕輕拍著貓咪嗎？」她問道。她不是要批判我，只是覺得這不太實際。

「呃，可是妳明明也在做同樣的事。」

「是沒錯。不過有時候，貓咪會非常憂鬱，因此一整天都不會發生任何事。我實在沒辦法想像妳處於那種環境。」

「我做得到。」

「嗯，那……。」她說著，聲音越來越小。

我曾經發生過一件傳遍整個家族的事情。當時大約七歲的我吵醒泰莉，叫她安慰我，我說我做了一個「可怕的惡夢」。

泰莉走過來，坐在我床上，問道：「妳夢到怪物了嗎？」她總是能迅速提供撫慰。「還是有人在追妳？」

「都不是，」我哭著說：「我夢到一條毯子。」

她問了我所有的細節。在夢中，我在工廠工作，用手握著從捲軸攤開來的布匹，我的任務就是要確保所有布料都非常平滑。

「然後發生了什麼事？」泰莉問道。

「就是什麼事也沒發生啊！」我滿臉驚慌地回她：「那就是我的**工作**。」

當時我無法清楚表達自己的意思，因為我還沒學會「無聊透頂」這個形容詞。可是，那就是嚇壞我的關鍵：我居然可能困在一成不變的處境裡。我媽媽了解這點，雖然她很體貼地沒提起這個遠近馳名的「艾蜜莉怪夢」，但她還是認為「貓咪擁抱者」這個工作並不適合我。

她的結論是：「妳需要做更刺激的事。」

當我站在領養貓咪的房間時，這段對話在我腦海中浮現。她說對了嗎？我不知道。但我心裡充滿近乎幼稚的叛逆衝動，於是我決定繼續進行計畫。但這是個錯誤。如今我已經明白，有時候與我們最親近的人會看到我們自己的盲點。現在我終於學會把注意力拉回至周遭，多聽聽我身邊的人對於歸屬的想法，還有他們認為什麼是追求歸屬感最好的方式。

但在那當時，我依然仰賴自己的直覺，一意孤行。因此我回去參加說明會。會議已經結束了，事實上，看來已經結束一段時間了。有些人還在走廊上盤桓，不過大多數人都離開了。我第一次踏進那間房間，裡面很熱，味道聞起來就像潮溼的鞋子。每個地方都擦得乾乾淨淨，我看到有位義工進來消毒，就跟他們清理籠子的方式差不多。負責協調的人大約二十來歲，一臉紅通通的，看起來累壞了。她正在整理人們交上來的紙張。

「那是什麼？」有個人坐在擦乾淨的桌子前，我走過去俯身問他。

「申請表格。」

「要到哪裡拿？」

他的英文不太好，不過還是幫了上忙，他指了指那位協調人。她正在跟人講話，我得悄悄插入他們的對話。事實上，旁邊有人認為我插隊，對我臭臉相向。我不明白大家為什麼要排隊，桌上已經放了一疊填好的表格，他們只要把自己的申請表格繼續往上擺就好了。然後，我突然恍然大悟，原來僧多粥少，申請的人太多了，遠遠超過協會所需，所以大家都想爭取面談的機會，好讓自己能脫穎而出。

「抱歉，」我打斷別人的談話，結果換來更多臭臉：「我可以拿張申請表嗎？」

這位年輕小姐幾乎看都沒看我一眼就遞給我一張表格。她不是沒禮貌，只是被搞到有點暈頭轉向，看起來就像她只徵求二十位義工，沒想到竟然來了超過八十人，面對這種情況，她還沒調適好心情。

我在一張桌子找到空位，撿別人用鈍的鉛筆來填寫申請表。有些問題在我意料之中，比方說名字、年紀、飼養貓咪的經驗，上面全都是填空題。不過，緊接著我很意外地看到一個接近申論題的問題：「你自認具備什麼特殊資格，可以讓你成為動物保護協會的最佳義工人選？」

這個問題讓我覺得還蠻奇怪的。在「飼養貓咪經驗」的那道題目裡，我已經填寫我與貓咪同居長達四十年。出於好玩的心態，我還寫上「貓咪溝通師」（cat whisperer）。這樣一來，我在

「特殊資格」這一題得填寫什麼，才能超越「貓咪溝通師」這個答案呢？貓咪心肺復甦術嗎？還是把貓咪從著火的建築裡救出來？

動物保護協會顯然是在篩選義工人選。這個機構並未針對連結感收費，這代表申請人數會因此暴增，也表示協會必須設法淘汰一些人，於是他們便提出一個深不可測的問題，讓許多人得絞盡腦汁才能回答。

我其實可以回答這個問題。當我就讀法學院時，曾經擔任動物與法律俱樂部的主席，而且多年來，我一直是動物立法保護基金會（Animal Legal Defense Fund）的正式會員。如果這些資格還不能讓我從眾多申請者中脫穎而出，我想，別人就更不用說了！

不過，我不知道那樣做是否公平。還有十個人坐在桌前填寫表格，另外五個人則等著和協調人聊上幾句。這些人大部分看起來都充滿壓力，或是緊握著自己的表格，又或是笑得太過誇張，還有人努力說明自己為什麼想要幫忙，他們的英語通常都不太流利。其中有些話聽起來簡直是瀕臨絕望：「我覺得自己在這裡很孤單。」這提醒了我，有些人真的需要這份工作。

我還沒淪落到那種境地。我只是缺少社會連結，但我有賀志；而且我知道，即使我為了增加每天與動物接觸的機會，決定再領養一隻貓，我那低調的房東也不會反對。我坐回塑膠椅上，開始不停地用鉛筆輕輕敲著申請表，裝出一副點描派畫家的樣子，這麼做很可能會讓他們把我當成瘋子，因而判定我不是合格的人選。我知道我想擁有能與動物產生連結的某種形式，但我不確定是否要選擇「貓咪擁抱者」這個方法。

我大概知道還有其他團體，像是有些機構會在街上抓野貓，有些則是提供食物給流浪動物，有些則是收養熱愛跑步的格雷伊獵犬。我有一種感覺（後來證實這感覺的確沒錯），如果我試著用沒那麼主流的方式追求我的目標，會更容易找到歸屬，原因很簡單，因為我就不需要與人競爭供不應求的義工職位了。

我想到讓哈格提定律站得住腳的第二項要素，了解到在這種情況下，我並不適合做這件事。但這不代表我的目標是錯的，只是我必須更有創意。我想，在尋找連結時，這就是許多人會卡住的地方。他們認為自己應該屬於某個團體，可能是救濟貧民的流動廚房，或是輔導教育中心，於是想方設法要加入其中，然後他們察覺自己其實並沒有特別想要待在那裡，就不再去幫忙了。錯就出在這裡。訣竅就在於你要把你的主要目標牢記心中，試著以不同的方式達到目標（像我的目標就是希望能輕鬆地與動物相處）。然後上網搜尋符合你興趣的團體，在紙上寫下你的目標，並請周遭的人提供意見，大家一起腦力激盪。這麼做跟加入馬上浮現你腦海裡的團體比起來，是比較費事，但卻可以帶來更強烈的連結感。

最後，我把那張紙折起來，塞進口袋裡。沒人注意到我離開，我也感覺好多了，因為我知道自己沒有從真正需要這份工作的人手中搶走缺額；而且，我也知道我的整體目標還是值得追求。不過，當我懷抱「希望透過動物找到連結方式」的渴望回到家時，心裡並不是很舒服。在我踏進門的瞬間，有股緊張不安和不太適應的感覺向我襲來。當我置身於比我公寓更中立的地方時，通常會更有歸屬感，或是至少缺乏歸屬的感覺會減少許多；即使困在地下鐵裡，有時感覺也比待在我家客廳更自在。我環顧四周，搞不懂為什麼會這樣。我有個非常棒的客廳。賀志過來迎接我，我們一起坐在地板上。

然後，我會用懶洋洋、擬人化的口氣對我的貓說話——就像我的法學院老同學曾提出的建議一樣。可是賀志待在客廳似乎覺得也不太自在。我們剛搬進來的時候，牠常常在夜裡叫醒我，邊嚎叫邊走到客廳。當然，我們都失去了家；因為我與戀人分手，我們不得不在倉促的改變中落腳於這間公寓。可是，我們受到的影響是更深層的。我沒辦法安頓下來，而且我知道，唯有我身心安頓，賀志才能安頓下來。我們都被切斷了連結，分崩離析，而我們失去的是「家」。

關於「哈格提定律」的快樂生活提案

- **用「哈格提定律」檢視自己是否擁有歸屬感。**

歸屬感＝在團體中受歡迎、被需要或被接納的感受＋能適應或融入該團體的感受。

如果你與團體格格不入，或者你如魚得水卻感覺自己不受歡迎，那麼，歸屬感依然遙不可及。

・金錢的確能購買某些歸屬感。

專家曾指出，友誼將成為「奢侈的商品」，對富人而言會越唾手可得，對其他人則會越困難。並非有錢人較擅長建立連結，而是當我們失去空閒餘暇、穩定的工作、能持續一輩子的婚姻，以及過去曾存在於社交團體中的事物時，人與人之間的連結便成為必須花錢購買的商品。然而，如果過度仰賴商業行為，就會忘了如何以「非交易的方式」建立連結。

・當義工前先想清楚，不要盲從。

在尋找連結時，許多人會認為自己「應該」在某個理想遠大的團體或機構擔任義工，於是想方設法要參與其中，當他們察覺這其實並非是自己想要的目標後，就不再去幫忙了。我們應該把自己「真正想要」的主要目標牢記心中，試著以不同的方式達到目標，並請周遭的人提供意見。這麼做跟加入馬上浮現你腦海裡的團體比起來是比較費事，但卻可以帶來更強烈的連結感。

2

家

——奠定歸屬感的根基，放下過去——

「家」是動詞，你得付諸行動

我待在家裡的感受，與我認為自己應該要有的感受，這兩者相差天南地北，搞得我頭都暈了。如果真要問這間公寓有什麼不好的地方，我可以說，**因為地毯太可怕了，油漆也漆得糟透了，再加上採光不足，所以我跟這裡沒辦法產生連結感**。可是，這裡不但寬敞通風，而且鎮日陽光充足。我的公寓是有八年屋齡的頂樓，有胡桃木鋪成的原木地板，美麗的內嵌式壁櫥，所有窗框與門框都是以深色的木頭為建材。廚房外有寬敞的陽台，可以俯瞰公園；而且，這間公寓是我最喜歡的長型格局，室內有條長長的走廊，不僅可以做為連接房間的過道，還可以讓微風從屋後吹進室內。

當初會找到這間盡收所有優點的公寓，完全是個意外。房東是位老先生，從事藝術方面的工作，雖然我不太清楚他到底是在做什麼，不過顯然收入頗豐。他還蠻喜歡屋內能住個作家的。倒是房租讓我一頭霧水，他在租屋廣告上刊登了兩種不同的租金，當我提到此事時，他立刻給了我較低的那個價格。這代表這間公寓不只寬敞，而且租金便宜，這種物美價廉的組合，在多倫多市區簡直是不可能的事，其他房客爭相搶租的公寓，坪數可是比我這房子還要少上一半。

這間公寓竟如此無懈可擊，實在讓人沮喪，因為這讓我覺得不對勁的搞不好是我。可我在這裡就是無法產生任何「家」的感覺。於是我開始納悶，我是否失去了什麼更根本的東西；我「無法與家建立連結」這件事，或許只是冰山一角，更大的問題是我「無法與所有事物建立連結」。

因為家是歸屬感的出發點。我們總認為歸屬就「在那裡」——就交織揉合在我們身邊的世界裡。歸屬確實近在咫尺，不過，我們在家裡體驗到的感受，會影響我們面對廣大世界的活力與態度。美國緬因大學的研究學者運用更聰明的實驗來測試這個觀點。心理學家珊卓拉・西格蒙（Sandra Sigmon）與史黛西・惠特科（Stacy Whitcomb）要學生們走進一間房間，裡面只有一些符合最基本生活需求的家具，包括：一套沙發、一把扶手椅，還有一張茶几。然後，他們提供海報、坐墊、植物、書與花瓶，告訴學生們可以盡情布置這個空間，而且想花多少時間都可以。等每個人布置完離開房間之後，必須接受測驗，評估其焦慮、幸福與社交信心的程度。當研究人員比對布置完成的房間與學生的測驗成績後發現，花越多時間布置、以及用心運用最多物品裝飾的人，在正向情緒、紓壓與增加社交活力等方面的成績較高。

西格蒙與惠特科認為，有種叫做「心理的家」（psychological home）的心態，能將「如何擺放一盆花」與「擁有更多社交關係」這兩件事連結在一起。他們的意思是，我們與居家環境建立連結的方式，可以做為一種參考範本，從中能看出我們如何與更廣大的環境產生連結：如果你在自己的房子或公寓裡越有家的感覺，覺得一切都在你的掌控下，你在外面也越容易表現出同樣的態度。

在芝加哥大學進行的另一項研究中，也得出相同的結論。社會學家米哈里・契克森米哈賴

（Mihaly Csikszentmihalyi）與尤金．洛克勃格－哈頓（Eugene Rochberg-Halton）在針對三百個家庭進行問卷調查之後，發現以「溫馨」或「友善」這類字眼形容自家氛圍的人，比較可能走出社區，參加俱樂部或球隊，出席鄰里活動。會以「冰冷」形容自己家的人，則比較難融入學校生活、運動團體或社區鄰里的組織，諷刺的是，這也代表最不覺得自己的房子像家的這些人，偏偏卻最走不出自己的家。

過去住在海濱小鎮時，我曾在無意間進行了這種「心理的家」的實驗，結果發現確實如此。我在紐芬蘭的聖約翰市住了五年後，才搬回多倫多。其中兩年，我和前女友住在又暗又冷又溼的房子裡。在這兩年的大部分時間裡，基本上我就是個隱士。我在大學教書，也會出門散步，不過我通常只會把自己關在房間裡，這讓我感覺很舒服，連動也不想動。然後，經過我積極遊說之後，丹妮爾和我搬到一間有一百二十五年屋齡的美麗房子，這間房屋位於河邊，採光明亮。每個房間都光線充足；還有落地窗，可以俯瞰一片蘆葦與野草；我們的陽台就位於河流正上方。在美好的早晨，我可以泡咖啡，抱著賀志到外面去。我們倆就坐在陽台上，凝視著河水，我在心裡想著，我這輩子從來沒這麼快樂過。

我漸漸愛上這間老房子，包括那華麗的裝飾嵌線、位於地下室的廚房與樓梯上的粉紅色絨布地毯……隨著這種情感越來越強烈，我也變得越來越外向。我對鄰居更友善；我會參加冥想課程；報名參加肚皮舞與寫作課；帶流浪狗去散步。那感覺就像我不管去哪裡都隨身攜帶著「家」

的美好感覺，彷彿我在家裡找到的那種歸屬感，也可以投射到我周遭的世界裡。

想到這裡，我終於明白了，那時候吉納維芙問我：「妳記得以前什麼時候曾經有過歸屬感嗎？」原來部份的答案正是「**家**」。這個答案比「**狗**」要明確多了，因為我說得出具體的地址。但問題在於，我不知道如何在多倫多重新創造那種感覺。我在聖約翰市體驗到家的感覺，可是，那種感覺就像那間房子的所有權一樣，似乎只會加諸於有幸住在那裡的人身上。

西格蒙與惠特科在研究家與社交信心之間的關係時，強調「家是動詞」，是你必須去**做**的某些事。我很樂意起而行付諸行動，只是不知道該做些什麼。居家修繕對我來說從來就不是容易的事。我這人一看就沒什麼天分，就連用鐵鎚在牆上釘釘子、把畫掛上去，都會緊張得要命，而且我是個極簡主義者。根據緬因大學的研究顯示，不論就心理幸福感或社會幸福感[1]而言，用心布置房間都會讓人感到幸福。可是，這種事對我來說有點困難。

顯然我必須克服這種困難。哥倫比亞大學教授敏蒂・福樂芙（Mindy Fullilove）等專家學者認為，家是獲得歸屬感的基礎，我知道如果我缺少家的感受，整個挑戰就會更艱難。因此，我決定向外尋求建議。

1　社會學家將幸福感分成情緒幸福感、心理幸福感與社會幸福感。其中，社會幸福感是指自我與他人、群體、社會互動所產生的幸福感。

有人像自己一樣真好?!相似度≠歸屬感

我最親近的朋友蘿拉是這方面的高手，她很擅長做「打造居家」這件事。我們是在一九九六年法學院開學第一天認識的，她在接下來的三年成績都名列前茅，同時也逐步布置著她的公寓。她做了用來捕捉光線的橘黃色紙窗；從Goodwill善心二手商店買來梳妝台，打磨再後重新油漆（一樣也是橘黃色）；還拆掉浴室的地毯，擦亮下面的磁磚；也種了許多植物，數量多到她家簡直就像個溫室。

如果有誰可以幫助我在公寓裡布置出一點家的感覺，那肯定就是蘿拉了。她說她很樂意幫忙，而且她也高興我願意尋求外援，對她來說，為家裡增添個人的風格是件很重要的事。「你絕對不會希望像那些電視節目上演的情節那樣，有人走進你家，替你重新布置，然後你就只要驚呼：『喔，我的天哪！』。就像有人幫你挑選衣櫃時，他們或許應該推你一把，鼓勵你做點大膽的嘗試，但如果你只穿大地色調的衣服，他們就不應該幫你買個粉紅色的衣櫃。」

說來也怪，在那個秋日晚上，蘿拉現身在我家門前，準備協助我進行居家改造計畫時，我首先注意到的正是她的衣服。她一脫掉外套，我就看到她穿了件領口設計繁複的緊身上衣，還有她臉上的腮紅與睫毛膏。我得花點時間重新適應她的這些裝扮。

我和蘿拉在很多方面都很相似：我們的身高一樣，都把長髮綁成馬尾，我們甚至也買同樣的鞋子（黑色的克拉克鞋，九號尺寸）。我很喜歡我們這麼相像。事實上，在進行這項挑戰的過程中，我漸漸明白彼此相似與否對我而言有多重要。我喜歡看著我的姊姊克莉絲，注意到我們的顴骨和下巴輪廓是多麼類似；我喜歡聽到我自己的聲音裡帶有媽媽說話的腔調；我喜歡茱麗葉和我用同樣的詞彙，例如「嬰兒床」、「老兄」、「超讚」，我們從大學時期或甚至更早以前就這麼說了。彼此相似，會讓我們感到自在。在這個歸屬感低落的世界，相似度就表代你確實有所歸屬，有人就像你一樣。對我來說，在這項挑戰中，最困難的是我必須放下「『歸屬感』即代表『相似度』」的這種想法；我必須學會，即使團體成員或鄰居的外表和行為都與我不同，我依然是這個團體或社區鄰里的一份子。

然而，想要學會這門課，我還有一段路得走，而蘿拉正是我最親近的連結之一。我發覺我們已經不再像以前一樣那麼像了，這讓我很困擾，雖然我明白蘿拉為什麼改變的原因。自從她放棄專攻人權法的律師事業，自行創業之後，便面臨時尚的挑戰。她加入幾間為女性創業者成立的協會後，突然間，她顯得與身邊的人格格不入。「跟我往來的朋友，從一群絕不化妝的女人，變成一群絕不卸妝的女人。」幾個月前她這麼解釋：「而且，我必須讓這些商界女性留下更深刻的印象，於是我只好努力適應。」

我也正努力適應中。蘿拉的父親是到各地服事的牧師，我覺得，不施脂粉的模樣非常適合她。不過，我也發覺到她刷上睫毛膏、塗了腮紅的樣子有多漂亮；而且在接下來的幾個月，我在未加思索的情況下，也買了腮紅和睫毛膏，於是就解決了我們不相像的問題。

儘管如此，當時化妝並非我關心的重點，我需要的是蘿拉提供關於「家」的建議，而且我整個心思都放在改造空間的任務上。

「妳希望我把這裡當成自己家，然後想像我會怎麼布置嗎？」她問道。當時我們正站在廚房，才剛開始參觀我的公寓。我拿著一台錄音機，以免錯失她說的重點。

「沒錯。妳不要有任何顧忌。妳想做任何事都可以。」

我告訴她「不要有所顧忌」恐怕是個錯誤。蘿拉提出許多建議，就像打開的水龍頭一樣滔滔不絕。她說她會買張新的雙人沙發，在書櫃上面多放些植物，在臥室裡放把絨布椅，把我父親留給我的照片掛起來，並利用靠墊做些有創意的事，還會替廚房的地板增添點色彩。

「如果這裡放一大塊地毯會很棒。」她說道。我們回到廚房，她正看著我的白色餐桌和地板。「不過，接下來會有個問題，就是這張桌子該不該放在地毯上面？」

她聚精會神地思考著，顯然正在想像這塊地毯放在這個位置會如何，換成那個位置又會變成怎樣。此時我插嘴了。

「所以，妳對於把這裡當成家完全沒有任何問題？」我問道。

她注視著我。她的眼神明亮，興奮地漲紅了臉，顯然光是想到打造一個家就很起勁。「這是個**很棒**的地方，有許多可以發揮的空間。我覺得住在這裡會很有趣，一想到能再有間小巧的公寓和這些舒適的房間，就很有意思。妳可不要告訴我先生喔！」蘿拉在兩年前結婚後，就搬到一間大房子裡。

我試著釐清為什麼蘿拉和我在許多方面都這麼相似，可是一提到家，兩人的看法就截然不同。

「因為妳是藝術家，」我笨拙地說道，「妳對色彩很有眼光。但如果一個人沒有這種天分，那該如何培養？」

她笑了起來，「我不知道。不過，我認為只要妳願意，就可以培養這種眼光。而且，如果妳遇到問題，妳可以問我，也可以去問別人。我不認為這件事比妳不願意對這個地方許下承諾還複雜。」

「其實我心裡也一直很矛盾。」我答道。

「聽著，」她從我手上拿走錄音機，說：「我想，妳對自己太嚴厲了。我相信妳能做到這件事。妳不是沒有能力為自己打造一個舒適的家。妳家裡的成員是比我家少，不過妳一定做得到的。」

我不確定她說得對不對。我不知道自己能不能發揮潛力，打造一個家。我得用盡全力才能克制自己不問出這句話：「**聽著，拜託，妳可以搬來一個禮拜，替我做這件事嗎？**」

居家布置能營造歸屬感嗎？

但我終究沒說出口，因為要求朋友替你重新布置整間公寓，即使對方是個熱愛居家布置的好友，這種要求都太過分了。不過，蘿拉提到關於「承諾」的那番話，倒是給了我當頭棒喝。她說問題不在於缺乏技巧，而是我在自我設限。

這番話引起我的興趣，因為這符合另一個關於歸屬的重要概念。如果說緬因大學的居家布置實驗重點是在於「**動手做**」，那麼，其他研究的重點就是放在「**動腦想**」了。一九九〇年，當時任教於韋恩州立大學的心理學家布萊恩．雷基（Brian Lakey），對於我們周遭究竟有多少的「支持性歸屬感」這件事很有興趣。為了探究這個問題，他給學生一份清單，要求他們檢視過去幾個月曾獲得多少支持，任何形式都可以；然後，他要他們形容感覺自己得到多少支持。學生們的描述往往與現實不符。許多學生明明身邊有許多盟友，他們卻完全沒意識到，反而覺得自己陷入孤軍奮戰。在後續的實驗中，研究人員要求學生想像一個需要社會支持的情境（如：你的男友剛離開你），然後再舉個例子，讓學生知道別人可能會給予某種的支持（如：有人會請你吃晚餐）。即使所有學生聽到的都是同樣的情境與相同形式的支持，但只有一些學生認為那種支持會有幫助，其他人則對此無感。

雷基繼續指出，當我們覺得這個世界的支持無所不在，隨時有人會對我們伸出援手時，這種感覺只有部份反映了這世界的真實情況。我們體驗到的連結感或有人支持的感覺，或許是源自我們如何看待彼此的互動。如果我們並未察覺到自己在這些互動中投射了什麼（也許是不信任、不安，又或是排斥），我們就會開始覺得好像自己失去了什麼，即使客觀來說並非如此。

從實際的觀點來看，雷基證實我們或許可以加強「被接納」的感覺，方法是要把焦點放在我們內心的感覺，而非試圖重新形塑周遭的環境。芝加哥大學的學者也進行另一項大型的後續研究，結果發現雷基的理論正確無誤。當科學家克里斯多夫．馬西（Christopher Masi）與約翰．卡喬波（John Cacioppo）檢視什麼方法最能有效幫助人們減輕寂寞感受時，他們發現答案就是**轉念**。這意思並非指認識更多人沒有幫助，而是如果你認為，每個剛認識的新朋友都對你有所幫助，為人風趣，也值得信任，那麼，你從那個擴大的社交圈中就會得到更多助力，而且也能更建立更穩固的連結。

在某種意義上，我們「努力打造」與我們「認知」的歸屬感，兩者之間並非毫無關係，那是因為知覺感受會影響我們在付諸行動時要投注多少精力。不過，即使行動與認知已在我大腦中形成回饋的循環迴路，我仍覺得自己得切斷這種循環，因為我還是不確定主要的問題到底出在哪裡。是我對家的嘗試還不夠努力嗎？還是因為我不相信家會永遠在那裡，所以才不夠努力去嘗試？

在我看來，「行動」要比「想法」來得簡單些。因此，在蘿拉來訪不久後，我決心開始「打造」一個家。我寫下她建議我該做的所有事，還到附近的大型書店，看看其他專家對於「家」會提出什麼看法。當我翻閱紙張光滑的雜誌時，我決定在實際執行時要跳過所有華而不實的東西，例如雪松木澡盆、居家工作室與牧場；即使有些內容看起來不符合我的個性，我還是會有點心不甘情不願地拿來翻翻。在我房間焚燒鼠尾草的點子[2]很吸引人，不過，我以前也曾認為進入法學院的LSAT考試很有趣。我想，如果在重新打造客廳的同時還得重塑個性，對我來說會太吃力了。

我的個性比較偏向採用實用的建議，這方面的資訊倒是不少。市面上不乏告訴我該把焦點放在色彩、感覺與空間規劃等的這類出版品。書上老是出現「**生活**」與「**芳香**」之類的字眼，「花卉」則是一再重複的主題。我從中篩選出一些感覺可行的建議，列入清單裡，然後盡可能付諸實踐。

舉例來說，為了讓我的浴室能營造出SPA的氛圍，我在生日時要求大家送我蠟燭與香皂當作禮物。我媽發現到我正朝此方向邁進，還因此送了我鬆軟的毛巾與厚厚的防滑墊。我把所有東西都擺出來後發現，浴室看起來棒極了，只是感覺很像攝影棚的布景。我其實不常泡澡，而且通常在健身房淋浴了事，所以我不太記得為什麼當初會想要這些禮物。

我還買了奶油色的窗簾裝在客廳，可是這些窗簾遮住太多光線，所以我又全拆了下來。我的薰香機味道太強，因此我把它放在露天平台上，結果被浣熊踢倒了，只留下半罐精油和一片散發玫瑰香水味的木地板。我也買了鬱金香，只是我把花錯插在玻璃容器，而非花瓶裡。沒想到原來兩者是有差別的。玻璃容器的瓶口太細，會妨礙了花的生長；我的「居家美化」實驗才進入第四天，就眼睜睜看著瓶口開始發霉，鬱金香顯然已經奄奄一息。我還買了相框，準備把父親留給我的照片裱框，可我沒想到裱框後還需要掛畫專用的金屬線，而我根本沒有這種東西。所以，最後我把這些照片都塞進大皮箱裡，告訴自己之後再來處理，但心知肚明我再也不會碰這些照片了。

有天晚上，我坐在茱麗葉與安德魯布置得美輪美奐的客廳裡，試圖解釋問題到底出在哪裡。「我買了所有該添購的東西，可是這些東西感覺就只是『東西』。我喜歡那些照片，不過我已經擁有它們好幾年了。我沒有什麼是很重要的新東西。」

和茱麗葉、安德魯聊關於家的事，簡直就像在跟佛洛依德談心理治療。他們就是權威。他們的家本來冷冰冰的，那是棟寬敞的維多利亞時代三層樓建築，隔音很差，房間就像軌道車一樣都連在一起。可是，現在一走進他們家，映入眼簾的是沉靜的色調與柔軟的布織品，整個空間不但讓來客感覺到這間房子的兩位主人非常在乎自己所住的地方，也很歡迎客人來訪。

「這件事不只跟『買東西』有關。」安德魯說。他那如瑜伽修習者般修長而纖細的身體，此刻正優雅地坐在高背椅上。茱麗葉和他十分登對，也擁有細長的身材，她交疊著雙腿，坐在他對面的椅子上。我躺在沙發上，頭髮散亂，雙手抱頭，看起來就像正設法要解開一道複雜的幾何

—2　鼠尾草具有療癒力和治療效果。據說燃燒產生的煙可以驅走負面能量。

題。

「或是說，很多人都以為只是這樣。」安德魯繼續說道，「因此威廉斯．所羅莫[3]的商品型錄才會那麼受歡迎。大家都會想：『**只要我擁有了三腳的海鮮燉飯鍋和維京公司的爐具，我摯愛的人就會在身旁，和我一起共享這美妙而深情的體驗。**』可是，事情當然不是這麼一回事。」

「所以，我不該買任何東西嗎？你們這兩個傢伙的東西可多了。」他們的房子布置得極為華美，例如牆上的中國屏風、古董桌子，還有我正躺著的沙發，柔軟到讓人難以起身。「重點也不是別買東西，」安德魯修正了一下自己的說法，「而是如果你打算買東西，就應該要用它們；而且如果你準備使用這些東西，它們就應該讓你覺得快樂。聽起來妳買的東西好像都沒能讓妳心情更好。」

「讓我心情更好？」

「妳知道妳為什麼這麼喜歡那套沙發嗎？」茱麗葉問我。我熱愛他們家的沙發，是眾所周知的事。每次只要幫他們看家，我就會睡在沙發上。「那是因為我幾乎坐遍了多倫多半數的沙發，終於發現我的最愛。」

愛。**愉悅**。這些字眼比蘿拉的口頭禪讓人有感覺多了，她老說：「如果這是我的公寓，我就會這麼做。」可是，這些話都會引發我同樣的焦慮。

茱麗葉試著解釋她是運用何種策略好讓自己愛上家。她以前有個附庸風雅的前男友買了一疊居家設計雜誌與剪貼簿送給她，於是她剪下所有她喜歡的資料，各式各樣的照片，按照「浴室」、「臥房」或「廚房」等不同空間加以分類，貼在剪貼簿裡。

「然後，我發現自己確實有喜歡的風格。吸引我的大多是白色，還有許多只綴飾些許色彩的簡潔線條。一旦我找到喜歡的風格，就很容易辨識出我喜歡的東西。因此，我對自己就更有信心了。」

我懂茱麗葉的意思。也就是說，如果你準備尋找能讓你心情愉悅的東西，先摸清自己的喜好會有很大的幫助。不過，我已經知道自己偏好什麼風格了。我認為我的風格大致上就是有錢人家的別墅風格，我二十出頭時曾經和一個真的很有錢的人交往過，我想要的就是像他們家那樣的別墅。馬丁的媽媽簡直比瑪莎．史都華還要厲害。他們從一間廢棄的農舍回收巨大的梁木，做為家族別墅的建材，家具用的是有格紋圖案的厚墊沙發、細緻的魚雕藝品，還有一張樸實無華的修道士桌子，是他們從真正的修道院重金買下的。那就是我想要的風格。

可是，其中有個問題。不只是費用（雖然這話也沒錯，有錢人的別墅風格本來就超出我的預算），我不想買東西也是問題之一。這跟我「不想花錢購買歸屬」的原則無關，光是想到可能要

—3 Williams-Sonoma，美國最大的家具及家居用品店之一。

買東西這件事，我就會神經緊張。

和茱麗葉、安德魯聊過之後，我還真的強迫自己買了一張走廊桌放在家裡。然後，我站在那裡看著送貨員把它搬上我家的樓梯。

「這真是好東西。」他邊數著我的錢邊說道。

這張桌子真的很好，深色的木頭與我家地板很相襯，而且桌腳有雕刻細緻的紋路，還有能貼著牆面擺放的平直側邊。從室內布置的角度來看，這張桌子跟這個空間搭配得天衣無縫。可是，我突然有股衝動，想叫送貨員把桌子搬回去。我開始絞盡腦汁找藉口。搞不好這張桌子哪裡有問題？我用手壓著桌子，看它會不會搖晃，可是它偏穩穩地立著。

「你要走啦？」當送貨員轉身時我這樣問他。他一臉驚訝。難道我希望他留下來不成？

「是啊！」他說道，看起來依然一頭霧水。

「好吧。」我有點傷心地回答。我實在不想和我的桌子獨處。

我跟著他下樓，站在門口看著他走向貨車。他原先是想，送這趟貨花不了多少時間，就沒把車停好。結果貨車的車尾突出路邊，當我跟著他走下樓時，後面的車子便撞了上來。我一聽到車子尾燈的碎裂聲，還有送貨員的咒罵聲時，就立刻關上門溜之大吉。我相信要是他看到我，肯定會把車禍怪到我頭上；而且，我想最好再也不要做跟「家」有關的事，否則就會有**壞事**發生。

我居然覺得都是因為我太努力於打造一個家，才會釀成這場車禍。這種奇怪的反應讓我認真重新思考自己的做法。我開始從心理學的觀點檢視自己的居家布置計畫。或許我對於家所產生的歸屬感（可能也包含一般泛指的歸屬）所抱持的部份觀念，對我來說太過焦慮與恐懼，以致於難以達成。

我有承諾恐懼症，因為擁有就會是失去的開始

一九七〇年代開始有學者針對「家」進行心理研究。當時加州大學柏克萊分校的教授克蕾兒・古柏・馬可斯（Clare Cooper Marcus）發現，有些人非常容易與家建立連結，有些人則不然。她認為這種差異別具意義。她相信，無法與家建立連結的人，是因為他們把某種東西投射到周遭環境上，比方說，通常是缺乏連結的感受、受創的經驗，或者是自我價值低落。這跟雜誌與居家布置指南所描述的概念截然不同，那些書刊宣稱，美麗的環境會對**我們**產生影響。馬可斯對於家的想法，正好符合雷基對於支持與歸屬的看法，尤其是他們都認為這些觀念絕大多數早就根植於我們的大腦中，如果我們並未意識到自己是將什麼樣的想法帶進家中，就會出錯卻毫不自知。

為了釐清人們在聽到「家」這個字時真正想到的是什麼，馬可斯要他們以新的方式與這個概念互動：她要求人們把「家」畫下來，與「家」對話，詢問「家」想說些什麼。

在經歷過「我因為買了一張小桌子而造成一場車禍」的事件後，顯然我必須親自試驗這些方法。馬可斯最主要的建議是畫出你的家，然後把畫作放在椅子上，坐在它對面，對著那張椅子說

話，然後保持安靜，再讓那幅畫對你說話。當我依循這些指示進行時，雖然覺得緊張不安，奇怪的是我卻也很順從。這麼做確實很怪，但我準備照做。

我用彩色鉛筆描繪我的家，畫完後我便往後坐，隨即發現雖然我是住雙併屋[4]，但我卻畫了一間完全獨立的房子。畫裡不只沒有任何鄰居，房屋也漂浮在距離地面幾公分的空中，完全沒著地。這幅畫似乎不可思議地展現出我的情感世界，既無根，也沒有足夠的連結。一察覺到這一點，我立刻慌了起來。這感覺就像你一開始並不相信算命，但後來有人看了你的手相，就說出你生活的所有細節。我真的想知道我的房子要告訴我什麼嗎？

我決定了，我必須知道。我把畫放在椅子上，畫作往前翻倒了。於是我用膠帶把畫貼在強納森．法蘭岑（Jonathan Franzen）的小說上，然後放回原位。

「哈囉！」我說。

一片沉默。

「我不知道該說些什麼。」我繼續說。這話倒是真的，畢竟我是第一次跟椅子交談。

依然靜默。

「這真是尷尬。」我坦承，「我們之間並沒有太多的關係。」

「那是因為妳不想要有任何關係。」椅子說話了。它的聲音嚇了我一跳，我的意思是，這明明是我的聲音，可我真的覺得自己只是個發聲的管道。

「我真的想建立關係。」我答道，再度以自己的身分說話，「我只是不知道該怎麼做。」

「妳根本連試都沒試。」

這句話讓我有些生氣。「我**正在**嘗試。我只是沒辦法修正出錯的地方。」

「出錯的地方？」

我並不知道為什麼蘿拉那麼說，但那話聽起來的確沒錯，所以我不自覺也說出口了。

「我想我沒辦法對你許下承諾。」

「為什麼不行？」

現在輪到我沉默了。我知道我想說什麼，話就在嘴邊，但我不想說出口，因為我發現這些話令人心煩意亂。

「因為如果我對你許下承諾，我就會失去你。」

一片靜默無聲。「失去」的這個話題，似乎結束了我們之間的對話。這幅畫再也沒對我開口。我說錯什麼，還是我說太多了？我突然覺得自己不夠世故，讓這幅畫陷入尷尬的處境。

我再度開口試著說道：「哈囉？」

—

4 duplex house，在一塊地上有獨立的兩棟房屋。

依然鴉雀無聲。我們的對話顯然結束了。我把畫從《自由》這本書上撕下來，然後開始翻閱書籍。我想找點事讓自己分心，不過我的注意力已經放到其他事上了。我覺得自己已經越來越接近核心關鍵，可是，不論那是什麼，肯定都事關重大，以致於我無法看清。最後我放棄了，把書放到一邊，告訴自己這整個計畫無望了。然後，我環視客廳，看到蘿拉放在扶手椅上的橘色罩毯，心想，**嗯，至少我有一個重點色了**。

拆遷的房屋，再也回不去的家

如果我沒有在學術圖書館意外看到那本書，我可能就會像這樣一直過下去了。那天，我決定休息一下，不要跟我的家繼續角力，也先別想歸屬某處的事。在「城市與擴展」的書區，有本輕薄的小書，名為《回歸家園》（*Returning Home*）。書中描述成年人回到兒時的家，有時候得飄洋過海，或開上好幾天的車，才到得了家。這本書讓我深深著迷，我跪在書堆裡一口氣讀完半本。

等一回到我那問題重重的公寓，我就立刻寄了封電子郵件給作者，他是聖塔克拉拉大學的教授傑瑞．伯格（Jerry Burger），我問能否和他談談。我不太清楚自己的動機是什麼，即使是在我按下「傳送」鍵時，依然不太明白為什麼會這麼做。我曾跟許多專家交談過，不過通常我腦子裡都會有個特定的問題。至於伯格，我只是想聽聽他的聲音。即使我說不出自己面臨的是什麼問題，我還是覺得跟他聊聊或許可以得到一些線索。

「嗨！」我隔天打電話過去時，他和藹可親地打招呼。他的聲音聽起來溫暖大方。我知道不論我問什麼，他多半都可以回答。他在書中提及的許多想法都與「地方依附」（place attachment）的概念一致。它所提到的基本概念是，與地方建立連結，以及與人建立連結，這兩者是相同的：與「人」有關的課題往往是自一個「地方」習得，而與「地方」有關的課題也可以向「人」求教。正是因為如此，緬因大學那個關於房間的實驗，才可以直接預測一個人與社會連結的狀態。若是在一個地方覺得安全舒適，可以反映出我們如何與人建立關係；而如果與人相處感覺安心自在，也可以反映出我們如何與地方建立連結。

伯格的研究令我著迷的是，他探討當人們回到兒時的家園，卻發現當時的家已經消失了。當我讀到他描述重遊舊地卻人事已非的體驗，就立刻聯想到電影《另類殺手》（*Grosse Pointe Blank*）中的一幕，約翰．庫薩克（John Cusack）按照地址開車回到兒時的家，結果只找到一家便利商店。

「他們的心情如何？」我指的是那些失去家的人。

「嗯，許多人都會覺得很難受。要是他們以為兒時的家仍在原處，不知道房子其實早就被拆了，那就更難過了。許多人都說自己真的很傷心。」

「同樣的事也曾發生在我身上。」我不知道為什麼要告訴他，我通常不會跟別人提到這種事，更何況是在長途電話另一端的陌生人。

「那不是件容易的事。」他說。

「不只有我家是這樣。」我隨即澄清，不知為何，我希望他了解整件事的來龍去脈，「還有整個社區也一樣，他們把所有東西都拆掉了。」

「所有東西？」

「所有的一切，包括我們家的房子、鄰居的房子、樹木、我們的學校、教堂，還有街道。」我說話的方式有點怪，明明心跳加速，語調卻很平靜。桌子開始變遠了，彷彿我正透過針孔看著桌子。我心想，這種反應會不會就是人們說的「**解離**」。我確實感覺到自己的大腦與聲音斷了聯繫。

伯格陷入沉默。我知道我為什麼打電話給他了。他是失落家園的大祭司。他知道該說些什麼。他可以用其他書刊辦不到的方式告訴我該怎麼**做**。

「我應該回去看看嗎？」我有點試探性地問他。

他謹慎地回答：「嗯，如果留下來的東西這麼少，這麼做可能會很有挑戰性。不過，要是妳覺得找到的那些東西也不錯，這麼做就會很值得。」

「所以要去嗎？」我覺得自己需要一個明確的指令。

「不論妳找到了什麼，妳都得接受。」他這樣建議。

我把這話視為同意。在那個冬日的午後，我打包我的「歸屬行李」，有筆記本、刷毛背心、水瓶，以及兩條能量棒。這太誇張了，我只不過是搭地下鐵往北四站就下車了，可是，我覺得有必要做好防禦措施。我踏上往北的列車，感覺就像南極探險家謝克爾頓（Shackleton）離開堅忍號（Endurance）。我不知道自己將找到什麼，但我會好好面對的。

結果，我找到的是困惑。地下鐵的出口還是一樣，但一走到大街上，一切都變了。我從小在人口稀少的戰後郊區長大，這一帶最高聳的建物就屬教堂的尖塔和七層樓高的購物中心了。可這一切全都消失了。建商在一九八〇年代初期來到此地，他們希望人口能更稠密，現在可如願了。公寓大廈與辦公大樓四處林立，許多建物外層都是玻璃帷幕，讓它們看起來就像互相交疊著，彷彿一棟建築即將倒在另一棟建物上。

我感覺自己宛如置身於龐然大物間的貓咪，小心翼翼地走上我的老街。所有地標都不見了，道路也經過拓寬與重劃。少了路標的指引，我不確定自己是否還能認得屬於我的那條路。原本座落於房子北邊的工廠，已讓位給三棟公寓大廈。工廠的停車場如今是座遛狗公園。這裡充滿噪音，附近的公路似乎比我童年時嘈雜許多；這附近的人也太多了。過去大約只有兩百戶人家住在我以前的舊社區。如今，這一帶隨便就有三千人，而且似乎到處都擠滿了人，有人穿著全天候的運動裝備慢跑，有人在講手機，也有人把車子開進以前還不曾存在的地下車庫。

我找不到我老家。我知道房子已經拆掉了，可我想不起來原本的位置在哪裡。如今一整排的集合式住宅緊鄰著街道，我沿著一條巷弄往下走，從十字路口就開始試著計算步數，整條路都是鑄鐵大門與沒有葉子的樹籬，充滿著人工氣息。

我在車輛呼嘯而過的人行道上停了下來，對面應該就是我家以前的位置。如果我沒算錯步數，如今那個位置已經空無一物。那裡看起來像是某種入口，豎立著一塊巨大的灰色石板，寫著歡迎光臨。我朝那塊標示牌往前邁了一步，然後又退回安全的人行道上。不論他們在那裡蓋什麼，也許是更多大樓、更多公園，又或許是一座截然不同的城鎮，我都不打算造訪。

我不知該做什麼。我從袋子裡摸出能量棒，撕開包裝。我不是情緒化的進食者，只是當時我非常需要補充一點糖分。我覺得自己的能量低落，無法集中精神。一部分的我依然看得見我的老家、我媽種的松樹、紅色的大門與暖黃色的磚塊。我現在的感受與我們平常的視覺運作方式正好相反：當我閉上眼，我就看得見房子；當我張開眼，房子就不見了。在我睜眼注視的瞬間，房子就消失無蹤了，這種視覺的把戲讓我想起小時候的感受。

我四歲時，父母就離異了。沒人告訴我到底發生什麼事。等我長大之後，我父親說，他不認為四歲大的孩子聽得懂離婚這個詞，所以他從不解釋為什麼他要離開。他也沒說過再見。有天早上我醒來就發現父親已經走了。可是，我不確定我那四歲的心靈是否明白他離開了。我小時候的家非常寬敞，有很長一段時間，我一直覺得只要我走到正確的角落，或是找對房間往裡面瞧，就會看到我父親張開雙手，告訴我他一直都在那裡。這種事從未發生過，但不代表我**不期待**；而且，這種期待也讓這間房子感覺格外空蕩，彷彿一直有人不斷離開。

我父親的離去造成骨牌效應，因為後來有人也必須離開這間房子。我母親成為單親媽媽，必須出去找工作，我大約六歲的時候，她找到一份需要長時間通勤的工作。我八歲時，大我九歲的克莉絲離家上大學。泰莉並未消失，但她畢竟是個青少年，會和朋友或男孩一起出門，所以我也沒指望她會待在家裡陪我。這表示在九歲之前，我時常走進後門，面對孤獨、與一種人在心不在的感覺。

然後，這間老讓人消失的房子使出了終極的魔術絕招，把自己也變不見了。如果說我父親是在一夜之間消失，這間房子則花了更久時間才消失。打從十歲開始，我就看著母親與所有鄰居費盡千辛萬苦，要死守自己的家園。像是他們設置了可投遞意見書的信箱，也四處散發請願書；此外，他們還得面臨訴訟的威脅、上法院打官司，希望尚有一絲希望，但最後卻面臨沉重的打擊：我們家後面的工廠決定賣掉了。如果我們不想要在一片高樓大廈的環伺下成為僅存的住家，最好也把房子賣掉。焦慮而高頻的耳語聲在包圍房子多年後沉寂了下來。一切都結束了。一九八八年，我媽媽簽下售屋契約。同年，我離家上大學，從此再也沒看過那間房子。

這實在太奇妙了，你有多少過往的人生片段可以像這樣，在你尚未察覺前就出現在面前。我總是告訴自己，在青少年時期失去我的家這件事沒關係。我從來沒把那段失去的經驗與我後來成為「土地」律師一事聯想在一起——我為了保護溼地與農地而奮鬥，拚命阻止土地繼續消失。我也沒察覺到一再失去土地會有多難受，那些為了開發目的而允許砍樹、或為了蓋公路所做的決策，會讓我躺在辦公室地板上，沉浸在悲傷中。當我站在老家原本的位置，眼前卻空無一物時，心中也有同樣的感傷。

我想坐在人行道上，但地上太冷了。所以我就只是站在那裡。我本該掏出筆記本，把一切都記下來，可是我的手抽筋，而且我也已經筋疲力竭了。我的探險就是這樣結束的：我孤伶伶地站在路邊，筆都拿出來了卻沒動，凝視著在我人生階段中所失去的這個地方，如今它已經徹底消失了。

讓家從 House 變成 Home

雖然，把工作當成歸屬是有其道理，但是，我認為我們的認知也很重要。我們有些人被教導要將歸屬視為一種危險、而且隨時都可能被奪走的東西，一旦有了這種想法，就很難為自己創造具有連結感的生活；若你並未意識到這種想法依然在大腦中運作，那難度就更高了。

我原以為這種問題只會發生在我身上。畢竟，**會有多少人曾失去他們的家？**我心想。不過，當我開始談論此事（一旦過去的記憶湧現，我就會隨時都想聊這件事），我通常只是說了一句開場白：「這麼困難的事可能會很難想像。」對方就會接著說：「不，我了解。同樣的事也發生在我身上過。」對我的朋友蓋瑞來說，他失去的是占地數公頃的美國喬治亞州農地，他的家族已經擁有那塊地好幾個世代了（如今已土地細分）。對我阿姨來說，她失去的是美國路易維爾市的街坊（如今是座機場）。對蘿拉來說，她失去的是自幼成長的小鎮（理論上那裡依然存在，不過隨著福特汽車的工廠關門大吉，那座小鎮漸漸沒落，消失的過程緩慢且充滿痛苦）。

「流離失所」就是關鍵所在。如果你無法相信腳下踩踏的土地會永遠存在，那你還能相信什麼？不過，「失去」與「連結」這對雙胞胎可能會在任何地方出現，例如失去的工作、離你而去的另一半、離家參戰卻再也沒回來的朋友。這些關於「失去連結」的故事，將會變成我們口中所述說的「連結」本身——因為有朝一日它們也會消失，或無法被信任，抑或在你找到的瞬間就瓦解了，所以根本不值得追求。

這就是此刻我告訴自己的故事。唉，我甚至沒有真的告訴自己。我就只是坐在椅子上，對一幅畫說我沒無法對它許下承諾。我的理由如下：如果我對自己的公寓許下承諾，它就會消失。這並非是不理性的預設。建物會毀壞；城市會仕紳化[5]；房子會出售。以我的例子來說，我從小到大一直看著人們從某處消失，後來，在幻覺臨界的狀態下，看著那個地方消失不見。

我唯一困惑的是，為什麼這樣的事並未發生在紐芬蘭。當時我一住進那間濱海房屋，就立刻有了回家的感覺。當時我對「承諾」這件事完全沒有任何問題。事實上，我曾迅速而堅定地許下承諾，以致於當我被迫離開時感覺如斷手足。

5　gentrify，城市中較破舊、以聚集低收入者為主的地區，重建後會地價及租金上升，吸引較高收入者遷入，並取代原有低收入住戶。

我突然迫切地想看看那間房屋。我在Google街景圖輸入地址，房子就在那裡，漆著亮藍色的油漆，百葉窗則是令人愉快的白色。前門階梯有個新的花盆，丹妮爾會在裡面種滿了矮牽牛花與紅色彩葉草。而且，這個地方看起來仍是老樣子。

房子仍在原處，我心想。然後我明白了，這間我所熱愛的房子一直想告訴我的就是**這件事**。這間房子興建於一八九一年，隔年在吞噬小鎮的大火中倖存下來，後來又經歷好幾個世代的風雨與颶風，依然屹立不搖。我曾在那裡遇過一次風災，那是二〇一〇年襲擊當地的颶風伊戈爾。颶風來襲時，我正在鄰居的後院，我們用力壓著她的油箱，免得被狂風吹到河裡去。這真是不可能的任務：大雨斜打下來，風速超過每小時一百六十公里，我們若在外面再待久一點，可能就有人就會淹進水裡了。當我從暴風雨中進入屋內，呼嘯的狂風瞬間變成一片寂靜。這間房子似乎在說，**外面或許一片狂亂，但只要進入屋內你就會很安全**。

我剛開始進行家的計畫時，把這項計畫命名為「維多莉亞．莫蘭」（Victoria Moran），她是紐約的作家，撰寫的主題是我們的靈魂需要什麼才會產生「家」的感覺。我發覺她與我的頻率不同，她是那種不假思索就可以說出「靈魂需求」這個字眼的人；相反地，若由我口中說出，我就會覺得自己肯定是被異形附身了。不過，我很喜歡莫蘭。她是個很聰明的人，當我問到為什麼有些地方立刻就能給人「家」的感覺時，她說，有些事情完全是出自我的直覺。

「有時候，我們得夠幸運，才能遇到一個有如老師一樣，能教導我們一些事情的地方。那個地方可能會透過本身的建築、規模、形狀與設計教育了我們。」

我們的電話聊天就是從下面這個話題開始的：我問她，狗對於建立家的感覺有沒有幫助，她立刻說有：「牠們其實就是愛，只是穿著狗的外衣。」不過，後來讓我最為深思的，是她把房子形容成老師的那番話。

當時，我把那句話寫下來，盯著它看。此刻，當我思及紐芬蘭的房子，我重新寫下這個句子，發現自己的體會更深了。如果我從經驗中學到，「地方」的形式就是它會消失，而且連裡面的人也會一起帶走，那麼，這間房子教導我的便是其他課題，也就是關於「留下來」的課題。房子已經一改我的舊思維，換成要以永恆取代失去、以安定取代難以預測、以安心取代無常的新想法。

當然，在我當初搬家時就已經失去這間房子了，可是它還在那裡，依然從我的電腦螢幕凝望著我。它沒有違背當初的承諾；它並未消失。

就像我說的，我不是那種會把「靈魂需求」掛在嘴邊或焚燒鼠尾草的女孩。可是，我覺得有必要讓這間房子在我的生命中持續存在。我必須**關注**它，當舊思維又出現時，我得不斷提醒自己我從這間房子所學會的課題。

因此，我決定遵循馬可斯的建議，那就是：如果在你人生中有個地方對你來說意義重大，就為它建立聖壇，紀念它曾帶給你的一切。

我立刻盡量按照馬可斯的建議展開行動。我在矮書櫃上面放了一個木製書擋，然後翻出這間房子的空拍照。這張照片是好幾年前拍的，當時有個鄰居想蓋間新的車庫，於是我到聖約翰市的都市規劃局尋找更多關於車庫的資訊，那裡的員工印了張檔案照，好讓我看清楚房子距離河邊有多近。

「妳想要這張照片嗎？」他問道，「反正我隨時都可以再印一張。」

「好啊！」我說，心想從空中俯瞰的景觀真是井然有序。不過，我對待這張照片的態度卻很草率。我把它隨手塞進二〇〇九年的日記裡，當時的我還不知道，幾年後，我擁有的就只剩下這張照片了。

但，這樣也就夠了。從照片上看得到河流、賀志和我曾經坐過的平台、屋頂，這些全都籠罩在陰影中，方正且穩固。

然後，我繼續遵循馬可斯的建議，用一些你會放在真正聖壇裡的物品來裝飾這張照片。我在上面擺放了些參加同志遊行時拿到的塑膠珠子，我覺得這些珠子可以營造一種念珠的效果。然後，我擺了兩支蘿拉送的手繪燭台，還有三支乾燥花，是幾年前我在某個鄉村市集買的。

我往後退，端詳著我的成果。除了同志遊行的粉紅珠子太過亮眼之外，其餘的擺設看起來儼然就像是聖壇。不過，我覺得「**聖壇**」這個字眼不太貼切，因為聖壇是用來緬懷過去，而我需要的是對未來的指引。於是，我隨手拿了張提示卡，上用黑色簽字筆寫下：「這不是你的過去，而是你的未來。」

我跑到廚房帶回一包火柴，點燃了蠟燭。這些珠子捕捉並反射著燭光，四周一片靜謐，舞動的光線色彩讓房間顯得更溫暖了。這裡好像「有點」像家了，也或許不只有一點，而是「非常像」一個家了。

關於「家」的快樂生活提案

・家是歸屬感的出發點。

我們與居家環境建立連結的方式，可以從中看出我們如何與更廣大的環境產生連結。我們在家裡找到的那種歸屬感，也可以投射到周遭的世界裡。研究發現，會以「溫馨」或「友善」這類字眼形容自家氛圍的人，比較會參與社區或公眾活動；以「冰冷」形容自己家的人，則較難融入團體或社區鄰里的組織中。

・居家布置可以讓美化空間，但無法將「House」變成「Home」。

家具與家飾品能營造你想要的居家風格，但無法為你製造歸屬感。有人生活在其中的痕跡才是「家」。我們也可以在布置時帶入過往的記憶，比如說，如果在人生中曾有某些紀念物具有重大的意義，那麼就在家裡的某個角落為它建立「聖壇」，紀念它曾帶來的一切。

・社區鄰里的拆遷改建，讓老家成為逐漸被斬斷與遺忘的記憶。

對於「家」，我們會有情感的依附和根植的感覺。然而在大城市的許多舊屋，可能因建商為了利益，又或都市更新的必要，而面臨拆遷或改建的命運。曾經是全家人共同成長、堆滿童年記憶的空間，也成了再也回不去的地方。

3

在地

——透過你重視的事物尋找歸屬感——

人地疏離，因為缺乏地方感

關於「缺乏歸屬感」這件事，我們最常提到的一種原因不是過往失去的經驗，而是「以地方為基礎的社群」瓦解了。說得白話點，也就是街坊鄰里消失了。

在我小時候，曾有齣名為《肯辛頓之王》（*King of Kensington*）的電視劇，描寫住在多倫多肯辛頓市場的商店老闆的故事。每一集開始的畫面都是艾爾・韋克斯曼（Al Waxman）所飾演的商店老闆走在街上，逢人就打招呼。街坊愉悅熱鬧滾滾的氣氛立刻就令人感同身受。人行道擠得水洩不通，不只擠滿了居民，還堆滿了商品，有成架的衣服、滿滿的水果攤，還有一袋袋咖啡。這位「肯辛頓之王」會不時出現，並與群眾擁抱，或摸摸小孩子的頭。我最愛的一幕是，有位婦人拿塊布料披在他身上時，他禮貌地微笑回應著。在最後一個鏡頭，他抬起手，向一個剛走出畫面外的人揮別，那笑容彷彿他已經認識對方好幾年了。

國王招牌式的揮手與微笑成了當時小學的流行文化，我和十歲的同班同學會在操場上衝向彼此，大喊：「喲呼！今天真高興看到**你**。」我們都知道這只是齣電視劇，而且我們住在離肯辛頓市場很遠的北方，大部份的人根本沒去過那裡，不過，我們對這齣電視劇描寫的敦親睦鄰景象卻不陌生。

我和朋友會隨意進出別人家的後院和房屋，彷彿那是自己家一樣。即使那戶人家沒有小孩，我們還是會這麼做。現在回想起來，還真覺得有點怪。為什麼我和我最好的朋友史黛西可以在史溫頓家後院的玩耍，當時他們都已經五十歲了，而且家裡也沒小孩？我想，我們之所以把這種事當成家常便飯，是因為他們也已經司空見慣了：我們就是街坊的小孩，而他們是街坊的鄰居。如果我們沒把他們家當作自己家，他們可能才會覺得奇怪吧！

當然，那個社區已經被大鐵球摧毀了，可是，我渴望能擁有那種在地的歸屬感受卻依然強烈。在我剛開始思索這個主題時，一位來自紐芬蘭的朋友進城了。當我們開車穿過我住的社區北邊時，她沿路叫出一些我們熟悉的地標名稱。

「那裡是學校。」她略帶鄉愁地說道。我不懂為什麼愛莉森都已經離開多倫多二十年了，卻仍熟知我家這一帶的街道與學校。

「妳為什麼對這裡這麼熟悉？」我問她。

她說了一個老朋友的名字——蘇西。然後說：「她以前住這附近。我想到我以前會來這裡接她，或是從地下鐵出來走到她家。她是艾爾．韋克斯曼的女兒。他們在這一帶有間大房子。」

我的腦筋一下子轉不過來。

「妳是說艾爾．韋克斯曼住在這裡？」

我們此刻所在的位置是我家這一帶的豪宅區，愛莉森似乎以為我很訝異演員居然買得起這麼貴的房子，於是她開始解釋艾爾．韋克斯曼有多成功，可是我早就知道此事了。我感到困惑的是另一件事。

「妳的意思是他不住在肯辛頓市場？」

當時我們正停下來等紅綠燈。愛莉森轉頭看我是不是在開玩笑，顯然我並不是。她立刻捧腹大笑。

「他當然不住那裡。那只是電視劇。」

我頹然倒在座位上，完全不敢置信。我想在這之前，我從未認真思考過這個問題，不過，如果五分鐘前你問我艾爾．韋克斯曼住在哪裡，我肯定會回答：「肯辛頓市場。」這就像我得相信這齣電視劇裡的一切都是真的：肯辛頓之王會走出他家大門，觸目所及也都是他認識的人。

行銷人員知道我們想要的就是這樣。即使我對購屋不感興趣，但每天仍會忠實地閱讀報紙上的售屋廣告，我喜歡這些廣告公開強調歸屬與連結的重要。我曾剪下一張土地出售的廣告，因為它臉不紅氣不喘、毫不害臊地在十行的廣告文案裡，交換利用不同的詞彙，提到「**社群**」與「**歸屬**」多達十四次。這個廣告甚至擁有自己的敘事弧線[1]。「歸屬」是登場的第一個角色，通常會以「我們已經失去歸屬很久了」做為開場白，比如說：「還記得過去鄰居就是朋友、彼此互相照應的那段時光嗎？」接著就會提到我們可以重拾往日時光：「我們的社區規劃，能讓你再度擁有這樣的生活方式。」

我喜歡房屋廣告，是因為這些廣告會讓我覺得自己很聰明（我知道這個標準很低，不過，不論我倒是很能自我肯定）。沐浴在燦爛陽光下的家園、微笑的家人、興高采烈的狗狗朝不停拋擲而出的飛盤跳躍著……廣告裡常出現這類老套的畫面，我總覺得這是場遊戲，我得在行銷人員抓住我的心之前先逮到他們。

不過，回顧過往，我不確定究竟是誰贏了這場遊戲。因為當我開始思考關於「在地」這件事時，我的思緒就會遠離這些廣告所承諾給予的一切。我想要用速戰速決（也就是不用費盡辛苦）的方式；而且也深信只要找到對的環境，我就會浸淫於歸屬感之中。

誠然，關於「對的環境」這件事，在我腦海中的畫面與報紙上的照片截然不同。我不想要在耗盡土壤養分的大豆田中央購買組合屋。我想要的，是生活在一個關係親密的地方，到處都是有機花園、有手繪圖案的電線桿、古怪的露台家具、掛滿捕夢網[2]的窗戶，還有至少要有一戶人家在本來就該種草的地方，種上好幾排野生玉米。

我三十來歲時曾經住過這樣的地方，那裡叫做里佛岱爾（Riverdale）。某天早春的下午，我特意安排跟克莉絲在那裡碰面。她要去附近看醫生，而我想到藥局買點魚油。在跟她碰頭前，我

1　narrative arc，故事從頭到尾的事件發生順序，能幫助讀者了解主旨。

2　北美印地安人的幸運物，源自於母親和神明對孩子的關愛。印第安人深信這種由象徵大地母親的樹木、動物神靈的羽毛皮革所編織製成的圓網，掛在帳篷外即可驅走惡靈、帶來好運，並且庇佑全家人美夢成真。

先四處走走，試著搞清楚自己為什麼這麼喜愛這個社區。有部分原因是這裡有我以前住在紐芬蘭的房子給人的感覺：這一帶讓人感覺「很穩定」，就像它會一直都在那裡。這些房子除了重新油漆和前廊經過一些整修之外，看起來就跟八十年前初建時差不多。在多倫多，很多人會把前院改鋪成路面，以增加停車空間，不過里佛岱爾的居民鮮少這麼做。這表示此處有更多綠色植物，充滿著鬱鬱蔥蔥的氛圍。所有的道路都是單行道；丘陵地形是地方的特色；就連在這裡過馬路的貓，看起來都比我家附近的貓更毛茸茸。

克莉絲挑的咖啡館正好位於藥房與獨立書店之間，店裡坐滿了人，有人埋首筆電工作，有人在讀報紙，有人則壓低聲音聊天。這間咖啡館很溫暖，空氣中飄散著咖啡豆烘焙的香味，外面的冷空氣讓窗戶都起霧了。這種百分百的舒適，加上我之前在戶外所觀察到的平和與穩定感，讓我心裡產生強烈的渴望。我心想，只要我能住在這裡，一定可以**立刻出現歸屬感**。

克莉絲打斷了我的遐想，跟我說或許我們可以找張桌子坐下。她手上端了一杯茶，正試著吸引服務生的注意。

「妳應該會想坐下來。」她說，「我得暫時先像老媽一樣。」

眾所周知，在我的家族裡，我媽媽很會在餐廳提出要求。可以幫她把啤酒倒進紅酒杯裡嗎？音樂可以調小聲點嗎？能幫她把咖啡重新加熱嗎？每次她這麼做的時候，我和兩個姊姊都會覺得很難為情，可是後來我們自己也會這樣做了。當時克莉絲正要求服務生把她的杯子倒滿。

「他們以為你會再加點牛奶或什麼的進去，」她在急躁中還帶著歉意對我說道，「可是我根本沒有要加其他東西，所以杯子裡還有很多空間。」

「我也會這麼做。」我說。

「新家還好嗎？」克莉絲和我把兩張扶手椅推近了點，此刻我們終於安坐下來。我真不知咖啡館是從何時開始把客廳的家具搬進店裡的，也搞不懂他們為什麼要這樣做。高背椅還實用多了。現在我們得往前坐在椅墊的邊緣，才聽得到對方說話。

「已經好多了。」我說。這倒是真的。自從我把紐芬蘭的家變成聖壇，還遵循馬可斯教授的建議，每天都和它交談，我的焦慮指數就降低了。我還在努力「美化」我的家，不過現在當我把花瓶拿回家時，不會再覺得自己手裡像是抓了個定時炸彈一樣。「我只希望我們家附近可以變得不一樣。」

「那一帶有什麼不好？不是跟這裡很像嗎？」

我很訝異她竟錯得如此離譜。她明明知道我住的那一帶。我們都住在同一座城市裡。我難以置信地稍微提高音量。

「那裡跟這裡**根本不像**。」

「這兩個地方差不多是在同一時間建造的。」如今的克莉絲是事業有成的科技公司主管，又嫁了個建築師老公，她自然會留意到這些事。我也注意到了。我在北區的那間公寓，和我曾住在里佛岱爾的房子看起來幾乎一模一樣，這表示在我看來又老舊又古怪的那些設計，其實是源自一九二八年後千篇一律的設計。

「還是……嗯，不一樣。」

「這裡的街道感覺很好。」

「這裡的街道簡直**讓人抓狂**。」這是真的。公寓大樓往往會蓋在以前曾是小型商店和老房子的舊址，這表示整個街區到處都有工地的臨時圍牆，每次風一吹，就會揚起漫天塵土。在主要的路口有一處廢棄的巴士站，那裡的站牌搖搖欲墜，車道也野草叢生，看起來彷彿末日後的景象；大型商家設立在主要幹道上；地下鐵感覺就像載運牛隻的籠子；到了午餐時間，青少年從兩所高中蜂擁而出，人多到你幾乎沒辦法走在人行道上。

「我的意思是，」我說，「每次過馬路，簡直就像在玩命。」

克莉絲笑了起來。我們倆都有把情緒誇大的習慣，泰莉也一樣。我們的動作都會有點戲劇化，譬如都會轉動眼珠、在空中揮舞著雙手，或在惱怒時大聲嘆氣。我認為這種特質的另一面就是我們很能忍受痛苦。從腳踏車上摔下來？沒關係啦。排在你前面的人要求店員去查一下價格，而讓你得多等三分鐘？好吧，那也沒法。我只好把手肘靠在桌上，雙手托住下巴，看起來就像正氣沖沖地祈禱著。

「我相信妳一定能找到會讓自己在那裡覺得舒服自在的方法。」克莉絲低聲說道，像這種時候，我們都會壓低聲音說話。

我感性地自我檢視著。她說得沒錯：過個馬路並不代表你**每次**都得玩命。可是，我不確定是否真能找到讓自己舒服自在的方法。我還沒告訴她主要的問題：在那裡，我身邊似乎沒有能跟我**投緣**的人。

社區意識來自居民的同質性？

我累了。我想報名參加社區育樂中心的水中有氧課程。我得承認，我們的社區活動中心超酷的。在建築風格上，這間活動中心很像有錢人的別墅，有許多橫梁外露，採光充足。而且，我很喜歡這裡是如此親民，有低價的學習課程，也有許多空間可供人閒晃，還為身障人士在游泳池設置入水的輔助設備。在我購買水中有氧課程入場券的櫃臺旁擺了好幾張桌子，那裡坐滿了人，有吃午餐的青少年、埋首閱讀報紙的老先生，還有打乒乓球的十歲小孩。這就是多樣性，而我也**重視**多樣性——至少在理論上重視。

但一提到實際的多樣性，我就沒那麼熱衷了。倒不是說我不喜歡我的水中有氧課，其實我還蠻愛上這堂課的。教課的是位穿著緊身衣的八十歲老先生，他會在游泳池畔示範動作，我們則在水裡跟著做。我們走到泳池的淺水區，同時在空中揮舞手臂，然後雙手持續做同樣的動作再往回走。我們會聽著佛雷・亞斯坦（Fred Astaire）的錄音帶，做的多半是彈跳運動。

我愛極了池畔窗戶外的漆黑夜景、深水區平靜無波的水面，還有我們獨占整個空間的奢侈感。跟我一起上課的多半是穿著花花綠綠泳裝、身材豐滿的女士，還有穿著短褲、但褲管超長的老先生，那褲管感覺上似乎在一開始設計時就是打算要盡量拖長。他們上課時好像都蠻放鬆的，而且下課時，有些人還會到處熱情地跟人打招呼。

「妳看起來很像會游泳。」有位女士表示讚許地說道。她的個子矮胖但身材結實，身上穿的連身裙泳衣非常漂亮，簡直可以穿去參加雞尾酒宴了。

我的速比濤（Speedo）運動連身泳裝，顯然讓我看起來很像運動健將。「我的確會游泳。」我承認。每個人都在尋找自己的夾腳拖，而我則設法趕在別人看到我的腳趾頭前先把腳套進布希鞋裡。

「禮拜三還有另一堂更難的課。」這位女士告訴我，「不過妳也可以繼續來上這堂課。我知道這堂課的運動量不大。」她補上一句，瞄了教練一眼，壓低聲音說，「不過，有時候這樣也不錯。」

「確實不錯。」我完全同意。在這位年長的女士抓著我聊個不停時，我朝更衣室走去，我們的聲音因牆壁的阻擋而產生回音。我覺得心中暖暖的，不僅因為這是堂緩和的課程，也因為在這裡展開友情完全不費吹灰之力。

不過，我沒再回去上課，因為在那堂課裡，沒有人和我相似。這聽起來很膚淺，又或像是我個人想要追求「投緣」這件事的延伸，不過，這也確實是引導我們「行為需勝過思考」的重要原則。在俄亥俄州立大學的社會學家傑克．納薩（Jack Nasar）與大衛．朱利安（David Julian）設計的「鄰里的社區意識評量」（Neighbourhood Sense of Community Scale）中，有些重要的題目，就和「在你所住的地方有多少人與你相似」有關，例如：「我和這裡的大部分居民都差不多一樣。」或是：「成為這個社區鄰里的一份子，感覺就像跟一群朋友在一起。」如果你能越同意這些敘述（至少是根據這個評量的邏輯），就表示你在那裡會越有歸屬感。

有越來越多人都是遵循這個原則行動。當其他建立歸屬感的方式開始消失，專家所指的「**分類**」，尤其是與社區鄰里有關的分類，就變得越來越明顯。有錢人願意把錢花在居家環境上，他們的外表與行為也跟住在附近的人一樣——這些人可能會駕駛油電混合車，在前廊擺放木頭家具，又或是根據含水地層來為孩子命名。這樣做並沒什麼不對，只是會引起一些討論。

首先，這種「分類」方式原本只是發生於當地，接著人們覺得有必要擴及至所有地方，於是你會參加特定類型的讀書會、祈禱團體與冥想課程，在那裡，每個人的外表與思考模式就像你一樣。更重要的是，分類讓我們無法認清「歸屬」的本質。既然我們覺得自己「融入」一個社區（或讀書會、祈禱團體），而那裡的每個人都和我們相似，我們就會開始認為相似度就意謂著歸屬感。但事實上並非如此。相似度只是一種簡略的說法，但我們越是加以歸類，就越無法明白這點。

剛開始我就確實不了解。我原本相信，萬一我找不到有人願意在他們小小的前院扮演農夫的角色，又或是諷刺地懸掛上下顛倒的鹿頭那樣的地方，我就永遠不可能找到歸屬。

讓我頓悟前非的人是我的朋友羅恩。我是在一九九五年認識他，那年夏天我跟他的室友分租一間房子。我搬進去後，就覺得他是個怪咖。當時他正快念完博士學位，習慣在晚上寫論文，白天睡覺。換句話說，當我下班回到家時，他正準備一骨碌翻身下床。和一位身材高大、會在晚上六點穿著藍色睡袍烤吐司的男生共用廚房，感覺實在很怪。不過，當我們一起共進晚餐（或早餐）時，我發覺他身上有種特質，他似乎可以看透我。不過當他說到自己所觀察到的事情時，他的立場總是保持中立，不會帶有任何批判，儘管他洞悉了什麼，也不會提出建議。後來我才知道他是非常虔誠的教徒，致力追求善意與謙遜。不過當年讓我很驚訝的是，這個大塊頭（羅恩的身高有一八九公分，看起來虎背熊腰）竟然會跟歐普拉一樣感性。

十八年後，當他聽到我抱怨自己居住的社區時，他展現慣有的智慧與同情心傾聽我的情況，他也認同沒有歸屬感確實會很令人難受。不過，他似乎也發現到有件事還蠻有趣的。羅恩的父母是移民，從未學過英語；而他得在工地工作，藉此養活自己，後來他還拿到了兩個學位。雖然他從未這樣說過，不過，我想他肯定覺得我很軟弱。

「住在那裡的並不全是工人階級。」他露齒微笑。

我吃了一驚。我從來沒用過「**階級**」這個詞。

「我知道那裡住的不是工人階級。」我答道。確實不是。在多倫多的地圖上，若以收入來劃分，就會發現大多數的市中心都是亮紅色，那裡的居民平均年收入是八萬八千元以上。我住的地區是唯一呈橘色的市中心，代表這裡的個人所得大約三萬九千元左右。住在我附近的人收入較低，是因為在一九六〇與一九七〇年代崛起的公寓大樓，至今依然收取合理的租金。這些建物維護得很好，不過它們是人們在搬往更好或更糟居所前過度時期的住所：有些居民只是暫時先窩在這裡，等到他們有能力就會搬到紅色地區；而有些人則是想盡辦法避免搬到黃色地區（那裡的平均收入是從零開始起跳，而且最高通常不會超過兩萬七千元）。

我知道跟有房的人相比，租屋者感受到的地方連結通常會比較少。可是，我自己就曾在里佛岱爾租了好幾年房子，也很愛那個地方，所以，有沒有房這件事並不是重點。

「跟階級無關，」我繼續說道，「而是那個地方並不……。」我落入了之前和克莉絲討論時的困境。那個地方不**怎樣**？

「富裕？」羅恩這樣暗示著，還面帶竊笑。在我與他曾是室友的多年之後，他也分租了我公寓的房間，所以他在我里佛岱爾的公寓住過一年，跟我一樣熟悉那個地方，那裡有鬱鬱蔥蔥的草坪，老樹林立，還有毛茸茸的貓咪。

「如果那是妳想要的生活，」他說，「那現在妳很難回到過去了。」他沒有說：「**因為妳已經**

不再是律師了。」不過我懂他的意思。此刻我們正坐在咖啡廳的塑膠椅上，這間店平凡到根本稱不上是咖啡廳。客人們一邊用紙杯喝咖啡，吃著塑膠碗裡的辣椒，一邊大聲聊天。除了咖啡與辣椒混雜的酸味讓人受不了之外，其實我一點也不介意坐在這裡。畢竟，我是由成長於大蕭條時期的父母所撫養長大的。儘管他們的收入一直很不錯，但他們從來不覺得自己是有錢人。尤其是我爸，他只要一逮到機會就會告訴我說「我們家的人」並不富有，他指的是住在南方的姑姑和表兄弟姊妹。要是他聽到我說我需要住在有錢人家的社區才能獲得歸屬感，鐵定會覺得不可思議。

我看著羅恩。很久以前我就覺得他很像我爸，他們都有同樣的身高，同樣的黑髮，同樣的書卷氣息，也同樣的謙遜。雖然羅恩不會牽著我的手，說，**親愛的甜心，妳不是那樣長大的**，不過他是很有可能那麼做的。

在「最好的場所」也不一定能找到歸屬感

我想到哈格提定律裡說的：「為了要獲得歸屬，你需要有融入其中的感覺」，而且我也決定不要那種註定得建立在沉重負擔上的歸屬感。我還記得從瑜伽課學到的教訓：如果你的歸屬感是花錢買來的，那麼一旦你收入減少，就會失去歸屬感。其實這正是我與里佛岱爾之間的狀況。我熱愛那個地方，可是我的經濟能力已經不允許我再搬回去。

這代表我必須找到一種與投緣或付錢完全無關的歸屬方式。幸好我不必從頭開始尋找，這點對我很有幫助。有許多研究地方的學者提供了一些非常實用的建議，告訴我們該如何與「鄰里感」建立連結。這些建議不同於居家布置所提出強調色彩與光線的意見，那些建議雖然大受歡迎，但重點都說得不清不楚。相較之下，我發現這些地方研究學者說的訣竅很容易理解，不但沒有任何綺麗的幻想（像是放滿梔子花的爪足浴盆），而且，也完全沒提到「錢」這件事。

許多建議都與「專注於日常生活」有關，也就是你要去做「得在當地才能做」的每件事。雖然我已經這麼做了，但卻成效不彰（學者並沒提到你必須長時間都這麼做，比方說要持續一整年。只進行一個月的專注計畫，或許事後證實當時的確很有趣，但這種做法並不會營造地方歸屬感，因為你滿腦子只會想著，等這個月結束後，你將會到其他更美好的地方）。

我還發現另一項「研究當地歷史」的建議，讓我樂在其中。我特別喜愛有商店老闆穿著工作圍裙，雙手交叉放在胸前，站在我依然認得的建築物門口的那種照片。不過，我發現自己太擔心照片裡的那些馬了，牠們似乎都陷在及膝的爛泥裡；而且，這些陳年舊照不免會讓我想到，當年公寓大樓在進駐此地時，這些過去的景象絕大部分也都被毀壞殆盡了。我試著打造「刺激避難處」（stimulus shelters）——也就是在我住的那一帶找到一些能讓我感到平靜的地方。但偏偏我老是忘了自己可以躲到這些地方。像是在路過公墓五分鐘後，我才發現自己剛剛又**再度**錯失能讓我重返平靜之處。

最後，我發現問題是出在我的目標訂的不夠高。尋找在地歸屬感的黃金準則是「最好的場所」（great good place）。你可以用一些特定的標準來衡量「最好的場所」這件事，比方說，你可以在那裡自在地獨行，你自覺頗受歡迎，你在那裡所建立的連結鮮少會超出該地；又或者，你也可以像在美國影集《歡樂酒店》（*Cheers*）裡的酒吧一樣，一言以蔽之，就是：找個「大家都知道你名字」的地方。

社會學家雷．歐登伯格（Ray Oldenburg）創造了「最好的場所」這個詞，他用整本書的篇幅來描述我們是如何失去了這樣的場所，以及失去這些場所後，我們的連結感是如何所剩無幾。自從讀了歐登伯格的書後，我明白自己只要在所熱愛的瀕危物種裡——亦即某種依然存在、卻已更難找到的東西——找到其中一種就好。

咖啡館通常是「最好的場所」中極具潛力的地方。不過，在我住的那一帶，咖啡館只有那種讓人「小坐一下」的氣氛：它們多半是集中在地下鐵站附近的連鎖加盟店，讓客人快速地吃點東西。於是我轉向圖書館，那是個真正美好的地方，不僅有大面窗戶，還有喧鬧的兒童閱覽室，而我則在館員推薦書區試著與一位女士搭話。她嬌小玲瓏，穿著整齊乾淨，剪了一頭俏麗短髮，手上拿了一本書名為《奇蹟之邦》（*State of Wonder*）的小說。

「我愛那本書。」我指著書，熱切地說道。

她似乎對於陌生人搭訕有點吃驚，不過很快就恢復禮貌。

「我從未看過……」她頓了一下，看一眼作者的名字，「安．帕契特（Ann Patchett）的書。」

我看過許多安．帕契特的書，於是我把這當成話題的切入點。「她寫過一本小說，叫《美聲俘虜》（*Bel Canto*）。」我熱心地說，「描述歌劇演唱家遭到綁架，嗯，其實是一大堆人被綁架，他們是在南美洲……」然後我停了下來，因為我突然意識到這或許不是她感興趣的內容。萬一她是偏好史迪格．拉森[3]的類型，愛看北歐的瘋狂殺人魔呢？我頓時退縮了。

「那本書真的很好。」我草草總結。就連我都不是很清楚，此刻自己指的究竟是哪本書。那位女士依然禮貌地微笑著。後來我們有點像是相互鞠躬般，之後我就往非小說區的方向走去。我知道剛剛我證實了歐登伯格的主要論點：即使我們幸運地在住家附近就有個功能完備的場所，也無法期待那裡的人會跟我們聊天。

我想與人保持親密的疏離

回到家，我看著自己為在地歸屬計畫所列的清單。我已經劃掉「沉浸式計畫」、「研究在地歷史」和「刺激避難處」。看起來，我似乎也得劃掉「最好的場所」了。不過，我開始思考之前

3　Stieg Larson，瑞典記者與作家，以暢銷犯罪小說《千禧年三部曲》而聞名於世。

在社區游泳池發生了什麼事。

我放棄了水中有氧課，但我仍常游泳。在我住的這一帶，游泳池是能讓我產生連結感的地方。我熱愛游泳，而且這個地方也讓我想起往日時光，我和史黛西住在以前的舊社區時，週末常常就在社區游泳池中度過。我覺得氯的氣味很好聞，因為那味道會讓我想到，以前史黛西常玩砲彈式跳水，還問我敢不敢挑戰肚子先著水的跳水姿勢的那段時光。

當然，現在我不會做這些事了（雖然有一部分的我仍很想這麼做）。如今我在游泳池的活動靜態多了。我每隔一天就會游上四十五分鐘的自由式。不過，當這樣做越來越無聊後，我決定改變一下，嘗試水上行走的活動。我得在腰部繫上橘色的漂浮裝置，涉水進入唯一可以行走的通道——「社交」水道。

我不知道現在社交水道那裡在幹嘛。我沒戴眼鏡，在平常我站的一號水道，看不見社交水道的情況。就我僅存的視力，只看得出那裡似乎有老先生與老太太套著浮圈飄浮著。我沒料到我到那裡後會發生什麼事。我真的萬萬沒想到居然會有人知道我的名字。

當我看到有位染著錢幣顏色頭髮的女士朝我飄過來時，我趕緊道歉。

「如果我擋到妳的路，請告訴我。」我說，「因為我看不太清楚。」

「沒關係，艾瑪。」那位頂著一頭紅銅色頭髮的女士說。

我一頭霧水。「妳怎麼知道我的名字？」

「妳是說我們**猜對了**？」她尖叫起來，隨即呼喊另一位女士——對方頂著一頭漂白的金髮，站在水裡，靠著游泳池側面的牆上下起伏——「蘇珊，我們**猜對了**。」

我花了一點時間才搞清楚情況，原來社交水道的常客會替其他水道的常客取名字（「每個人嗎？」我問道。「只有我們感興趣的人。」紅銅髮女士說）。他們會用電影明星的名字替自己感興趣的人命名，而我就是艾瑪．湯普遜（Emma Thompson）。我感到受寵若驚，不過也有點悵然，因為我知道這些名字屬於他們與眾不同的說話方式之一，而這樣的對話方式只會出現在社交水道。

首先，他們不把社交水道叫做社交水道，而會稱做「海豚艙房」（dolphin pod），或只是「艙房」（pod）。之前我曾在更衣室聽過一些說法，覺得百思不得其解，如今終於真相大白了：「小混蛋」（the little bastards）是指在池畔平台上的小孩子，「麻煩」（Trouble）則是會雙腿顫抖地走近游泳池的老先生。他們的對話還有許多不成文的規則——他們最常討論的話題是食物（有一次，我在划水的過程中，聽到整個對話都跟巴薩米克白醋有關），然後才是孫子和藥物。「我正在吃樂復得，不過我想，這裡對我的幫助比什麼都還大。」我聽到有個人跟另一個人這麼說，當時他們兩個都在水上漂浮著。

紅銅髮女士指出還有一個規則是「不要太努力」。在她說那話的時候我還稍微來回游了一小趟。

「這樣算太努力嗎？」在四月末的一個下午，我這麼問她。

「可以這麼說。」她答道。她從未好好自我介紹過，而且，我發覺她習慣拐彎抹角，她回答問題的方式每次都會讓我想再提出另一個問題。

經過大約三個禮拜，艙房裡的男士與女士顯然都已經熟識了，每次大家一見到對方來游泳池，總會溫暖地彼此打招呼。就這樣，這場晚宴派對在毫無預期的狀態下展開，每位聆聽者都是受邀的來賓。在經歷過失敗的圖書館探險之後，我在家思考歐登伯格針對「最好的場所」所設定的標準，我發現在游泳池的體驗，其實完全符合這些標準：大家獨自到達；他們在暢行無阻的地方找到友誼；而且這份友誼僅限於該處。原來游泳池的體驗就宛如在社交世界裡瀕危的松貂一樣罕見，那裡就是如假包換的「最好的場所」。當大家開始拿我開玩笑時，我知道他們已經接納我了。

「親愛的，」紅銅髮女士在一個晴朗的下午逗我道：「妳瞎成這樣，游泳時真該拿把枴杖。」歸屬就在我眼前，那感覺彷彿像正凝望著純度極高的毒品般。我已經發現這種與在地建立連結的最單純的形式，可是有一部分的我並不想要採取這種方式。

「年齡不是問題。」我說。我邀請蘿拉再到我家，讓她看看我對公寓做的一些改造。她特別喜歡花梨木小桌几，就是當初因為造成車禍而讓我焦慮不已的那張桌子。現在，我們在廚房裡。

我在桌子中間放了張藍色餐墊，就是依照她說要為空間添加些許色彩的建議。桌上放了一個銀色的沙拉攪拌碗，她正把玩著碗裡的蘋果。

「那問題可能是出在……」我停了下來。我常會像這樣等著蘿拉幫忙接口說下去。我會提出一個問題，然後讓她釐清。從我讀法學院就開始養成這個習慣，而且也一直持續著，只是她根本就不曾發現。搞不好我終其一生都會如此。

「重點不在年齡。」她說，一語中地指出我一直想找的重點，「而是社交技巧。我們這種年紀的人，再也不知該如何表現出那種技巧了。」

這話聽起來有點悲觀，她從碗裡拿出一顆蘋果，仔細地端詳著。蘿拉從小就上教堂，並和一群年紀比她大的人互動。當時才十歲的她，會遞送冰茶給八十來歲的老太太。即使現在她化了妝，身上穿著緊身衣，看起來仍稱不上時尚。她把頭髮往後綁，這很容易讓人聯想到她穿著及踝長裙，在募款餐會時煮一鍋鍋的燉菜，又或是和那些嘮叨的老太太聊天的景象。當她說到我們這個世代時，「我們」這個詞聽起來總是帶點被迫的意味，彷彿其實她並不覺得自己是屬於她所描述的那個族群。

「在現今的時代，我們希望每件事都具有可變動性，也不想讓陌生人認識我們。或者是，即使他們認識我們，我們也希望隨時都能任意離開。」

「沒錯，就是這個意思。我覺得自己有點被困住了。好像我**非得**出現不可。」

「嗯，是啊。如果加入一個團體，就是這麼一回事。你得出席才行。」

「可是我不喜歡有人會期待我出現，或是說些言不由衷的話。」

「但現代社會就是如此。我們希望在自己有需要時，能獲得團體的支持，或有人可以聊聊。可是，我們的這些期望全都只考慮到自己。所以我們會缺席，或是雖然出席但卻保持沉默，然後還說自己參加的團體不夠多。」

「那妳現在有像妳所說的那種體驗嗎？」我問道，「即使妳不想交際應酬，卻還是會去的地方是哪裡？」

「我的特赦組織。不過，我一個月只要去一次，而且我們一直都以書信往來聯繫著。妳說的那種團體聽起來社交意味比較濃厚，如果是我，去那裡可能也會覺得不自在。」她的結論聽起來有點惆悵。

在聽到連擅長社交又甜美的蘿拉都說，那種團體對她而言太沉重之後，我頓時覺得自己彷彿被獲准離開了。不過，「離開」這件事，比我想像中更為棘手而尷尬。我開始晚點到達游泳池，大部分的人都是泳池開放的中午時分就到了，不過，如果我在下午一點走進去，總是會有些比較晚到的人跟我揮手。更糟的是，遲到意味著我會在更衣室遇到一些女性，包括紅銅髮女士，而當時我正半裸或是全裸。我得趕緊抓起一條毛巾，一邊還要應付她們問我：「嘿！妳去哪裡了？」這真是太折磨人了。

我不知道該如何是好，直到一隻貓咪解決了我的問題。賀志和我在替我媽看家時，我媽養的暹羅貓突然抓狂，進入了攻擊模式。當時我的選擇顯而易見：要嘛就抓住我媽的貓，或是眼睜睜看著賀志死掉。我連想都不用想，就把瑞米從地上一把抓起來，任由牠伸出貓爪抓我的手掌，死命咬我的手臂，傷口深可見骨，而我就那樣站在原地不動。五天後，我到醫院的急診室就診，下臂已經腫得跟氣球一樣大，並親眼看著醫生劃開傷口。當時我完全沒感覺，一來是因為已經麻醉了；再者，我大概有點嚇到了吧！因為當我看著血噴出來時，腦子裡居然只想著：**嗯，我猜我短期內應該沒辦法回到游泳池了。**

在花園裡，我是快樂的工蜂

包著繃帶的我決心要喜歡上「最好的場所」帶來的那種感覺，即使喜歡的程度並不太高。我希望能在住家附近找到能幫助我獲得歸屬感的地方。只是，「海豚艙房」並不適合我。或許有些人喜愛像那樣跟誰都能聊不停的地方，但我需要的是一個會歡迎我、人們也認識我的地方，而且無須覺得每週都要出現，或是只要一去就得跟人聊天。

因為抱持這種心態，讓我雖曾從落地窗外偷窺游泳池，最終卻還是轉身離開。就在那時，我看見一個告示牌，上面寫著社區花園徵求「工蜂」。那座花園就在游泳池旁邊，只相隔一條小徑的距離，之前我曾經在那裡駐足幾次，欣賞著即將栽種植物的園圃，還有一排排井然有序的樹苗。奇怪的是，我從未看過有人在花園出沒，彷彿是精靈會在夜裡照料這座花園似的。不過，根據這個告示牌所示，真正的人類會在每週三的五點出現，於是我決定去看看。

週三我抵達花園時，發現那裡有一窩蜂的人。我不禁納悶，我怎麼會從未注意到他們，我究竟還錯過多少因為不曾留心而失去產生連結的機會！我帶著些許驚訝的心情，開始試著尋找帶頭的人。有位戴著園藝手套與特利（Tilley）帽子的老太太說，領導者的名字是海蒂，並順手指著一位戴著牛仔帽、穿著緊身白上衣的美麗金髮女郎。

當海蒂跟著一位灑水系統的維修工人逐一檢查時，我也跟在海蒂後面。有人蓄意破壞，切斷了幾截澆花用的軟管。海蒂正努力監督志工，同時不停跟維修工人說話。我站在她旁邊，聽到工人提出一些建議，聽起來都很昂貴，其中還包括從社區活動中心再牽一條新的管線過來。

「能不能只要修補這些軟管就好了？」海蒂問道，然後她轉向我，說：「喔，嗨！妳之前寄過電子郵件嗎？」

我覺得有點不好意思，「我還以為直接過來就可以了。」

此時工人正盯著我們倆瞧。

「可以！當然可以！」海蒂說，聽起來有點心不在焉，「不過妳可以稍等一下嗎？」

我說沒問題。我走到花園旁的小丘上，觀察現場的活動狀況。有一群二十來歲的年輕人站在種植蘆筍的土壤底床旁邊，我聽到他們重複說了好幾次「**蘆筍**」，而且各種口音都有，這才恍然大悟到那是針對母語並非英語的人士所舉辦的會話課。有位年輕人正用乾草叉耙開箱子之間的土壤，另一位則修剪著覆盆子灌木叢的樹枝。先前招呼我的特利帽女士要一位少女繼續用罐子替樹苗澆水，因為炎熱的夏天即將來臨，他們必須盡量提供這些樹苗所需的水量。

或許是因為整座花園都灑滿了陽光，又或是因為同時發生了這麼多事，總之我開始強烈覺得自己有了回家的感覺。我很驚訝居然會有這麼多工蜂都比我還年輕。不知為何，我一直以為志工**都是**像那位特利帽女士一樣，多半在五十來歲左右。我不確定這些志工夥伴會不會與我志趣相投，那些參加英語課程的學生是剛來美國的移民，留著鬍子的年輕人看起來比我還時髦，不過，這些人（或是這個活動本身）讓我覺得，我們應該會合得來。

我站在小丘上，那裡視野絕佳，整個園區盡收眼底。這座花園長六個街口、寬三個街口，不過感覺不像是寬廣的開放空間。大部分的地方像是一連串半相接的區塊。園區裡林蔭處處，位居高處的小丘上更種滿了樹木，有成群的青少年坐在那裡，老年人則獨坐在長椅上。此外，還有一路向下通往花園的斜坡小丘，有些更繼續往下直達遛狗區，當寵物四處奔跑時，人們就站在那裡聊天。然後，如果你繼續往北走，還會看到棒球場、遊樂場、另一座遛狗公園和足球場。

如果在園區裡漫步，細細體驗各處的風景，感覺肯定不壞。不過像現在這樣，挑一個視野良好的地點，俯瞰園區的全貌，這種事我從未做過，感覺也更好。當我從這個角度居高臨下，這景象讓我感覺到一種善意。所有人似乎不再分成「這個區域的小孩」與「另一個區域的棒球選手」

這樣不同的群體，每個人看起來彷彿都融為一體。而我即將在園區裡分配到一項職務，這讓我突然覺得自己也成為這個群體中的一份子。

等維修工人終於伸手去拿手機時，我總算有機會鞏固我在園區裡的地位，同時也吸引海蒂的注意。

「嗨！」我從她後面出現，再打聲招呼。

「喔，妳等很久了嗎？」她顯然早就忘了我，不過她試圖掩飾著。

「我沒等多久。我可以幫忙嗎？」

她看著我綁著繃帶的手，然後再望向花園。大部分工作似乎都有人做了，不過，她隨即指了指花園的告示牌。

「妳會油漆嗎？」她問道。

在花園裡聽到這種問題似乎有點怪，不過我說我還行。

「好極了，」她說，聽起來鬆了一口氣，「沒人想要做油漆的工作。」

她帶我到堆滿了背包的木製長椅那裡，伸手到下面摸出一個塑膠袋，從袋子裡拿出一套工具，包括應有盡有的各種油漆刷和油漆。然後她遞給我一個優酪乳桶子（「可以裝水」）和一個飛盤（「妳可以用來調色」）。

「告示牌全都褪色了。」她繼續說道。油漆花園告示牌這件事，看來是很重要的工作（牌子上以大寫的粗體字寫著歡迎路過的人）。我很訝異這個差事會落在我頭上；但更驚訝的是，我居然開始賣力工作。我用的是明亮的白色油漆，我想讓每個字看起來都很完美。我用手指擦掉滴落在告示牌背景的油漆，然後一遍又一遍塗刷新的油漆，直到這些字看起來都很顯眼。這麼做不只是我平常固執的個性又發作了。這個告示牌讓我感到自豪，或許我也有點以這座花園為傲，因此，我想要表現出這種心情。

我旁邊有個堆肥區，當我專注在粉刷這些字上頭時，耳邊也一直聽到關於蟲的各種瑣事（我學到蟲確實會吃肉，不過牠們也會透過皮膚呼吸，所以如果你在堆肥箱裡放太多肉，動物的油脂會害牠們窒息）。這些蟲蟲課程很有趣，告示牌看起來也棒極了。我不想停下來休息，可是兩個小時後，當另一位工蜂抵達，詢問她能不能幫忙時，我不得不承認我餓壞了。

「妳一定要努力讓油漆保持乾淨。」我向她灌輸完美主義，即使海蒂並未這樣要求我。然後我走回花園，發現海蒂坐在一張長椅上，正整理著繩索。

「妳要走啦？」她問道。她身上的牛仔帽和緊身衣服，讓她流露些許火熱辣妹[4]的感覺。我對她還蠻另眼相看的，不只是因為她的模樣，還有她不費吹灰之力就能讓人覺得自己受歡迎的功

4　Daisy Duke，穿著超短熱褲的辣妹。

力。這裡沒有任何規矩，也不需繳入會費，只有她帶有酒窩的微笑，以及希望能再看到我的熱切期待。

我說是的。

「那下禮拜見。」她說完摸了摸帽頂，當作敬禮。

我輕觸額頭回禮，然後走回園區。太陽開始落入小丘下方，光影籠罩了整座花園，只剩下部分園區仍籠罩在亮堂堂的陽光下。我好不容易適應了陰影，可是一走下小丘，陽光又再度照射在我身上。那天早上，草坪才剛修剪過，空氣有點悶，似乎青草正呼吸著。小狗高興得在四處跑來跑去，牠們的主人也開懷大笑。我開始覺得或許我錯了，或許我所需要的歸屬就在這裡——就在我周遭，在我腳下。

我的連結來自大自然

回家後，我走到廚房的桌子前，在「在地」的檔案裡記下下一次擔任工蜂的日期。這時，我留意到幾個月前我繪製的地圖露出了一角。

我把這份地圖稱為我的「連結地圖」。自從讀過英國心理學家大衛・康特（David Canter）的著作之後，我就繪製了這份地圖。康特發現，當他要求住在某個地區的人們描繪當地的地圖時，每個人畫出來的圖都不一樣。有些地圖是呈現群居的意象，上面畫滿了朋友與家人的房子與公寓；有些地圖則是日常行為活動的記錄，上面畫滿了人們覺得有實用性的店鋪與辦公室。康特相信，只要請一個人在短時間內繪製地圖，就可以透露出這個人對於鄰居關係的**想法**；地圖是一種能呈現出他們大腦裡念頭的外在表現。

康特明確表示，人們可以在地圖上畫任何東西，既然我對連結感興趣，我便決定畫出與「連結」有關的地圖。幾個月前，我就遵循康特的指示——完全不假思考，只動手畫——試著在地圖上畫出能讓我感覺到連結的地方。結果我親眼證實了我的連結並不存在。我畫了公園，還有連接公園的道路，遠從六個街口外跑過來的小狗，以及散步的步道與座落於一旁的公墓。我寫下：「空蕩蕩的地方」。我發現自己無所歸屬，覺得十分沮喪。

在那個六月的早晨，當我再度凝視著地圖時，我突然明白其實我**已經**畫出連結了。在我的地圖上，每個地方不是綠地，就是通往綠地的連接點——我在地圖上的公園旁畫上了花園。於是我恍然大悟，我所畫的圖，都跟「大自然」有關。

我很重視大自然。當然，這並非新鮮事。畢竟我一直是專業的環保人士。但讓我驚訝的是，我居然沒注意到自己對大自然的重視早就躍然呈現於平面紙本上。當我想到歸屬時，我畫的是里佛岱爾，在那裡，鄰居會在後院種植當地的原生牧草，而且他們彷彿呵護嬰兒般地照料新樹（我還有位鄰居把她家人行道旁邊的樹苗命名為「亞伯特」，並且舉辦「亞伯特澆水節」）。在那裡，我對環境的關注並不突兀，因為每個人都和我一樣，這讓我覺得自己融入了那個地方。

至於我現在住的新社區，舉目所及都是被鋪平的後院、砂石車、過於擁擠的街道與廢棄的公車站。我並不是說此處主要的地區都是光禿禿一片，只是這裡確實缺乏綠意，而這讓我覺得似乎沒有人跟我關心同樣的事。

或許我在街上看到的大多數人是真的一點也不在乎，又或者他們關心的是其他事。不過，這不代表**完全沒人**關心，我只是需要費點心力尋找。要找到這些人並不容易，也沒辦法立刻就找到，這件事讓我明白原來我一直是在尋找捷徑。當我說我希望別人「跟我一樣」時，我想要的其實是「擁有相同的價值觀」，那是我們大多數人在一提到歸屬時所追尋的東西。想要擁有相同的價值觀這件事並沒有錯，這很可能是融入群體的前提。問題是出在誤以為這種共通點必須是眼所能見，或者是必須完全相似，又或是認為它們早就存在。這就是經過分類的地區在做的事：他們會宣布哪些事是很重要的——無論那是農夫車[5]、昂貴的嬰兒車或扮裝派對的海報，然後用這種方式傳達對該社區重要的事，以及誰應該或不該視自己為其中的一份子。

不過，你可以透過專注於自己重視的事物來創造自己的歸屬感。我就在腦海中創造了一個「連結＝綠地」的小等式，然後努力追求歸屬感。

我每週都到花園擔任志工。這件事從來不會讓我有被困住或被強迫的感覺，因為我是真心想待在那裡，而且也都有事可做。在關於「地方壓力（local place stress）」的研究論述中提到，親近大自然有助於建立連結，儘管對我來說，這一點在理論上似乎很怪，但是真正實踐時卻效果驚人。在日漸炎熱的夏天，我越來越喜歡把手放進乾燥炙熱的土壤中；大把大把地拔草，看著白色細細長長的根出現，小蟲子爭先恐後地要衝回地底土壤的黑暗裡；還有拉著水管幫菜園澆水，感覺水滲透到我的涼鞋邊緣。

就連沒什麼事發生的時候，感覺也很好。我到花園工作大約七週後的某天晚上，到了那裡才知道當天有場與蚯蚓有關的演講。海蒂把我們大部份人集合起來，帶去聽一位男士談在塑膠桶鑽些透氣孔的事。那時，我開始尋找「逃生路線」——不是回家去，就是到花園的另一邊。有些不安分的人則會在那裡偷偷地綁著番茄植株。但偏偏海蒂就坐我旁邊，我知道自己無處可逃，只好放棄了。

當蚯蚓專家談到冷凍蟲卵時，我伸手觸摸我們坐的水泥階梯座位，水泥摸起來很溫暖，而我們的座位就在花床旁邊。我一躺下來，黑眼蘇珊菊（black-eyed Susan）就在我眼前，蜜蜂也一直繞著黃色花瓣與黑色花蕊飛舞著。當海蒂用小樹枝輕拍我的涼鞋時，我正凝望著那些花朵。我身旁的土壤聞起來有著野生胡蘿蔔的氣息，我閉上眼睛深呼吸，心想我可以在這裡待上好幾個小時也沒問題。我在終於聽到有人說「成交」時連忙起身，我想看看我逐漸熟識也喜歡的人們，是如

—
5　pickup truck，輕便型的人貨兩用車，通常有開放式載貨區。

何歡呼慶賀著能成為少數贏得蟲蟲箱子的幸運兒。

我在這項挑戰中終於找到第二個最好的場所，那就是這座花園，因為它就是完全符合「在地」這件事。《肯辛頓之王》說得沒錯：「只要我走出大門，就會有一群人向我揮手打招呼。」最棒的是，我只要出現就好，不需要做太多事。有天晚上，我們唯一的任務就是設法把老鼠趕出蕃茄田。為了完成任務，我和另一位志工得來回傳遞塑膠網，說些諸如此類的話：「嗯，如果我們把網子綁在上面，植株就沒辦法生長了。」或是：「如果我們把網子塞到土壤裡，老鼠難道不會往下挖嗎？」我們隨口閒談，邊工作邊從莖上把所有小蕃茄慢慢摘下，然後吃掉，無意中也解決鼠患的問題，因為我們吃掉了牠們的食物。

這是個人們一刻都不得閒的忙碌時代，而且這種忙碌已經融入我們的社交生活中，但這反而讓我們得以解脫。它是以一種看不見的方式讓我們感到安心。歐登伯格指出，最好的場所提供的是「一點讓人得以休息時間」。這個地方就根植於大地，而且這種的關係既溫暖也無所求。歐登伯格非常認真地指出：隨著在地場所的日漸消失，鎮定劑的使用量也提高了。這正是海豚艙房的那位老先生所說的，輕鬆自在的社交互動比藥物更能緩解他的憂鬱症。

不要求太多回報的感覺，可以視為承諾的象徵。雖然這種連結很輕淺，但不代表它不夠強烈。九月下旬，花園的工作逐漸告一段落，海蒂安排另一座花園的領導人來教我們如何蓋小型溫室。講師因為家裡的地下車庫大門出了問題，所以遲到了；而且，顯然她也與海蒂所期待的不同。

她身上穿戴的一切都是圓的：她戴了頂大大的遮陽帽、圓形耳環，穿著腰上繫了條大腰帶的無袖連身裙。直到這位女士積極熱切地對我們拋出一連串的問題時，我這才意識到原來我們花園的行事風格是多麼地低調而不誇張。

「有誰知道一年生與多年生植物之間的差別？」她問道。共有十二個人圍著她坐著，這時大家就只是面面相覷。我們都知道差別在哪裡。

「一年生植物需要重新種植，而多年生植物可以撐過冬天，到了春天會再長。」坐在我旁邊的特利帽女士莫琳出於禮貌地回答。

「好極了！你們將來在這個領域一定都**超強的！**」

我真是受夠了，她每件事都解釋得落落長。她身邊堆滿從車上搬來的箱子，還把塑膠片發放給每個人，好讓我們全都可以親自感受一下六公釐的塑膠片拿起來是什麼感覺。

我遞了一片給海蒂，她正皺著一張臉，讓我忍不住多看了她一眼。如果整個晚上都要像這樣進行下去，從她的表情可以看得出來，這會是漫長的一夜。

結果真的是長夜漫漫。講師遲到就已經拖延到我們的時間了，而且已將入秋，太陽也會提早下山。陽光開始在我們身後的小丘投射出陰影，不到七點半，天就快全黑了。精神可嘉的海蒂戴上一種夜間園藝帽，帽子上的頭飾帶中間裝了明亮的燈；至於其他人，像莫琳，則拿出智慧型手機照亮講師，此時講師正從大腸桿菌危機的主題，跳到你需要用哪些方式包纏植物，才能避免霜害。氣溫越來越低了，不過我們沒人離開。萬一我們走掉了，就表示海蒂當初是做了錯誤的判斷，而我們都不希望她有那種感覺。

於是大夥一直待到九點，直到講座結束才離開。海蒂繼續開著園藝帽的燈，不過其他人都安靜地關掉手機的燈光。我們回到自己最擅長的模式：就只是坐在一起，然後什麼都不做。有些人依然帶著狗在外面散步，我聽得到遠方的狗吠聲，只有一半注意力放在講師身上。我拉扯著草，覺得有種回到了家的感覺。這樣的歸屬感還挺好笑的。現在我正置身黑暗中，冷得發抖，但卻覺得很快樂。事實上，我很可能比當時住在里佛岱爾時還快樂，雖然在那裡，歸屬感來得如此容易；在這裡，我則必須努力創造歸屬感。這個過程並不容易，不過它卻讓我身歷這樣的情景——我靠過去對海蒂說著耳語，她頭上的礦工燈讓她的金髮綻放耀眼光芒，我悄悄問她，等一下結束時，我可不可以帶一、兩顆南瓜回去。那一年南瓜很大顆，而且聽說吃起來很甜。

關於「在地」的快樂生活提案

・相似度與歸屬程度不一定成正比。

社區意識是種和他人相似的知覺，並覺得與他人間有種相互的依賴感。這種原本與社區鄰里有關的分類法，可能會逐漸往外擴及至讀書會、冥想課程等團體，讓我們誤以為只要自己融入一個社區或是群體，而那裡的每個人都和我們相似，我們就會認為相似度就代表歸屬感。但事實上並非如此。

・找到你的「在地連結點」。

居住在同一個地區的人民，可以透過參與社區公共事物及活動、共同價值的經驗分享，以及與鄰居頻繁互動等，對該地區產生一種休戚與共的心理認同感。但每個人的共同意識和價值觀難免不盡相同，這時你可以透過自己重視的事物來創造屬於自己的「在地歸屬感」。例如，如果你是熱愛大自然的人，就可以到社區花園擔任志工。

・在住家附近尋找屬於自己的「最好的場所」。

社會學家雷・歐登伯格曾在《最好的場所》一書中提到，人們除了家與工作場所的第一與第二場所之外，花費最多時間、活動最頻繁的空間，其實是各種非正式的聚集場所，像是咖啡館、公園、圖書館等，這些就是「第三場所」。你可以在你家附近尋找這樣的地方，讓自己有一個能與別人互動交流的社交場所，又或能安靜獨處的療癒空間。

4

關心

——倘若有人說你可能不屬於這裡，你要如何創造歸屬感？——

用行動改變，為動物發聲

我與附近鄰里所建立的連結，有很大一部分是因為我發現到自己有多重視綠地；而我之所以重視綠地有很重要的一點，是因為有許多狗都會在那裡活動。離我家最近的兩座公園，到處可見吉娃娃、大丹犬，還有其他不同種類與大小的狗狗。其中有些狗我太常見到了，因此漸漸也把牠們當成是「自己的狗」。像是壯碩卻安靜的傑克羅素㹴犬似乎對其他狗是超乎尋常地不感興趣；牧羊犬在追逐其他令牠更有興趣的人之前，會先繞著我轉圈圈；被領養的格雷伊獵犬在鬆開狗繩後，會在花園旁的小丘上奔跑。只要一出現這種場景，就會有人大喊：「你們看！」然後大家全都會停下來，看著狗狗像陣風地在地上飛奔。

這些狗總是讓我心情愉悅；即使當我想起前女友而陷入沉思時，只要一看到㹴犬明亮的眼睛與毛茸茸的瀏海，精神就會為之一振，從自己的思緒中抽離出來。牠們就像小小的正念導師，這些四條腿的導師提醒我要活在當下，而牠們開心的表情總讓我能從自身也尋找到同樣的快樂。

然而，只有我親眼見到的狗，才能對我產生這種效果。如果是出現在新聞裡的狗狗，就完全不是這麼回事了。我現在相信，如果你是一隻狗，你大概不會想要登上新聞，因為新聞標題通常會這樣下：動物保護協會調查追蹤昂貴幼犬，查獲犬隻繁殖場。

類似這樣的報導會使我壓力狂飆。雖然我會強迫自己閱讀這些報導，可是在第一行我就卡住了：「生活在環境髒亂、缺少基本照顧的一百二十一隻狗，今在阿肯色州傑佛遜郡的犬隻繁殖場獲救。」照片上看起來比文字形容得還要更糟：一隻幼犬在潮溼的塑膠帳篷內蹣跚爬行，牠的眼神渙散，身上的毛糾結在一塊，看起來就像剛在泥土裡打滾過。我實在看不下去了。我心裡升起一股類似恐懼的情緒，我必須按下跳離報導頁面的按鍵，用其他事情讓自己分心，像是看天氣預報、體育新聞，還有關於交通大堵塞之類的報導，因為我沒有車，所以塞車對我並不會有什麼影響。

我的目標永遠都是讓自己麻木無感，這樣就不需去關注我真正在乎的事。我甚至可以精準指出，我這種需要讓腦子一片空白的狀態是始於何時。我在擔任律師的最後一年，被指派負責一個與林業產業有關的案子，那時無意間看到一段報導。有人發現兩隻駝鹿凍死在砍伐殆盡的樹林裡。「這些駝鹿原本可以撐過去的，」發現牠們的克里族印第安人說，「可是這片光禿禿的地區範圍太大了。牠們可能走了整晚都還找不到遮蔽處。」

我受夠了！我心想。我做完報告後，在事務所又待了幾個月，不過那段時間我只是按下感覺的暫停鍵。我不喜歡那些動物受苦的報導帶給我的感受。我也不愛看人類受苦的報導，不過跟動物有關的報導對我打擊更大。在某種程度上，我依然是那個經歷了父母離異的八歲小孩，緊抓著我的《夏綠蒂的網》不放，也想知道原先在房子裡的人都到哪兒去了。對我來說，那隻面臨死亡威脅的小豬韋伯一定要得救。牠的存活巧妙地隱藏著一個訊息，那就是：即使是面臨困境的孩子也能安然度過。萬一韋伯死了，在我小小的世界裡，也會失去那僅存的一丁點重要希望。

所以，為了尋求心理慰藉，我的故事情節會這樣進行：小豬最終度過了危機，「愛」拯救了牠，而牠也繼續把這份愛回報給身邊的每個人，創造溫暖與喜悅的循環，永不止息。但我無法讓直升機獵捕狼群的報導符合這個故事情節。現實根本與我想像的不同，「**韋伯正在死去**」這件事讓我覺得心裡有什麼快要炸開，這種感覺太可怕了，我只能轉身離開。

不過，我開始明白離開是必須付出代價的。我之前於在地所獲得的經驗教會我一件事，那就是歸屬感永遠來自於「關心」。你若冷漠無感，就無法建立連結，因為沒有任何東西可以讓你與之產生連結。如果你限制自己只關心一些你勉強在乎的事，你獲得的歸屬感就會打折扣，因為你並未投入最深的情感。

我深思這個想法之後，發現自己在去年十月放棄動物保護協會的貓咪照顧計畫時，心裡多少已經有點明白此事，也告訴自己必須尋找與動物連結的其他方式。雖然當時我還沒有確切的想法，但我打算用一種不同的**好**方法。我想像自己領養流浪的小貓咪，並把牠們變成最甜美親善的模樣。結果，是我的獸醫泰德醫生說服我放棄這個想法。

隔年五月，我帶賀志去醫院檢查。牠的體重又下降了，而且走路的時候開始會搖晃不穩。我發現診察檯上的賀志看起來一覽無遺，刺眼的光線把牠黑色皮毛上的所有皮屑與斑點照得清清楚楚的。當泰德醫生對牠的肋骨下方進行觸診時，我說：「我正在考慮領養。」

泰德醫生頭也不抬地問道：「領養？」

「小貓咪啊！你知道的，就是流浪貓。」

那時，泰德醫生的目光從賀志身上移開，抬眼望著我。「這個點子**糟透了**。」他說，顯然他不覺得要講些好聽的話來粉飾他的回應。「流浪貓身上可能帶有任何一種病菌。賀志也沒辦法打疫苗，一隻生病的小貓就會要了牠的命。」

泰德醫生用雙手穩穩地托著賀志。他一副絕不放手的樣子，除非我保證不領養小貓。

「我不會領養了。」我怯懦地說著。泰德醫生抬起了一隻手。

「我**保證**我絕對不會領養。」我再補上一句。他又抬起另一隻手，對我笑了笑，彷彿我通過了某種考驗，隨後他將注意力重新放回賀志身上。

賀志的確是個問題。如果我想確保牠的安全，我就不能領養貓咪或小狗。泰德醫生甚至警告我不要在動物收容所當志工，因為我的雙手或衣服可能會把病毒帶回家。我和賀志一起坐在扶手椅上，橘色的罩毯披掛在身後，我問道：「欸，這位先生，那我應該怎麼做呢？」

我可以感覺到牠的腳鑽進我的大腿間。牠現在只能坐在軟軟的地方，否則就會不舒服，而牠似乎正在測試我的雙腳，看看那裡是不是合乎標準。我猜那裡應該很柔軟，因為牠已經蜷縮成一團，抬頭凝望著我。因為生病的關係，牠的雙眼如今變得更溼潤了，光是想到牠會經歷的任何痛苦，我就感到喉嚨一陣緊。

不過，或許那正是我必須做好心理調整的事。我不是要忘記發生在賀志身上的事。事實上，關心年紀已大的牠，讓我感覺自己與牠之間的連結，更勝過我們仍年輕的時候。我想，如果我可以重拾關心其他動物的感受，我就能克服內心的空虛，也能對自己所在乎的事物培養更深的情感；而且如果我在花園產生的體驗真能適用，這種關心的行為應該也會帶來更圓滿的連結感。

可是，當我試著在流浪貓和流浪狗之外，尋思其他的可能性時，我並不確定該怎麼做。我試著應用我在動物保護協會說明會中所學到的指示：如果一個目標看起來正確、但並不適合我，那我就得另闢蹊徑。我也確實這麼做了。不過我仍為相同的問題所困：許多動物受苦的報導都是遠在千里之外，而安居於多倫多公寓的我，對剛果的野生動物肉品交易問題實在幫不上什麼忙。

或者，我可以做的是：我捐錢給國際珍古德教育及保育協會（Jane Goodall Institute）之類的團體，他們會對交易這類的問題給予迎頭痛擊。

關心，靠團體的力量更能落實

「不過，我不確定是不是光這樣做就夠了。」我說道。此刻我正在和蘿拉講電話，我們平常也會像這樣聊上一小時。我不知道我們怎麼會聊到我想捐錢的話題，我們總是天南地北地閒聊，不過通常不會聊到猴子（虐待動物不是蘿拉無法忍受的話題，會讓她受不了的是永無止盡的非法監禁）。

「但這總比什麼都不做要好。」她答道，「雖然妳是付錢請人代表妳去關心這件事，可是至少妳採取行動了。」

「可是我想做更多。我覺得我應該多做一點。」

「為什麼？」

「呃，因為我以前就做得很多。」

「可是妳已經決定不再這麼做了。而且妳的理由也很充分。」她知道我的凍死駝鹿故事，「如果有任何人說這個世界現在已經糟到他們得轉身離開才行，我都會尊重他們的決定。你不能強迫別人得付出關心。」

「可是會關心世界的那些人很吸引我。當我從人權觀察組織那裡聽到關於刑求的報導時，心裡就在想：『究竟是誰把這些事記下來的呢？』」

這不是個反問句。蘿拉是人權律師，曾碰過許多致力於該領域的人。我們共同認識的一位女性朋友，就花了一整年時間記錄獅子山共和國的內戰罪行。尤其對蘿拉來說，要她從事一份與記錄違反人權事件有關的工作並不難想像。只是她並不想去做。

「這種工作勞心又勞力。」她說，「大家去這些地方待上一年半載，最後卻罹患了替代性創傷壓力症候群。這種工作是很難持之以恆的。」

「可是他們百分百完全投入。」

「沒錯，但那些人是特例。妳對這件事的想法太極端了。如果妳把捐款當作一分，志願前往戰地當作十分，大部分人的分數都是介於中間值。」

「那妳是幾分？」

她稍微想了一下，「我可能是四分。我會讀我手邊所有國際特赦組織提供的資料，可是如果看到太可怕的細節，我就會停下來。但有時候我很堅強，就可以拿到五分。但是，妳看米塔做的呢？」米塔就是那個前往獅子山共和國的朋友。「那不是我的風格，已經超過我能承受的範圍了。」

蘿拉點出了「是否合適」這件事，我得承認她是對的。不論她能力有多強，也很難一連好幾個月閱讀自己蒐集的暴行事件。可是，就關心的程度而言，她依然高了我好幾級。

「我也想進階到四分。」

「說到關心這件事，妳就變得好強了？」

「那叫積極。」

肯定**有什麼事情**激勵了我。不單是蘿拉比我擁有更強的連結這件事，事實上，她關心事物的能力也是源自於此；而是我根本沒看到太多表現出適度關心的例子。我看到的所有報導多半是蘿拉形容的「十分」，像是和平工作者在中東遭到長期囚禁，或女性窮盡畢生精力拍攝位在英國的每一間工廠化農場。

顯然我需要做的是強度沒這麼大的事。我或許比蘿拉還勇敢堅定，畢竟我兒時就經歷過父母離異、社區鄰里被迫拆遷改建等困境，但是，我還沒有勇敢到可以前往南蘇丹共和國，住在抗瘧疾蚊帳裡席地而睡。我必須找到一種讓我在家裡就可以付出關心的方法，而且還必須是我承受得起的程度，同時對我來說又深具意義。

這不該像是種會讓人心生嚮往的激進事件，可是從某個角度來看，它又的確是如此。當蘿拉提到替代性創傷時，她指的是做與酷刑被害者有關工作的那些人。有種說法是，一旦我們親身接觸**任何一種**痛苦，就可能會帶來心理創傷。當我試圖釐清為什麼我的關心計畫感覺如此違背常理時，我在「分享自助法」的專欄裡，看到一則建議，認為我們應該要避開壞消息：「負面的影響力將會滲透到你的意識中，造成不好的影響。一旦新聞導致你焦慮或憂鬱，便是關掉新聞的時候了。」

對我來說，這則報導有趣的地方不在於它的建議（「關掉媒體！別看新聞！」），而是我其實還蠻相信它所說的。我不知道是從哪裡學到這寶貴的一課，不過我認為，只要把注意力放在令我煩心的事情上，就會有壞事發生。

那些以「關懷」為題撰寫文章的專家，知道我們大多數人也都是這麼想的，他們認為，這種想法本身就證明我們已經變得缺少連結。他們也主張，如果我們不是這麼孤單寂寞，就不會察覺到我們是如此需要自我保護。神學家亨利·盧雲（Henri Nouwen）等專家曾寫道，大多數時候，

「關心」幾乎都需要仰賴團體的力量才能落實。在一九〇〇年代，尚有數十個相關的主要全國性組織存在，但如今卻已所剩無幾；於此同時，我們也失去了曾會幫助人們表達關心的媒介。

剛開始進行這項計畫時，我以為我之所以不願付出關心，是因為現代的惡習與弊端比一百年前還嚴重。就拿工廠化農場蓬勃發展或載滿移民的船隻發生船難來說，情況可能變得更糟了。但是，我們很難拿現在跟一百年前比較，因為時間若回推至一百年前，你會被迫碰到第一次世界大戰，那很難說是極富人情味的時期。我進一步深思後終於領悟，如今改變的並非是過去的野蠻狀態，而是我們希望能獨自面對一切的全新期待。

要打扮成肯德基爺爺?!我辦不到

顯然我的首要之務就是要停止嘗試獨自面對事情。我必須找到一個能幫我對自己最關心的問題有所反應的團體。為了試圖找回以往那些組織曾提供的協助，我決定自己需要一個會定期與之聚會的在地團體，而且這個團體必須關注動物議題。我在之前的義工計畫中漸漸明白，符合這些標準的團體不多，不過我記得「綠色和平組織」（Greenpeace）這個團體倒是可以考慮。儘管這個組織國際知名，也懂得善用媒體的傳播力，但我知道它們在各地都設有辦事處，仰賴志工維持運作，並把主力放在全球與區域性的環保議題上。

我上網查了一下，發現六月中有場義工的訓練課程。在一個溫暖的晚上，我到了那裡，而且立刻就愛上那間辦公室。我想，大概有法律規定，所有非營利環保組織都必須走同樣的裝潢路線，像是回收再利用的硬木地板，裝設鹵素燈，擺放蕨類植物，牆上的海報要不是老樹就是灰熊。我呼吸著含氧量充足的空氣，欣賞著一面以樺樹樹幹做成的牆壁。這些樹幹都被截去頂端枝葉，高度只到天花板，讓人產生錯覺，以為那些樹枝彷彿穿透屋頂，直入天際。

現場的椅子圍繞著協調人排成半圓形，我在最後一張空椅坐了下來。年輕的克拉拉小姐滿臉欣喜，她的臉頰圓滾滾的，有著一頭光滑柔順的黑髮，身上穿著推特主題的T恤，上面寫著：「#瀝青砂他媽的在搞什麼鬼？？？」。她似乎很高興看到這麼多人來參加，二十張椅子幾乎都坐滿了。當她環顧整個房間，喃喃說道「酷斃了！」時，我不禁笑出來。

克拉拉一開始先針對許多人對綠色和平組織的誤解加以解釋——他們做的事不只是對抗捕鯨船，或是為了抗議而從大樓外做冒險垂降。她說，為了讓我們熟悉他們主要的活動，她會讓我們看兩支影片。第一支影片是關於他們的反核運動，我發現裡面的內容很有趣。我已經超過二十年沒看到與車諾比有關的影像了，影片在最後無意中傳達出核輻射塵或許是件好事，因為核反應爐周遭的禁區看起來完全綠化了。

接著，克拉拉介紹下一支影片，內容是關於在印尼遭到殺害的老虎。「你們可能會看不下去。」她語帶**鼓勵**地說，「不過這支影片很短。」

有趣的是，我還真的因此鼓起勇氣了。我原本是不可能獨自看這種影片的，如果我是在家裡，絕對會立刻按下停止鍵。不過，在團體裡跟大家一起觀看就不一樣了。影片的內容令人毛骨悚然，有好幾個鏡頭都是落入大金屬陷阱中的老虎。這些大貓不停繞著圈圈踱步，牠們的前腳滴著血，眼神充滿恐懼。我害怕地縮著身子，但我感覺得到周遭的人也都跟我一樣。我環顧整個半圓形的座位時，看到對面的女士，我知道我臉上肯定也與她有同樣的表情：眉頭緊蹙，瞇著眼睛，牙齒緊咬著下唇。看這支影片一點都不有趣，不過看完後就算沒讓我們產生患難與共的親密感，至少大家對這支影片都有共同的反應，這就是日後讓我們建立同在感的基礎。

事實上，正如我漸漸學到的一點，那就是——與人共患難就是直達歸屬的高速公路，而也很可能是綠色和平組織早就知道的事。我們往往是從正面來思考歸屬感這件事，例如我和海蒂在陽光下一起修剪南瓜藤蔓。儘管美好的經驗確實能帶來歸屬感，但速度遠不如負面經歷來得快。

當年九一一事件發生時，北美領空全面關閉，飛越大西洋的飛機得另覓地點降落。對這些飛機來說，第一個可行的地點就是加拿大紐芬蘭的甘德市。數十年來，該城市一直是軍事訓練基地，因此，儘管這是座很小的城鎮，機場跑道卻大到可供噴射機降落，而且也有大型的空中交通管制塔。九月十一日那天，有四十二架飛機載著七千名旅客降落在人口僅一萬一千人的小鎮。這原本會是場大災難——鎮上聚集了數千名飽受驚嚇的旅客，卻沒有旅館可供住宿休息，當地居民也不習慣與陌生人接觸。不過，實際情況卻完全相反。甘德市與周邊城鎮的居民立刻開車到機場，把這些素昧平生的人們接回家中。他們敞開自家大門，提供食物，為這些陌生人慶生，幫助這些遭逢人生中難以置信的事件而偏離生活常軌的人們回復平靜。有些因此事件而萌生的友情，在日後依然維繫著，那些來自德國和紐澤西州的人，至今仍會千里迢迢回到甘德市，慶祝他們在如此艱困的時刻所建立的連結。

共患難會讓人們更靠近，這是歸屬感研究的關鍵因素。事實上，正如我所領悟到的，痛苦會拉近彼此的距離，不僅速度極快，感受也會很深刻。不過，唯有透過行動，你才能進階到更完整的契合階段。光是坐著不動，心情低落，對事情也不會有任何幫助。就像那些甘德市居民，如果他們只是待在家裡，看著電視上播出的機場畫面，說：「喔，真可怕。」那麼事情就不會有所改變。

為了與人建立連結，你必須有所行動，而綠色和平組織則提供行動的管道。反核運動並不吸引我，因為那牽涉到聽證會，聽起來就很無聊；不過，當克拉拉開始描述老虎救援運動時，立刻就抓住了我的注意力。

「這些老虎之所以被殺，是因為伐木商想要那些樹木，可是他們又不能把樹砍掉，因為必須考慮到老虎的棲地，因此，伐木商想擺脫這些老虎，藉此解決問題。那真的很糟。」她輕描淡寫地說著，「可是，更糟的是，在我們城市裡的公司卻向那些人購買紙張。」她開始在我們排成弧形的座位前方來回走動，「最大的買家之一是肯德基。顧客不知道他們的炸雞桶是從哪裡來的。所以，我們必須告訴他們真相。」

現在她停了下來，看著我們。「我們需要人手，嗯，來做兩件事。就是有些人要穿上老虎裝，有些人則打扮成肯德基爺爺的樣子。然後我們還會發傳單，這樣一來，顧客就會把他們的雞肉晚餐跟在海外發生的事聯想在一起。」

這並非太瘋狂的點子。事實上，綠色和平組織針對肯德基與其他大企業進行的國際性運動，結果都相當成功，那些摧毀老虎棲地的公司都保證不會再這麼做。雖然在我當初參加這場會議的時候，成功還遙不可及；而且我也不喜歡模仿肯德基爺爺的點子，感覺不是很好。

問題不只在於想像自己穿著那身衣服的畫面（雖然我穿白色看起來的確也很難看），而是穿成那樣還得站在街角會覺得很尷尬。即使我沒那樣打扮（克拉拉似乎也明白有些人並不想那樣做），也要到路上去發傳單。這似乎是不足以掛齒的小事。要是以前，我一定不敢說出這話，可是我覺得那樣一點也**不酷**。等我終於重整好情緒，強迫自己站在街角（雖然到頭來我是為了不同的原因這麼做），事實上，人們反而告訴我這樣做一點都「不酷」，儘管大家對此的說法不盡相同，有時候他們會換不同的詞，例如**瘋子**、**傻瓜**和**魯蛇**。雖然我花了一點時間才明白，但我終於領悟到並非是我表達關心的方式遭人非議，而是「關心」這件事本身就會導致批評。這種做法有點過時，人們也不會喜歡。

陌生人對我說：「加油！女孩」

不過，為了學習與人共同付出關懷的課題，我必須尋找不同的團體。即使我因為不想參加示威遊行，而離開了綠色和平組織，但我依然願意付出關心。於是，我繼續閱讀新聞，搜尋Meetup之類的社交團體，設法找到一個能讓我無須利用向群眾介紹肯德基爺爺的方式來付出關心的組織。

後來，到了七月初，我偶然看到有篇文章提及一個名為「拯救豬隻」（Pig Save）的團體。多倫多曾被暱稱為「豬城」（Hogtown），因為有大量豬隻的生命在此終結。我很訝異，居然還有一家屠宰場仍在營業，而且就位在市中心一堆新公寓大樓的中間。豬隻運送的細節嚇壞我了。那些豬得關在卡車裡，運送到路程有好幾個小時遠的地方。在途中就死掉的豬算是幸運的，因為其他的豬得站在糞便與尿液中，一路搖搖晃晃，嘔吐在彼此身上。「拯救豬隻」這個組織試圖吸引大眾注意到豬隻的困境與工廠化農場的問題。他們會徹夜守在屠宰場附近散播資訊，也試圖讓在這些動物在被載往死亡的途中能舒服一點。

拯救豬隻。這個組織不可能找到比此更具有說服力的名字了。這可是**豬**啊，就是**韋伯**啊。這是我向童年好友（或向牠受傷的兄弟姊妹）報恩的機會，或許在這個受到《夏綠蒂的網》啟發的白日夢中，我還能夠拯救我永遠的朋友。

一想到要加入監視的行列，我還是感到不自在，可是，至少現在我有足以幫助我對抗那種不舒服感覺的後盾了。我造訪這個組織的臉書，看到即將有場監視行動要在週日下午展開。我檢查我的連結標準，然後一一打勾——這是在地的團體，有定期聚會，而且成員似乎每週都會見面。於是我決定去參加。

那個星期天，我收拾好我的歸屬行囊，前往網路上所說的十字路口。到了現場，我很訝異那條馬路居然那麼大。那是條南北雙向道，分成三線車道，中間還有電車軌道，也就是說，那裡有八線道的馬路與四線道的馬路交會，而且，四面八方都有行人走在人行道上。不知從何而來的尷尬感覺再度朝我襲來。對於第一次參加示威的遊行，我想要的是如同嬰兒學步般地循序漸進。一想到我將在鎮上最大的十字路口之一公開表達關心的情景，就讓我難以忍受。

於是我待在我身處這側的街道，先觀望對面街道的情況，那裡已經有人群開始聚集了。有位跟我差不多同齡的女士拉開粉紅色的橫幅，上面寫著「拯救豬隻」。兩位把臉上的豬面具推到頭頂的黑髮男士，幫她把橫幅綁在電線桿與旗桿之間。接著，來了另一位男士，原本他看起來就像個普通人，但等他套上黑色的長斗篷，抓起塑膠鐮刀，戴上巨大的塑膠豬頭之後，突然就判若兩人了。

本來我猜想，表達關心將包括做些奇怪的事，如今這種預感更強烈了。我應該過馬路去加入他們嗎？他們看起來跟一般人似乎並沒啥不同（雖然我從未見過豬的死神），而且感覺也很容易成為被攻擊的目標。其中有五個人就站在馬路邊，不管受到什麼辱罵或無禮對待，他們始終把海報高舉過頭。我聽到有人狂叫：「我愛培根！」，也聽到汽車喇叭響個不停，雖然我不知道這些喇叭聲代表什麼意思。

我做得到嗎？我可以加入這些人，和他們一樣任由路人抨擊嗎？我認為他們處於那種險境有好也有壞。壞處是，他們毫無防備之力，在他們與車流之間，除了薄薄的塑膠抗議標誌牌外，並沒有任何屏障；好處是在這些人當中，沒有一個人顯得傲慢或自私自利。如果他們是那樣的人，就絕不可能站在路邊，公開宣示他們對小豬的愛，冒險做這些無異於社交自殺的舉動。

他們表示出的謙遜最終說服了我。隨著我焦慮的腦海中不斷重複著「**雞為什麼要過馬路？**」這個問題時，我過了馬路，向一位看起來像是領導人的黑髮女士走去。她很漂亮，有雙深邃的黑眼睛，一身雪白的打扮簡單俐落：白色運動鞋，白色短褲，白色T恤。頭上則戴了一頂小巧的粉紅色棒球帽。

「妳是貝絲嗎？」我詢問，同時半伸出手來。我曾在報上看過她的名字。我不知道要說些什麼，於是試著找話題說道：「我在《星球》雜誌上看到報導，我想或許可以幫得上忙。」

她綻放微笑，我突然認出她了。幾年前我們曾在同一家律師事務所工作，她負責找人簽署支持瀕臨絕種動物的法案，我則負責那項法案。我記得有段短暫的時間我們甚至曾共用一間辦公室。儘管如此，我完全沒提這件事。雖然我過了馬路，但我依然為自己保留很大的空間，以便隨時都可以打退堂鼓。一旦提及過去的連結，就會危及我的打算，所以我保持沉默。

貝絲似乎沒認出我。她只是熱情地跟我打招呼，並指了指放在岩壁上裝了餅乾的塑膠盒。「要不要吃點？」她問道，「那些餅乾是米奇帶來的，是純素的杏仁餅乾，超好吃的。」

我搖頭表示不要。我緊張到吃不下任何東西。

我想貝絲應該也察覺到了，不過她沒說出來。她壓低聲音，語調和緩，彷彿在穩定我的心情。事實上，每當泰莉或克莉絲看到我焦慮時，就會用這種聲音說話。

「妳想要拿海報，還是宣傳手冊？」她用撫慰的口氣問道。

「海報。」我覺得快要吐了。我已經注意到發放宣傳手冊代表必須走到別人面前，試著把印有屠宰場情況的宣傳手冊遞給他們。如果拿海報，我就什麼都不必說。我不得不承認，拒絕和陌生人說話，就等於和連結的概念背道而馳，可是我不在乎。在那個當下，我能處理的人際互動就只能這麼多。

「妳可以和瑞克、瑪希亞站在一起。」貝絲說完，就帶著我走向一對站在路邊的老夫妻，「他們知道該怎麼做。」

和我聊過之後，貝絲決定將我介紹給之前就一直待在那裡的人認識——這樣做看起來沒什麼大不了，但其實是重要的舉動。她把我與可以和我聊天的人分在同一組，而那些人可以幫助我進入狀況，她是藉此方式來處理我的焦慮，只是她並未讓我察覺到她這麼做。幸好瑞克沒戴著豬耳朵或披著斗篷。他看起來非常普通，就像那種會在橄欖園（Olive Garden）餐廳上日班做管理工作的人；而且他很擅長在舉著「請按喇叭表示對豬的同情」的海報時，打開話匣子，輕鬆地談天說笑。

「親愛的，妳得把海報舉高些。」他說，當時我呆站在他身邊五分鐘，手上的海報已經低到我的屁股旁邊了。我的標語是：「為什麼愛牠，卻把另一個牠給吃掉？」海報上還有張照片，有隻小狗就在乳豬旁邊。我不想舉起這張海報。我或許已經成功加入示威遊行，但我還在嬰兒學步的狀態。親自參與是一回事，高舉標語又是另一回事了。

有部車按了喇叭，我以為那是種譴責，搞不好這只是等一下就會有人下車對我們吼叫的序曲。然後，我看到瑞克對那位司機豎起大拇指，表示友好，這才想起來他的標語寫著請按喇叭表示支持。「你是說真的有人會按喇叭？」我問道。不知為何，我一直覺得民眾唯一的反應會是敵意與反對。

「很多人都會。」瑞克回答。彷彿是為了加強他的論點般，這時又有兩位司機按了喇叭。瑞克笑了笑，而他的太太則向對方揮手，她正拿著她的小豬海報，站在離我們約六十公分遠的地方。

「那些開往公路的人或許不會按喇叭。」瑞克繼續說，「因為他們不了解這件事。不過，許多住在附近的居民都認為事態嚴重。」

「你是指屠宰場嗎？」

「不只是屠宰場，那些卡車每天會開十六個小時，如果你沿路散步或從你家窗戶往外望，就會看見許多豬。」

「那我們今天會看到豬嗎？」我問。我有點羞愧，我腦子裡就只深陷在「這麼做酷不酷」的壓力中，居然差點忘了動物這件事。

「也許會，也許不會。那些司機會試著避開我們這裡，因為如果他們經過這裡，民眾就會跟我們站在同一陣線，所以他們會改走其他路線。」

「你什麼時候會看到豬？」

「清晨監視的時候，就在湖邊往下走的地方。他們必須走那條路。」

我試著搞清楚狀況，因為我不知道活動會分為兩個不同的地點。此時，瑞克說：「把標語舉高。有輛巴士來了。」

接下來發生的事令我頗為驚訝。載滿乘客的湖區巴士就停在我們正前方。我看見人們拿出智慧型手機，同時意識到我的照片即將登上一百個Flickr相簿。這個念頭讓我馬上按照瑞克的指示，使勁舉高手上的標語，只不過我這麼做是想要擋住我的臉和頭髮，而不是為了傳遞抗議訊息。我聽到人們的笑聲，心裡很想帶著我的困窘一起躲起來，此時我聽到有位女士大喊：「做得好！」

那時我正緊閉著雙眼，但我聽到瑞克說：「她是在說妳。」**真的假的？**我十之八九演得太過火了；我得見見我的仰慕者。我慢慢放低標語，看到一位鬈髮女士正衝著我笑，並朝我豎起大拇指。其他人正在拍我，但我不在乎，因為我突然對這位跟我關心同樣事情的陌生人微笑了起來。當巴士漸漸駛離，她雙手扶著窗口，用嘴形對我說：「加油！女孩。」這種感覺真的很奇特。雖然那位女士走了，但我突然覺得沒那麼孤單了。

小豬，是我們對不起你

正是那種連結感的誘惑，吸引我去參加湖邊的監視活動。這算是種挑戰，因為活動是在早上七點開始，而我不是喜歡早起的人。可是瑞克說那些豬會在那裡出現，因為我想看看牠們，於是幾天後，我五點四十五就從床上一骨碌爬起來，往湖邊去。

那個地方嚇了我一跳。當初瑞克說監視活動會在湖邊進行時，我腦海裡的畫面是我們站在湖畔的草地上，我原以為那會是充滿田園風味的平坦地面，且位置隱密。但事實上，我看見貝絲在位於八線道馬路中央的安全島就定位。這條馬路很寬敞，交通流量大，而那個安全島距離馬路邊大約只有三公尺，走太慢或沒辦法在一次綠燈內就過完馬路的行人，可以在安全島先停下來。

我一看見安全島，心中就警報大作。我還沒克服對遊行的抗拒心理，這裡也完全沒有背景遮掩，我無處可藏。那感覺就像站在鎂光燈下。站在這裡似乎不會打擾到別人。即使真打擾到誰，他們應該也會很高興自己在此處能擁有一覽無遺的視野，比起在市中心的高塔附近要好多了。

「我們在這幹嘛？」我問貝絲。馬路對面就有座公園，我們大可以很安靜地在那裡做好準備——而且躲在大樹底下也讓我能有更多的方法偽裝。

「因為這裡可以讓我們靠近轉彎車道。」她解釋道，「那些卡車必須在這裡轉彎。如果他們遇到紅燈，就得停下來。那些司機很討厭這樣，但這讓我們有機會能靠近那些豬。」

對了，那些豬。我意識到在第一次監視的過程中，我很容易就能擅離崗位。我不只可以偶爾離開人行道邊緣，躲進辦公大樓的陰影裡，而且我其實也沒看到任何動物。

但這個早晨將與以往截然不同。在活動進行的過程中，現場充滿著愉快與期待的氣氛。「死神」正拿他搭便車來湖邊的事開玩笑，他笑說如果你一身死神打扮，要搭便車可真難。米奇帶來更多餅乾與大家分享，另一位示威者的脖子上掛了條繩子，此時他正把海報塞進吊在繩子上的大鋼夾裡，這樣一來，他就可以空出手來發宣傳手冊。每個人看起來都一派輕鬆，幾近歡欣雀躍的模樣。他們高昂的情緒讓我想起過去報導瀕臨絕種的藍錦蛇時遇到的田野工作者，這讓我開始思考同樣的事情。是什麼讓他們持續不懈？他們為什麼要做這種奇怪的事？

然後，突然有人大喊：「卡車來了！」，我便立刻知道答案了。

現在正逢綠燈，卡車快速通過。我必須搶上前去了解到底發生什麼事。我首先注意到的是車上積了厚厚一層的尿液、糞便與穢物，臭氣沖天。我在臭味中盯著卡車看，這是台銀色的卡車，四周都用柵欄圍起來。那些豬緊靠著欄杆互相推擠著，試圖往外掙扎，而我只看得到牠們的部分身體——透過其中一條柵欄，我看到一隻豬的後腿，然後是摺耳、深色豬嘴。當我試著把這些片段拼湊起來時，我開始聽見高亢的尖銳聲音。我猜是司機踩了煞車，可是這沒道理啊，因為卡車並未停下來。然後我突然明白了，那是豬的叫聲。牠們都在尖叫。當卡車轉過街角時，我聽到車上的豬寸步難移與摔倒的聲響，現場只剩下我站在一團柴油的廢氣中，滿心恐懼。隨著卡車駛離，尖叫聲也漸漸淡去。

安全島上陷入一片寂靜。大家動也不動，不發一語。貝絲今天帶了她的狗一起過來，那是隻叫做「豆豆」的小獵犬，先前她把豆豆留在公園路邊的林蔭下；此時，我望向豆豆，突然淚流滿面。我不知道自己為什麼哭。我突然覺得這一切好可怕。「死神」拍拍我的肩膀，說：「妳會沒事的。」可是我需要離開這裡。等紅綠燈號誌一變，我就立刻過馬路，直接朝豆豆走去。我告訴自己牠需要安慰，但其實是我需要牠的安慰。我坐在牠身邊，低頭把臉埋進牠柔軟的毛裡，聞著牠溫暖而健康的味道，然後我聽到自己小聲說道：「對不起。」

「法官大人，我這麼做都是為了豬！」

原本事情應該到此就告一段落了。這種關心方式不是我原先計畫能輕鬆駕馭的那種情況。現在的情況**糟透了**：惡臭瀰漫，一團團的肥肉，還有絕望。可是，這種方式依然是在表達關心，事實上，我從來沒讓自己親身體驗過這種形式的關心。我從未像這樣表現出自己的情緒，也從未那麼接近痛苦，甚至到了我坦承自己無法承受的地步。

當我和豆豆一起坐在靠近公園的路邊時，突然發生了一件出乎我意料的事——我發現自己居然不想**待在**公園旁的路邊。我想和大夥兒在一起，在眾人面前抗議。幾分鐘前依然存在的困窘，此刻全都消失了。剛剛目睹的畫面讓我沒有尷尬的餘地。在聽到那些宛如煞車聲的尖叫後，我不可能再像之前一樣地說什麼「酷不酷」或「這已經是我的極限」之類的話了。

於是，我回到馬路那一頭，等下一輛卡車經過時，我已經鎮定多了。這輛卡車停留比較久，我因此看得到更多細節。這些柵欄大約十公分高，有更多豬壓在彼此身上。我可以仔細看到其中一個流血的豬耳朵旁的粉紅色軟毛，或觀察到牠後腿的傷疤，又或注視著其中一隻豬的眼睛，牠的眼神流露出恐懼，眼袋充滿膿液。雖然是「我」在看著這一切，但在某種意義上，我是透過「共同的觀點」來看待眼前的景象。每個站在安全島上的人都看到同樣的事，心情也同樣激動。但這些情緒是直覺反應的真性情，並不會影響我。在那天早上的監視活動中，至少有六輛卡車經過，我的自我意識再度不時浮現。我覺得很熱，很不舒服，有時也會把標語放低，不過，在那之前，我和其他人是以最令人驚訝的方式同在一起：同向反應[1]是如此強烈，我們彼此不再是分離的個體。

我很難形容這種心靈融合的體驗力量究竟有多強大。史丹佛大學心理學家桂格爾．華頓

（Gregory Walton）的研究顯示，一旦感覺到自己與別人有所連結，例如若得知你和陌生人是同一天生日，很容易就會讓你們對彼此忠誠。以小事來說，這或許會讓你改變原本偏好的飲料品牌，或讓你喜歡上新朋友存在他iPod裡的歌曲。以大事來看，則會改變你的個性與信念。在一些非常重要的層面上，歸屬感可以讓你變成截然不同的人。

這正是這類歸屬感之所以微妙的緣故。強烈的歸屬感真的會讓我們覺得很美好。可是，從文化的角度來看，我們對此並不習慣。跳脫個人主義，轉而附和團體主張，感覺就像是從一個國家旅行到另一個國度，你會突然意識到這個全新的地方讓你非常滿足，甚至不想離開。如果你想留下，就必須竭盡所能保管好你的護照。

因此，在那天早上的監視活動中，有件奇怪的事發生了。我一開始不好意思表現出關心，後來卻想要用最誇張的方式證明我的關心。我得鄭重強調，「拯救豬隻」的成員從沒說過我必須親自經歷更多痛苦，也沒要我冒險犯難。但我想這麼做。我多少明白我所體驗到的歸屬感是來自共同的悲痛，因此我的邏輯如下：如果我讓自己感受到更大的悲痛，我的歸屬感也會隨之飆升。

貝絲似乎也了解這一點。我此刻回想，可以理解當時她一直試著讓我漸漸恢復平靜。當時組

1　shared response，觀察者的大腦，會與被觀察者在接受疼痛刺激時產生相同的興奮，抑或相反的抑制反應。

織裡有許多老鳥在談論屠宰場，我還沒見過裡面的情況（在屠宰場外面抗議根本沒有任何意義，因為它是位在車流量很小的馬路旁）。當我們站在後來以「豬島」之稱聞名於世的安全島上，我聽到貝絲在告訴米奇，現在窗戶應該都被擋起來了。

「妳這話是什麼意思啊？」我插嘴問道。

「嗯，那裡以前後面有窗戶，望出去只有鐵軌，沒有任何屏障物。所以，只要晚上繞到附近，你就會看到他們把豬帶去屠宰，或是聽到豬的慘叫聲。牠們不停地尖叫，完全知道接下來會發生什麼事。」

「我們現在可以去那裡嗎？」

「不行，他們知道我們正在拍攝，所以用厚木板把窗戶擋住了。」

「但還是聽得見尖叫聲嗎？」我的聲音流露一種奇怪的渴望，就連我自己聽起來都覺得怪。

貝絲沒說話。她對於非法入侵拍攝屠宰場這種事駕輕就熟，而且跟卡車司機與屠宰作業員交手的經驗也很豐富。她很快就能認出當中哪些人很友善，有一次我還看到一位卡車司機飛快地對我們豎起大拇指表示愧疚。不過，她也遭受過各種辱罵與威脅，嚴重程度遠超過「怎樣？我就愛吃火腿三明治！」之類的挑釁。她很樂意上法院出庭，但她不希望有任何人跟她一起站上被告席。

「我不介意。」我感覺到她的猶豫，於是說道，「我願意被逮捕。」而且重點是：我真的願意。以前是律師的我，曾是一副完全清白無辜的模樣，但現在居然願意站在法官前方，面對非法入侵的控訴。我在腦海中想像這齣小小的戲碼：

法官：懷特女士，我得知妳擁有法律學位？

我：沒錯，法官大人。

法官：我需要向妳解釋非法入侵的性質嗎？

我：不需要，法官大人。

法官：我應該多此一舉地問妳為什麼蓄意違法嗎？

我：是為了豬，法官大人。

我在白日夢中大喊，並吸引了法庭裡所有人的注意：「牠們受到殘忍的對待，法官大人。」我會提高聲音大聲喊道：「我是為了豬！」同時舉起拳頭，擺出一副革命的姿態，兩位武裝警衛隨即抓住我。

我愛極了這個白日夢，我喜歡夢中那種讓我堅定不移的感覺。我承認我或許是極端的案例，可是，我轉變的經驗——也就是變成跟過去的自己有點不一樣的人——與改變自身想法的經驗，都在在呼應了研究的結果。我認為這兩件事情沒有一件是壞事，這些都好過麻木無感和缺乏連結。不過，對於這種強烈的感受，我們擁有的經驗太少了，因此往往會措手不及；而且，或許我們還會在毫無準備的情況下被改變了。

我是頭一個決定走到屠宰場旁的人。有位高高瘦瘦的示威者名叫諾姆，他志願帶我過去，先前就是他把海報別在脖子所戴的繩子上。

「妳沒辦法看到太多東西。」他說。他這話不是要警告我，貝絲或許就會這麼做。他只是在陳述事實。「他們的土地範圍超大的，一過了人行道，就全都是私人土地了。妳就算進去也走不了多遠。」

我不在乎。我即將見證那些豬遇見死神的地方。

眼前的場景出乎我意料之外。這裡過去曾是一片工業區，如今屠宰場就矗立在正中央，所有建築物都是灰色的，那裡設有卡車的停車場，還有一排四四方方的低矮建築。周遭那些十九世紀的倉庫都被拆建成平房，改走時尚風。安全梯上覆蓋著植物與旗幟；公寓窗口放了一大束花。一樓則開了腳踏車店、麵包店與咖啡廳。

「住在這裡不是很詭異嗎？」我問道。諾姆和我站在兩支紅磚柱子之間，這裡以前肯定有道大門。如今也不需要門了，因為人行道上有一堆監視器對準這裡，我們只要一踏進屠宰場的領域，就會被拍進去。

「這裡大部分的居民都希望屠宰場關閉。」諾姆答道，「他們或許對政治冷感，但他們知道這是可怕的地方。」

「你是說因為那些尖叫聲和屠宰場的作業員嗎？」

諾姆聳聳肩。我發現那些人一旦見過最惡劣的虐待景象後，往往就會把回憶深藏在自己心裡，絕不會把那種痛苦拿來當作聊天的八卦話題。

天空灰濛濛的，就像那些建築一樣，整個地區闃靜無聲。此時的我已經學會一件事，那就是受到驚嚇的豬會發出許多噪音。這片寂靜代表沒有豬關在那裡。

「我老是搞不清楚時間表。」諾姆說，「有時候什麼事都沒發生。」

我們在人行道站了一會兒，直到確定沒東西可看才離開。我們往北走，穿越一片綠意盎然的寂靜公園。我問諾姆他是哪裡人。

「艾德蒙頓。」他笑著說。

「那你會打曲棍球嗎？」諾姆相當高大，不過，我很難想像會戴著豬耳朵發傳單的他，是個熱血的加拿大男兒。

「其實我會耶！而且還打得不差，只是沒什麼競爭心。我從來就不在乎誰贏球。」

我差點脫口問道：「那你可以想像你的隊友現在會說什麼嗎？」不過，我知道這不重要。

「拯救豬隻」其中一個美好的地方就在於，你不需要時時刻刻都聊到豬。光是「你們一起做這件怪事」，就能讓彼此打開話匣子，這種感覺真的很輕鬆。我沒跟諾姆聊行動主義的話題，而是問他關於遷居的事，問他剛到多倫多時是否曾產生文化衝擊。我們在野餐桌前坐了一會兒，他邊喝薑汁汽水邊跟我聊天。他得搭電車，不過他無視於車子一輛輛開走，也未起身。我們在彼此身邊都覺得非常放鬆。既然有團體把我們凝聚在一起，我們也就不必說太多話。大部分時間，我們就只是坐在那裡看著電車。多倫多的電車是亮紅色，在電車的紅、青草的綠，以及天空的灰相互對比下，那天早上看起來很美好。

「大家都以為多倫多是座冰冷的大城市。」諾姆突然開口說，「可是，其實這裡有許多很棒的人。」

我想到「豬島」的友情，那些對小豬的輕拍安撫、那些只有同類人才懂得玩笑話，還有我們開始讓貝絲的狗穿上「拯救豬隻」的粉紅色T恤。

「確實如此。」我同意，「他們真的是好人。」

一連好幾週，情況就像今天這樣。我開始覺得「豬島」是「最好的場所」，在某種程度上，那是在我之前去游泳池時從未有過的感受，而社區花園又跟豬島有點不一樣。花園近在咫尺，而且低調；豬島的距離則遠多了，而且感覺也很強烈。不過，我在每個地方都能跟人輕鬆談天，我們週復一週天南地北地閒聊著，聊著誰進了護校、誰找到公寓、誰丟了工作。我們並非總是在豬島抗議。有時候，我們也會交換食譜，或討論剛上映的熱門強片。如果沒有卡車經過，早上的監視便彷彿像置身於花園中，差別只在於我們帶著抗議標語和點心。不過，一旦這些載運豬隻的卡車**真的**經過，一切就改變了：心靈相通的感受就會立即到位，我目睹這麼多悲傷的情景，看得都出神了。

我永遠都不會習慣看到這些豬的情景。事實上，有些情況讓我覺得比第一次在湖邊監視時更糟。九月的某個早晨，有輛卡車停下來等紅綠燈，感覺上車子停了很久，因為號誌剛變紅燈，至少要等九十秒才會轉為綠燈。此時，貝絲和米奇開始把手伸進卡車的柵欄裡，輕拍最靠近他們的小豬。我看著貝絲緩緩地摸著一隻豬潮溼的額頭。她靠過去，溫柔地對牠說話，直視牠的眼睛，確認這隻豬知道她在這裡陪牠。當卡車開始駛離，貝絲和米奇心才不甘情不願地退後。我依然在安全島遙遠的那一頭——我終究還是沒有勇氣把手伸進去。當米奇輕拍卡車的車身，說道：「大夥兒，對不起。」我發現自己再度淚流滿面，我哭，是為了那些豬經歷的可怕生活，為了牠們瀕臨死亡，為了我們的文化容忍殘酷，而這些也顯示將來會有什麼樣的事發生在**我**身上。

拒絕煽動人心，我要用適合自己的方式付出關心

問題從來都不在「豬」身上。問題是出在正當我自以為已經克服了困窘的情緒時，它又在不知不覺間死灰復燃。

貝絲開始轉移陣地了。這些監視活動吸引了許多媒體的關注，她希望能接觸到更多人，藉此來推波助瀾。有一場拯救豬隻的募款活動是在多倫多的中央島上舉行，當貝絲要我在渡輪碼頭地

上用粉筆畫粉紅色的豬頭，然後以箭頭指示通往船上的路時，我做得心不甘情不願。有個小女孩走了過來，問我可不可以給她一些粉紅色的粉筆，我折斷我的粉筆，分了一半給她。當她俯身開始畫自己的粉紅豬時，我心想，**這下可好，我現在跟一年級的小學生沒什麼兩樣了**。

過沒多久，拯救豬隻組織就開始在素食博覽會的預定攤位裡募款了，可我大部分時間都待在「善待動物組織」（PETA）的攤位，跟一個穿得像牛的傢伙聊天。跟他聊天並不是什麼問題，我也挺喜歡這個打扮成牛的人。不過，他這身裝扮讓我想起不愉快的回憶，以前我曾經因為別人裝扮成肯德基爺爺而感到不舒服，這倒是反映出我對「扮裝」這件事通常沒什麼好感。我是常在萬聖節打扮成流浪漢的那種小孩，因為這樣一來我就可以穿上自己的衣服，只是要更有粗曠的風格，另外再搭配上泰莉提供的專業化妝就好了。

我從來就不喜歡引人注目。我不認為這是優點，也不覺得是某種值得讚賞的謙遜行為。事實上，我視之為缺點，這代表我太高估想要加入的那個團體的價值，也太在乎其他成員對我的看法。

研究歸屬感的學者同時也研究「對接納的渴望」這件事。賓州大學的教授亞倫·貝克（Aaron Beck）與麥馬斯特大學的教授彼得·柏林（Peter Bieling）設計了一份「害怕批評的評量表」（Fear of Criticism Scale），當我開始閱讀上面的問題時，突然感覺這份資料不像是測驗，反而比較像針對我人生的客觀描述。受到他人認可是否對我很重要？是。當我不確定別人喜不喜歡我時，我會不會感到不安？會。我在尋找認同的跡象嗎？是。我是否努力示好，不願傷害別人的感情，會做些取悅別人的事，而且還老是道歉？是，是，接連兩個都是肯定的答案。

在社會科學的領域，沒有人會說「渴求被接納」是種失敗。盡可能不去傷害別人的感情，這樣做也幾乎不能算是種病。棘手的地方在於，「從歸屬感獲得動力者」及「追尋歸屬感者」，往往也都是強烈需要包容別人的人。箇中原因在於，這兩者的驅動力都是要以最大限度的包容力和別人相處。之前我在社區花園或海豚艙房時，我「需要被接納」這件事，或許有助我在那裡找到歸屬感——因為這代表我會對人和善，努力聆聽他們說的話，並警覺到他們可能需要些什麼。

一旦「對歸屬的需求」與「被接納的需求」合而為一（其實絕大部分也都是如此），這兩者就會相輔相成。可是，當這兩種需求最終背道而馳時，尋求歸屬感的人就會感覺自己彷彿被撕成兩半。如果你獲得歸屬感的方式並不為社會所接受，或讓你感覺不是太好，那你該怎麼辦？

十月的某個晚上，我腦海中就出現了這種衝突。當晚正值一年一度的不眠之夜藝術節，名為「白晝之夜」（Nuit Blanche）。這個藝術節是由國際上重要的藝術家所共同發起，他們精心打造了戶外的裝置藝術，例如一大批九公尺高的泛光燈椅子。不過，這個藝術節也為較小的團體與個人打造非正式的展演空間，例如，年輕的藝術學校畢業生會在此舉辦自己的小型個展，或有環保組織展示各種省水閥。當貝絲說她正在籌備「白晝之夜」的活動時，我想像是這樣進行的：或許搭個棚子，在裡面放些傳單，還有一份要求屠宰場關門的請願書，讓大家連署。

但在貝絲腦子裡的畫面則完全不是這麼一回事。她在市中心的街角找到一個合適的地點，我一到現場，大腦就警鈴大作。有位友愛小豬的工匠做了一個塑膠豬籠，塗上灰色油漆，看起來就像真的籠子一樣。還有人用聖誕燈加以裝飾，讓豬籠能在黑暗中發光。有位美麗的年輕小姐則穿上精心製作的道具服，裝扮成豬，爬進籠子裡，好讓大家看看裡面的空間有多小。諾姆在一元商店買了夜光戒指與項鍊，因此每個圍繞在豬籠旁的人都沐浴在光亮中，貝絲還戴了夜間園藝帽，跟海蒂用過的園藝帽正好是同一款，只是在這裡，帽子上的光線看起來更亮，因為我們不是在花園裡——此刻，我們人是在市中心主要路口的藝術節現場，這裡每年都會吸引上百萬人前來參觀。

我盡量靠往身後的建築物。我在豬島學會的勇敢與感受到的勇氣很快就全部消失了，因為這附近沒有任何豬。我想起我的居家計畫，心想，我感覺到的壓力會不會只是因為我自己的想法所致，搞不好只有我覺得這個景象很瘋狂，實際上這根本就是很尋常的事。然後，我發現我會那樣想其實也沒有太離譜。這是演戲，本來就是要煽動人心。但我不喜歡挑撥，我喜歡的是與人**相處**。

所以，當一位高大粗壯的男子上前，開始大吼大叫時，我立刻躲到諾姆背後。

「耶穌吃了羔羊。」他怒吼。至於他為什麼在這個當下選擇羔羊或甚至提到耶穌，則完全沒有解釋。他只是不停重複自己的話，而且聲音越來越大：「耶穌吃了羔羊。」

接著，一位女士在我旁邊尖著嗓子喊道：「《聖經》**討厭動物**。」她大喊，「《聖經》說要**鄙視**來自大海的魚。」

整個情況演變成一場聽起來相當瘋狂、在來來回回辯論著《聖經》中的動物角色——「諾亞拯救了所有生物！」、「這全是為了人類！」。這時，貝絲站出來，以她一貫平靜的語調說道：「或許我們現在可以停止這個話題了？」

那個大塊頭出乎我意料之外地就轉身離開了。不過，對我來說，他的離開並非結束，而是個開始。在「白晝之夜」，有件事雖未公開宣布，但大家都心下了然：這個藝術節是徹夜飲酒的好藉口。貝絲已經提醒大家要小心喝醉的人。她偏偏挑了這件最糟糕的事來說。現場豪飲的氣氛正熱烈，簡直就像火上澆油。我們還有一個大放光明的母豬籠、夜光珠寶，和一個打扮成豬的女人。貝絲對這一切覺得很興奮，鼓勵我們要吸引更多注意力。**更多注意力**？如果我們吸引更多人注意，那我可能會先掛掉。

我對於自己接下來做的事並不自豪，但我還是做了。我朝貝絲走去，撒了一個謊。

「我來這裡是要表示我的支持。」我告訴她，「不過，我跟朋友約好要看表演，我現在該去跟他們碰面了。」

「妳要走啦？」

「我很想留下來，不過，呃……他們在等我。」我低頭看手腕，彷彿手上有手錶。但其實我根本沒戴錶。

「好吧！」貝絲說，「謝謝妳過來。這對我們來說會是漫長的一夜。」

「我知道。」我就是因為這樣才要離開。我擁抱了她一下，然後朝街上的人群走去。這裡人山人海，這些陌生人也個個仁慈良善。沒有人要求我扮裝，或推著母豬籠到處走，或做任何會吸引大家注意力的事。我坐在距離三個街口遠的長椅上往回看。我原以為或許看得見那些夥伴，但他們已消失在人群中。這讓我鬆了一口氣，這種放鬆的感覺告訴我，我唯一需要做的事就是好好了解「拯救豬隻」這個組織，以及他們的新活動：萬一他們真的打算這樣進行下去，那我就會退出。

自「利」自強V.S.休戚與共

我花了一點時間才明白，我會有這樣的反應其實也沒什麼關係。一連好幾週，我對於在「白晝之夜」發生的事都覺得很糟；後來，我又因為不想參加豬隻拍賣會現場的示威遊行，而連續好幾週都心情不好，但這些事就是不適合我。之前我把自己逼得太緊，而且也很努力設法關心那些小豬。用這種方式來驅策自己很重要，因為這能讓我克服要讓腦筋一片空白的需求，也讓我看見自己可以透過意想不到的方式與人建立連結。可是，如果要進一步逼迫自己涉及政治，我是不願意的。因為那樣一來，不是只需要改變一部分的自己，而是整個人都得徹底改變。我並不願這麼做。

經過好幾週的掙扎後，我決定用適合自己的方式來付出關心，我相信這麼做才是對的。我已經設定如果在南蘇丹共和國絕不睡在地上的底線，而且我也未強迫自己得克服這件事。現在，我決定再劃條界線——拒絕演戲，也拒絕誇張的表演，我告訴自己即使拒絕這些事也沒關係。如果我不打算逼自己上戰場，那我也不會強迫自己做違背個性的事。

重要的是，這是在我探索不一樣的關懷方式後所做下的個人決定。這麼做不是要向我最初所感覺到的困窘束白旗，而在於我想以尋常的方式表示關心；還有，我總覺得公開宣告我對小豬的關心，似乎哪裡不對勁。在現今社會，如果你公開表達對某事的關注，多多少少都會承受些壓力。私下關心是沒問題的，像是你可以購買放養雞蛋、捐款或購買再生紙筆記本。但是，如果你把關心提升到另一個層次，而且還和別人一起參與的話，就會招致非議。當各種訊息告訴我們不該付出關心時（「關掉媒體！別看新聞！」），那些批評與非議都認為這不關你的事，尤其是如果你還付諸行動時，他們就會批判你太任性了。

我花了好長的時間才搞懂為什麼這麼多人開車經過豬島，只為了大喊：「我愛火腿！」有時候，那些載豬卡車甚至就近在咫尺，豬的尖叫聲清晰可聞，排泄物的臭味如此強烈，簡直都快凝固成形到可以被吞嚥的地步了，但他們仍照喊不誤。

我想，這些人真正想傳達的是他們並未擁有連結。他們也許為此自豪或覺得難為情，但不論是哪一種心態，他們都是在申明自己的個人主義——亦即我們大部分都只能靠自己、為自己負責，以及以有限的方式與人產生連結的想法。而豬島傳遞的訊息則完全相反：我們正述說著眾生都是息息相關的，發生在其他生物上的遭遇對我們也會有所影響。在我們這個獨居時代，這樣的抗爭訴求本身就是政治不正確，是偏離主流思想的，而那些怒吼與批評的聲浪注定會讓我們回到正軌，不再主張眾人間的連結遠比自己想像得還多。

因此，如果你主動追求這種形式的連結，你就要**有心理準備**，你將與身邊的人踏上不同的路。如果你試圖尋找與你一起表達關心的團體，你或許多少也會產生受到批判的感覺，那是因為這些批判的聲浪是真實存在的。不過，我們所遭受的非難指責，正是這種形式的連結之所以力量強大的原因之一。你對抗的不只是種特定形式，而是整個概念所代表的殘酷或苛責。就連肯德基最終也明白了，在卡塔基州做的採購決策會影響海外的動物。我們全都休戚與共，即使有時候我們很難看見彼此的連結。雖然尊重這些連結比抹去這些連結更難，但這麼做會讓你更上一層樓，也更接近希望。

在豬島，我可以想像一個截然不同的世界——在那裡，我們之間的連結不僅堅定，而且也受到認同。雖然不完全是《夏綠蒂的網》所描述的那種世界，但已經很接近了。那是一個不會否認「連結」的世界，在那裡，我們大可以為一隻豬的命運公開哭泣。因為你與那隻豬有所連結，因為牠與你並非陌路，因為在理想的世界裡，所有生物都不會是孤單的。

關於「關心」的快樂生活提案

・歸屬感根植於「關心」。

你若冷漠無感，就無法建立連結，因為沒有任何東西可以讓你與之產生連結。如果你限制自己只關心一些你勉強在乎的事，你獲得的歸屬感就會打折扣，因為你並未投入最深的情感。

・共患難會讓人們的心靈更靠近。

痛苦會拉近彼此的距離，不僅速度極快，感受也會很深刻。不過，唯有透過行動，人們才能進階到更完整的契合階段。光是坐著不動，心情低落，對事情也不會有任何幫助。

・此路不通，就換條路走。

若獲得歸屬感的方式偏離主流，會讓人感受到壓力，甚至飽受眾人非議，但這也會讓參與者擁有更休戚與共的連結感。然而，若那並非適合自己的方式，反而卻自覺格格不入，甚至難以負荷，這時，就要試著選其他更適合自己的路。

5

信仰

——萬一被想加入的團體拒絕了，你該怎麼辦？——

教會學校的記憶，指引我重返教堂尋求歸屬

如果說，「付出關心」感覺有點違背常理，那麼「去教會」肯定不會給人這種感覺。在一開始進行尋找歸屬的挑戰時，我就知道我想把「信仰」納入其中，這幾乎也是必要的。在提到歸屬感時，上教堂、清真寺或猶太教堂，是少數幾件大家至今仍在做的事；這是在「連結拼圖」上從未遺失的一塊。而且研究顯示，以這種形式產生的歸屬也確實有效。經過測試，有前往宗教組織服事習慣者，比從來不這麼做的人，擁有更強的連結。有時候很難分辨這種連結究竟是出於對神的信仰，還是來自每週固定出現、以及見到同一批人的簡單行為；但無論如何，這兩者結果是一致的，也就是如果你想獲得歸屬感，你家附近的禮拜場所就是個好地方。

但這並不表示這種形式的歸屬感就不複雜。姑且先不論你是否能夠信教，或是否願意有宗教信仰，還是會有其他各式各樣的問題產生，比方說，該加入什麼團體，又或是你想加入的團體是否願意接納你。我在這項挑戰中就發現許多團體都會挑人，就連動物保護協會的遛狗計畫都只接受有把握能照顧大型犬的人。宗教團體則做更進一步的篩選。他們通常會明文規定誰可以、以及誰則不能加入。即使這種做法排除了一些人，但它也有相對的另一面：一旦你訂出會員資格的規矩，那些已融入團體的人所擁有的歸屬感就會自動增強。

我還沒完全準備好面對這種快速決定被接納或排除的硬性規定。這話聽起來有點怪，因為其

實我已經相當熟悉這些規則了。我之所以相信針對連結與信仰所做的研究結果，其中有個原因是我在十六歲前念的都是教會學校，也在那裡找到特別強烈的歸屬感。但這跟找到特別強烈的信仰是兩回事。我不是那種會虔誠信仰宗教的小孩。我是有點迷戀德蕾莎修女，但我對於成為修女並沒有強烈的欲望。事實上，在我的童年歲月裡，身邊一直有許多修女與牧師，但我對他們個人根本沒啥印象，對我來說，他們就只是一群穿著鬆垮長袍的成年人，在我和朋友建立連結的這件事上，多半都置身事外。

我知道許多人就讀教會學校的經驗都很糟，但我不是。對我來說，天主教學校提供了歸屬的必要條件，包括：共同的價值觀、共同參與的活動，以及一種彼此相似的感覺。最後一點在此倒是名副其實，因為我們都穿同樣的制服。而且，天主教學校有一種我超愛的特性。現在的女孩通常都比較有自我意識，不過當年我才十來歲的時候，大半時間都懶洋洋地躺在草地上，把頭靠在另一個人的肚子或手臂上，聊一些跟男生有關的話題；又或是在修道院蓋好後，常到裡面的教室跳舞。我們每個人都穿著藍色的連身褲裝，跳吉魯巴與查爾斯頓舞[1]。這種長時間的無所事事令人覺得很輕鬆。在長達數小時的彌撒儀式中，唯一會發生的大事就是妳蘇格蘭裙上的別針戳到隔

1　美國一九二〇至一九三〇年代流行的一種搖擺舞，以南卡羅來納州查爾斯頓城命名。

壁女孩的腳，於是她痛到叫起來，把妳唸了一頓。不過，因為教會瀰漫的那股永恆氛圍，讓我們很快就會忘了這些事。

高二我轉學到公立學校後，這一切就離我而去。從此我生活在另一種截然不同的環境裡——後共產主義國家布拉格，還有北極圈，而且也從未再經歷那種文化衝擊。我家就在一間工廠旁邊，我得搭地鐵往南三站才到得了新學校，那裡是加拿大最富裕的地區。那些孩子真的會說些像這類的話：「我想知道最後他媽媽一共會買幾輛車給他？」（這時，他們就會玩一種叫「東南西北[2]」、類似命運輪盤的摺紙遊戲。得出的結果是三輛。）伴隨金錢而來的是種過去我未曾體驗過的入世氛圍。我十七歲時，有朋友說他整個聖誕節都待在修道場。因為傑西是猶太人，所以我還曾客氣地問他，「修道場（ashram）」這個詞是不是希伯來文。

他當場大笑，「那不是希伯來文啦，妳這個白痴。那是印度文。就像『瑜伽』也是。妳知道嗎？」

我點點頭，但其實我根本不知道。高中的最後兩年，我一直覺得自己心不在焉。我長得很可愛，穿著樂福鞋[3]，留著一頭短髮，看起來就像茉莉．琳華[4]，因此很受歡迎，可是私底下我總覺得與大家格格不入。這是我所面對第一個重要的歸屬課題：即使當你身處在眾人圍繞的環境中，你還是覺得自己格格不入。面對這種缺少連結的感覺，讓我很想念先前離開的學校。在我的青少年時期，有段時間，我將歸屬與信仰這兩者的概念混為一談：若失去其中之一，我將兩者盡失，若想重拾其一，就必須兩者並存才行。

不過，我並未公開實踐這項原則。上大學後，我換掉一身如《粉紅佳人》（Pretty in Pink）電影裡的行頭，改戴上厚鏡片眼鏡與男式軟呢帽，從此避談宗教。我的朋友大部分都是無神論者或不可知論者，雖然我花了點時間才搞懂兩者的差別（無神論代表你根本不相信神靈的存在；不可知論代表你願意被說服）。我也常說自己是屬於其中一種；或者該說，至少我在別人面前都是這麼做的。

但在私底下，我的精神生活就更複雜了。我有點像那種老說自己不抽菸，結果卻總是在派對既抽菸又喝到爛醉的那種人。當情況越來越糟——也就是說我覺得太孤單的時候——我發現我會回教會去。我從來都不是以信徒的身分去教會，我只想要參加一、兩次聚會，在那裡可以有人伸出手來，和我一起祈禱。即使教堂內空無一人，也能如我所願。地板打蠟的味道、蠟燭的氣味、

2　一種摺紙遊戲。主持遊戲的人將「東南西北」套在手上，其他玩家則選擇方位，決定步數。主持者將「東南西北」照指定步數將摺紙向外向內開合後，玩家就要按照得出該方位上所顯示的指令去做。在西方也經常使用在兒童占卜遊戲中。

3　Penny Loafer，無鞋帶的低底休閒皮鞋。

4　Molly Ringwald，美國知名女演員、歌手、舞蹈家、作家。

花香與薰香，這種種熟悉的味道都會勾起我少女時代的回憶，而這些回憶常會讓我在當下產生同在感。雖然當時我並未意識到這一點，但我的行為正符合研究歸屬感的學者明確建議的策略：如果你需要立即性的歸屬感，可以試著回想過去你曾感到完全融入的那段往日時光。

連天堂都不歡迎我，我該何去何從？

當我讀到這項訣竅時，就決定在展開信仰計畫時要測試一下它的效果如何。我有點擔心後果會一發不可收拾，也就是說，一旦發現記憶與歸屬之間的關聯性，歸屬感搞不好就會被此所扼殺而不復存在。結果出乎我意料，這種事並未發生。在四月一個溫暖的日子，我帶上之前就已準備好的歸屬袋，裡面裝了筆記本、筆與水，朝多倫多大學的天主教堂前進。這個時間點大約跟我在社區游泳池參加水中有氧課程差不多，也就是在加入社區花園的志工行列之前。這表示我的信仰計畫與其他活動的進行是重疊的，不過，在一個領域尋找連結時，也會讓我對另一個領域產生好奇，這對我來說是很自然的。

那一天陽光燦爛，不過教堂的大廳沒有窗戶，裡面一片昏暗，我得瞇著眼睛先適應一下，才找得到方向開門。那光線美極了。這間教堂很小，但窗戶都很高，午後的陽光透過窗戶映照進來，化為一束束粉紅與金色的光線，灑落在一排排長椅上。還有更多光線是來自聖壇旁的白蠟燭，聖壇四周圍繞著百合花與黃水仙，在復活節後，就一直維持這樣的陳設。令人陶醉的百合花香夾雜著一股蠟油的味道，長椅應該是最近剛上蠟打磨過，看起來閃閃發亮。那股光澤讓座位看起來散發一種溫暖的氣息，我才剛坐下，就忘了自己來這裡是為了要做測試。雖然我後來做了「回想融入社群的感覺」的筆記，不過很難形容當時我的感覺有多美好：我突然擁有極度的安全感，再也不覺得孤單。當我閉上眼睛時，有一種存在便開始浮現，那不是上帝；更精確地說，那是種接近於身體的覺察，我能感知到坐在我前方的每個人，似乎都在與我同在。

此時，我開始感受到「團體的天賦」（the genius of groups）這件事，而這也是這麼多年來，我頭一次考慮正式加入教會。門口有個告示欄。當我沈浸在令人飄飄欲仙的同在感時，我走向前去，看到上面有最近即將舉辦「一人帶一菜」的分享聚餐，還有科學與信仰反思小組、解除武裝小組等相關訊息。我知道在每月的公報中還有更多資訊，於是拿起一份來翻閱。我看到一個前往加利利[5]的旅遊廣告、週日停車的新規則，還有一小則由名為「勇氣」的團體所刊登的告示。

我體驗到的歸屬感頓時開始動搖。我才不像我高中朋友說的那樣是個蠢蛋。我知道梵蒂岡從未全面支持同性戀。可是，有許多天主教的教義大家都忽略了，這個宗教有很大的佔比是要你宣誓效忠你知道自己絕不會服從的規定。我向來把教會反同的立場歸為「一種沒能產生多大禁止效

—

5　Galilee，巴勒斯坦北面地域。

果的反射性禁令」。

但我錯了。二〇〇五年，當教宗本篤十六世正式上任時，教會不再光說不練，而開始採取實際行動反對「同志行為」。就連我此刻身處的小小教堂，也有「勇氣支持小組」，協助同性戀信徒拒絕同性的吸引。這意味著，如果你針對這種吸引力採取行動；又或者，就我的例子來說，如果你希望有一天能再度付諸行動，那你就遠離了宗教所限定的範圍，而且或許你也不需再出現，因為你根本就不屬於那裡。

我頹然倒回長椅上，試著專注於被排拒的衝擊中。跟被瑜伽教室拒於門外相比，這件事要複雜許多。假如有人告訴你，就連天堂都不歡迎你，我不知道有沒有人試過泰諾止痛藥對這樣的社交痛苦是否有效。這些年來我到處蒐羅的歸屬感瞬間受到重擊而瓦解，那力道重到我幾乎能聽見它碎成一地的聲音。我原本應該抬頭挺胸地起身離開，或許在走出大門時還順手撕掉公告。但我做不到。我一直以為自己是其中一份子的團體，如今卻把我踢了出來，我真的不知所措。

我環顧四周，注意到光線依然灑落進來，一片淡藍色的光影正巧落在我右側。我試著解讀這道光影蘊含的訊息，但我再也沒有任何靈感了。似乎這一切再也不是我的專利，蠟燭看起來冰冷不已，花朵似乎也遙不可及。我突然真的站起來，因為我意識到自己已經遠離了歸屬，我徹底地孑然一身——事實上，我已經孤單好一陣子了。

教友太親切，讓我落荒而逃

我花了幾個禮拜才平復心情，不過，我最終告訴自己，遭到自己的宗教驅逐是件好事，因為這樣一來，我就可以像普通人一樣，一切重新來過。非天主教徒的身份讓我可以試著加入其他宗教組織，看看在努力追尋同在感時會發生什麼事。

尋找另一種信仰，其實是件很平常的事。許多在北美的人都還蠻常改變信仰的，他們多半是以較適合自己的宗教替換掉兒時的宗教。這種做法已經很常見，甚至還有個專有名詞叫做「教會採購」（church shopping）。就像現代所有的購物方法一樣，你也可以找到網站協助你加速改變宗教信仰的進程。

「自動信仰」（Belief-O-Matic）是刊登在宗教信仰網站Beliefnet的一種線上測驗。我在六月末時登入這個測驗，主要是因為它保證會告訴我，我的歸屬何在。這個網站是帶點半開玩笑性質的——它假設我的靈魂不用負擔法律責任。但這個測驗偏偏又給人一種半認真的感覺，它會問：我是否相信上帝？我是否期待自己的祈禱能獲得回應？還有關於自然界的事情，諸如宇宙中是否有股更高的力量，或者我是否是會相信宇宙大爆炸的那種人？我在網頁上一一輸入自己相信的事，這麼做感覺是有點奇怪，但更怪的是，測驗結果說我是一位優秀的……一神普救派教徒（Unitarian Universalist）。

這是我頭一次意識到透過信仰尋找歸屬感有多令人困惑，因為我對於一神普救派毫無概念。我點選該網站上的簡短說明，正如我所料，他們是主張萬物平等的環保論者，可是，我不記得看過有哪間教堂掛著「一神普救派」的牌子。我十分困惑，於是上維基百科搜尋這個名字，沒想到上面詳細列出一神普救派從一七〇〇年代至今的歷史，只是，我依然搞不清楚他們究竟是什麼樣的人。

於是我放下筆電，拿起手機，打給從小在聯合教會長大的蘿拉。

「一神普救派跟聯合教會一樣嗎？」我問道。

「不一樣。」她回答。她的聲音聽起來像正在做什麼事，好像在決定要在冰沙上淋哪種食用色素。在她說話的同時，我還聽見湯匙與碗相碰的聲音：「它們不一樣。你不一定要相信耶穌。它們的規定比較自由。或許還有點嬉皮，不過，也可能只有我認識的那個教友是這樣。他說過很多跟裸體有關的事。」

我沒說話。

「妳為什麼會問這個？」她問道，彷彿她才剛聽到我之前提的問題。

「我做了一項線上測驗，結果說我應該是一神普救派的教徒。」

「啥測驗？」

我把她的資料填入「自動信仰」測驗中邊說道：「妳知道的，就像你認為地球是在七天內創造出來的，還是經過一段漫長的自然時間演化而成。」

她停頓了好一會兒才問道：「這種測驗哪可能會有多全面？」

「它不必很全面。這只是個開端。我們倆都有宗教背景，但很多人沒有，這些人需要有個起點。」

「那幹嘛不去圖書館？」

「妳到底有沒有聽過二十一世紀啊？」

「所以，我們已經創造了一個宗教的資料庫？」她笑著問道。這種過度簡化的測驗方式讓蘿拉覺得不爽，她開始問些我想迴避的問題：「那他們做了哪些研究？每一種宗教都在他們的名單上嗎？」

「那不是重點。重點是，你可以找到某個起點。」

「可是你又不知道你的起點代表什麼。有一本探討世界宗教的好書……」

我打斷她的話。

「聽著，它也有點類似聯合教會，對吧？比如說，我可以是同性戀者也無妨，而且它們也很重視環保？」

「沒錯。不過，我不確定妳是否應該用這種方式選擇教會。妳和別人有同樣的生活方式，並不代表你們也要有共同的信仰。」

這其實是相當關鍵的重點，但我選擇聽而不聞。忽視蘿拉的話，並不太符合我的個性，不過，既然天主教堂說因為我的生活方式讓我注定成為成功無望的人，所以我就把所有注意力都放在這件事上。

「我會去參加。」

「那我祝妳好運。」

我之所以想參加聯合教會，還有一個原因，因為在我家附近就有間聯合教會的教堂，我心想這麼做搞不好可以一石二鳥：我不僅可以透過信仰找到歸屬，同時還可以加強我與在地的連結。那晚我上了教會的網站，結果有點沮喪地發現上面放了許多夫妻與團體的照片。我明白這是一種教會在宣傳人們渴求連結的廣告，可是看到這些早已經成雙成對的合照，讓我不禁懷疑是否還有自己加入的空間。

到了教堂，這種輕微的排他感就更明顯了。我看到一群人堵在門口，搞不懂為什麼要等這麼久。後來我才發現原來每個想要進入教堂的人，都要先用自己的**名牌**刷過架上的機器。一看到名牌，頓時讓我目瞪口呆：這種做法比我以前上過的教堂更具社交性質。

「妳是新來的嗎？」有位接待員問道。她穿著背心裙，外面套了件輕薄的開襟毛衣，站在刷卡機右側，看起來對於歡迎新成員還蠻熟練地。「我們現在就可以幫妳做一張名牌。」

其實我並不想要名牌。「我還不確定我需不需要名牌。」我含糊其辭地應道，「我是第一次來。」

這位女士笑了笑，沒有勉強我。如今回想起來，顯然她很會處理這種情況。人們之所以至今依然向信仰尋求連結的部分原因，就在於宗教團體（尤其是長期在我們周遭隨處可見的宗教團體）非常理解人們光是願意開始與它們接觸就很困難了。許多教會往往會對新成員採取積極的策略。很顯然這位女士分派到的任務是提供僅能使用一次的名牌，若強迫推銷其他的東西就會讓人倍感壓力。因此，她只是說了句：「歡迎。」就讓我進去了。

她見我走向主堂，便補上一句：「往樓下走。」

原來，此時才剛入夏，許多教民都去度假了，所以改在地下室做禮拜。其實這裡並不如想像中枯燥乏味，有很高的天花板，大面窗戶，還有一整面牆都漆上明亮的紫色調。問題是出在空間。我原本想像這會是間寬闊的教堂，這樣我就可以悄悄坐在後面。可是，現在不論我從哪個方向走進去，都會與人四目相交。這原本應該是好事一樁，畢竟我來這裡的目的就是要與人社交互動，可是，這感覺完全不像去社區花園，或參加「拯救豬隻」的聚會那樣。那些組織很有彈性，永遠都有人來來去去。但在這裡，每個人都表現得像是他們已經認識多年的樣子。這裡感覺不太像教堂，反而比較像場婚禮。大家你一言我一語地聊著孩子與孫子，聊著誰去度假小屋了，誰又整個假期都要去划獨木舟。

我相信這種親暱的氣氛肯定讓其他人感覺很好，可是卻讓我這個局外人很緊張。事實上，我肯定表現得很明顯，因為有位彬彬有禮、衣冠楚楚的男士走過來對我說：「我們不可以冷落妳，對吧？」

當他握住我的手，並對我眨了眨眼時，我心中充滿感激。但後來我腦海裡的警鈴突然大響，因為他的善意引起了其他人的注意，他們似乎意識到自己也該過來歡迎我。結果，一群善心人士漸漸在我前面排成小小的隊伍。這時顯然發揮了宗教的效果，因為我開始熱切地祈禱，希望他們別再這樣做了。

看哪！我的祈禱應驗了。鋼琴聲響起，一開始聲音還很小，後來越來越大聲，大家紛紛回座。我整個人縮進椅子裡，告訴自己接下來唯一要做的事，就是撐過這五十分鐘。當然，這樣想並不完全正確。在這五十分鐘裡，我要做的事可多了，比方說，站起來禱告和唱詩歌。只是，我聽到這些要求的反應通常是慢慢站起來，而且，我從頭到尾都只是在對嘴，我自己也不太明白為什麼要這麼做。感覺上，我只是假裝參與，並未真心投入。當禮拜終於結束，我旁邊的女士半好奇、半生疏地笑著問我，我是不是剛搬到這一帶。

其他人都還坐著與旁邊的人閒聊，我卻已經站了起來。

「是啊。」我回答，即使這是個漫天大謊。其實我已經搬來一年多了。

「妳是從別的地方搬來這裡嗎？」她問道。她身材很苗條。她還繼續坐著，仰頭看著我，彷彿我們正在客運站聊天，而廣播剛通知我等的車已經到站了。

這時，就像我會在客運站做的事情一樣，我把袋子往肩上一甩，想要盡快結束對話。

「紐芬蘭。」我匆匆丟下這句。

在她開口說話之前我就趕緊離開了。這種舉動非常無禮，可我就是不想等她問下一個問題。我看見從大門而入的光線照射在地下室的樓梯上，於是我直奔過去。我可以感覺到有一半的信徒都在盯著我看，但我不在乎；只要我成功走到那道亮光處，我就能得救。

我獲救了。我走出大門，然後再走到草坪，我幾乎是一路跑回家的，不到二十分鐘就到了。我癱坐在扶手椅上，整個人鬆了一口氣。不過才放鬆沒多久，就想到那位女士從原先的友善變成一臉錯愕的表情，這讓我心情有點糟。我是不是做錯了？

我感到既羞愧又混亂，於是我打電話給羅恩，希望從他那裡獲得到一如往常的同情與理解。任何與教會有關的困惑，只要問他就對了，因為他是非常虔誠的信徒。不只是因為他博覽這方面的典籍，從德國神學到《標竿人生》[6]都在他的涉獵範圍之內。他也聽福音搖滾，會在YouTube上看牧師布道，而且下載「每日福音」（Pray as You Go），在搭地鐵的漫長旅程中聆聽。

「我沒待久一點，這樣做是不是錯了？」我焦慮地問他。我描述了自己在教堂的「越獄」行

6 The Purpose Driven Life，由加州的知名牧師華理克所著，是暢銷的宗教勵志書籍。

為，「我是說，我沒有耐著性子等到禮拜結束。」

「嗯，」他若有所思地說，「跟身旁的人聊天也算是禮拜的重點之一。教會也是種社群，所以參與大家的生活，鼓勵他們，讓他們變堅強，是妳去那裡的原因之一。」

這不是我想聽的話。我想要的是降低罪惡感。

「你根本就沒去參加禮拜。」我對他挑釁。儘管羅恩很虔誠，但打從一九九五年起，他就開始說自己「暫時不上教堂」。

「你擁有的是缺乏歸屬感的信仰（belief without belonging）。」我又補上一句。這個詞出自已逝的加州大學柏克萊分校社會學家羅伯・貝拉（Robert Bellah）之口，不過我沒提到這一點。

「缺乏歸屬感的信仰。」羅恩重複唸了一次，仔細琢磨了起來，「我想我就是這樣。這麼做或許是有哪裡不對。我會聽牧師布道，而教會則提供了一個讓我們能實踐布道內容的特殊場所，那可能是愛心、耐心又或是寬恕。不過，你必須置身於真正的關係之中，才能真正體會到那些事。而教會正好可以提供那些體驗。」

「所以我根本就不該離開嗎？」

他笑了起來，「這樣說就太嚴苛了。或許妳只是不適合那裡。」

「我正在考慮要加入貴格會。」我說，「在我的清單上，下一個就是他們。」

「什麼清單？」

「那不重要啦！」面對像他這樣可以引述德國著名神學家迪特里希．潘霍華[7]名言的人，我很難想像自己對他解釋關於那種「自動信仰」的測驗。「那只是我從某個地方讀到的資料。」

「喔，那妳就無需多說。」

跟人聊不停，才能建立好交情？

相較於我對一神普救派的陌生，我對貴格會倒還真是略有所知。我腦海中突然浮現一個名字，嗯，是喬治．福克斯（George Fox）嗎？雖然我不確定他是生在哪一州或哪一年，但我知道他是反對國教派，而且他的追隨者多半低調而安靜。我還知道貴格會信徒的社會正義紀錄良好，舉凡在南北戰爭之前就藏匿收容逃跑的奴隸，到現在要求監獄與精神病院改革，都是其事蹟。

幾週後，我走進貴格會的教會，心想這回我可找到能與自己達到最完美契合的地方了。貴格會在多倫多大學附近有棟大樓，大樓裡聚會廳的整面牆都被打掉，換成大面的窗格玻璃。木椅排成半圓形，從每個座位都看得見後院的花園景色，那裡的玫瑰攀緣而上，還有隻瘦巴巴的黑貓坐在籬笆上注視著我們，彷彿牠是位好奇的女神。

7　Dietrich Bonhoeffer，知名的德國神學家，因反對希特勒而遭監禁及絞刑。

我到的時候，現場人並不多，這讓我吃了一驚，因為眼看都已經十一點，聚會差不多要開始了。不過，貴格會這個的特殊團體，自有一種時間節奏，在接下來的二十分鐘內一直有人陸續進來。這些動靜原本應該會讓人覺得很惱火，但其實並不會，因為每個人進來後就只是輕輕打聲招呼，就隨即坐下。

當我告訴蘿拉我打算去貴格會的禮拜聚會看看時，她說：「那麼長時間的沉默肯定會讓我抓狂。」但我不在乎。對我來說，這就像一種略帶宗教寓意的靜心冥想。我把目光放柔和，直到只看得見光影的輪廓。當有人起身說話時，感覺有點刺耳，不過，我發現我們不必看著發言的人，而大部分的人也不會為了要引人注目而表現得浮誇。聚會接近尾聲時，有位女士起身，以高亢清亮的聲音唱道：「我這小小的光，我將讓它閃耀。」接著，其他的教友跟上她的旋律，充滿陽光的整個聚會廳頓時迴盪著歌聲：「讓它閃耀，讓它閃耀，讓它閃耀。」

多美好啊！我心想。輕輕的歌聲在人群中迴盪著，節奏漸漸慢下來。禮拜結束了。有位白髮的老太太走到前方，宣布了一些事。那天下午有場演講，主題是生態破壞的罪行；另外還有一個小組聚會將討論基本工資的議題；當然，待會兒禮拜結束後會有咖啡與貝果可供享用。

就在大家開始起身離開之際，有位大約與我差不多年紀的女士自在地坐進我後方的椅子。我知道她想幹嘛；蘿拉早就告訴過我，教會通常會指派一些成員去招呼新面孔，而這位女士應該是來邀請我參加他們的社交活動。

「妳願意和我一起喝杯咖啡嗎？」她問道。她的聲調非常完美：充滿歡迎的熱忱，卻沒有一絲一毫的壓力。這不是在強迫推銷宗教信仰。

即使她的提問早就在意料之中，我還是很訝異自己竟會如此緊張。這裡隨便一數就聚集了五十個人，我估計大部分的人都會留下來喝咖啡。面對這種未經規劃組織的社交活動，我通常都覺得很ok，但現在這種情況讓我的感覺不一樣。部分原因是這要去承擔責任——就像羅恩說的，這就是我該思考如何去實踐耐心與愛心的那種方式。但是，我覺得有種近乎幼稚的情緒正阻撓我：我不想去。

「抱歉，」我說，「我等一下還有約。」就連我都覺得這話聽起來很假。現在是禮拜天的正中午，我還能去哪裡？

「那妳對禮拜聚會有任何問題嗎？」她以同樣明亮的聲調問我。

「沒有。」我又說了謊。其實，他們的聚會似乎沒有遵循的規則，這點讓我很困惑。不過，如果一旦提及這件事，勢必就會打開話匣子，聊起貴格會的信仰，那會嚴重拖延我離開的速度。因為不論我在之前靜默的期間感覺有多平靜，這種對話還是會讓我像在聯合教會的經驗一樣，想要奪門而出。

幸虧她似乎意識到我有多坐立不安，她輕巧地從椅子上滑下來，準備離開時，突然又想起自己的職責所在，於是再給我一次機會問道：「那妳有興趣參加下午的演講嗎？」

我花了一秒鐘才想起演講主題：生態破壞的罪行，還是扼殺大自然之類的。這個主題正讓我感興趣，但我卻帶著一絲後悔回答：「抱歉，我有約了。」

她點了點頭，略帶狐疑地對我笑一笑。在教會撒謊很不應該，她也似乎知道我沒說真話。但是，一想到參加活動，就讓我聯想到……嗯，我不想做的某些事。離開這裡會比認識團體中的人更有吸引力。

當我往前走，飛快經過這棟大樓的大面玻璃窗時，我對於自己的內向感到自責。我告訴自己，一個外向的人就會屁股挪一挪，起身去喝咖啡聊是非，不會像我這樣驚惶失措或找藉口逃避。

我不確定現在的問題是不是出在個性內向上。我想，我是在不知不覺間落入拒絕的循環中。自從我在天主教公報上看到反同志的通告，我就明白自己遭到排拒，而這種拒絕方式帶來的痛苦遠遠超過一般的社交痛苦。這是種**很強力**的拒絕：它經由法律條文、廣告，還透過牧師布道加以宣揚。這種拒絕是來自一整個組織，而且這個組織還自稱代表上帝發言。

這遠超過我抵抗痛苦的門檻。這種拒絕讓我沒有具體的方法可以表達我的憤怒。研究歸屬感的專家在詳細研究「拒絕」這件事後，一致認為那些遭到拒絕的人依然想要有所歸屬，而且在未來也會經常尋找歸屬，只是他們往往會帶著憤怒這麼做。他們找不到方法疏導怒氣，結果就會同時表現出兩種行為：他們既贊成社交，卻也抗拒社交。簡單來說，他們最終會像我一樣：毫不設限地尋找新的教會，但一旦開始接觸後，卻表現得跟小孩子沒啥兩樣，不是對教會的人撒謊，就是拒絕與人聊天，或者只要有人與之四目相交就落荒而逃。我這種行為就像是要在「拒絕」這件事上搶分：天主教堂先拒絕了我，但我又拒絕了貴格會與聯合教會；根據某種奇怪的演算方式，這讓我在比賽中領先。

或者說，算是種「領先」；又或者，根本就沒拔得頭籌。因為到了八月，自從我看到那則「勇氣」的廣告，已經超過三個月，我還是沒找到我能參加聚會的地方。這時，或許有人會提出合理的疑問，問我幹嘛還要這麼費事。面對這種知名的「豪豬問題」（意思是當你進入一個表面上看起來很吸引人的團體，一旦有人試圖接近，你身上的刺卻立刻豎起來），認輸下台是非常合理的反應。

在某些情況下，退出是合理的選擇。之前我就已經毫不猶豫地退出讀書會了。但是，如果問題不大，「退出」就只是解決方式中的一種選項，但不見得非這麼做不可。對有些人來說，宗教或許是屬於「可自由選擇」的類別。但對我來說，宗教與我是密不可分的。在我的生命中，某些特定形式的信仰已經佔有一席之地。事實上，早在我出生之前，我的宗教信仰就已經存在了，因為我的家族世代都是天主教徒。我的祖先曾遭到更徹底的拒絕，最終他們以激進的方式解決問題。在一七〇〇年代早期的英國，當他們得知自己再也不能當天主教徒，便拋下祖國，駕船航向新世界。就某些潛意識的層面來說，我能體會到祖先的韌性。他們搭著船，一路搖搖晃晃地飄洋過海，就只為了捍衛自己的信仰。難道我真的要為了一本小冊子裡的廣告，就此放棄嗎？

我感覺自己得到世代傳承的那種鼓勵——**姊妹，要堅持下去啊！**——可是，我不確定天主教是不是我必須堅持的目標。我的祖先都是些強硬派。強大的信念讓他們成為幾近狂熱的信徒，而這讓我思考，我是不是該尋找福音派[8]之類的信仰。搞不好蘿拉說得對：或許你的宗教信仰不能取決於你對環境的態度，但也不該取決於你對狂熱行為的熱愛程度。

同性戀真是被上帝拒絕的罪人？

於是，我重整我的清單。多倫多不是一個對宗教非常狂熱的城市；大型的教會位於郊區，去那裡很交通不便，尤其若有定期聚會更是如此。我需要在市區就有聚會場所的福音派。我記得在我搬到紐芬蘭之前，我家附近有一個啟發課程（Alpha course）的廣告招牌。我想起這個課程承諾將加強我和上帝間的關係。一登入該課程的網站後，我期待看到的字句立刻映入眼簾：「你已經疲憊不堪。而這所有的一切將何去何從？生命是否該更有意義呢？」在看了許多隱喻，包括打開箱子、掀開蓋子等，我深信啟發課程將為我開啟通往更深層信仰的大門，我唯一需要做的就是去嘗試。

而我也樂於嘗試。不只是因為這個網站隱含的力度我尋找的正好相符合，此外，這個課程的組織方式乍看之下也十分聰明。每個來上課的人都得是新教友。啟發課程顯然認知到，要一般人參加聚會是件很困難的事，於是他們藉由招募一群初信者來解此難題。

第一次聚會是在九月。介紹餐會是在市中心的教會地下室舉辦，現場天花板很低，燈光太亮，不過氣氛倒很愉快。餐點很簡單，我們吃了魚和麵包。那天晚上其實有兩堂啟發課程，一堂是讓初學者參加，另一堂則是針對基督徒的父母。我們二十人輕鬆自在地圍著牌桌而坐，討論一些不會引發爭辯的話題，比方說，稅法的不公、有人因為臀部而造成的困擾等。這裡有各式各樣的人。服事我們的那位女士竟然是個既有錢又有品味的人；她身材健美窈窕，頭髮光滑柔順，腳上那雙高筒皮靴也透露出「好野人」的氣息。不知為何，我會以為福音派的信徒就得穿著寒酸，或許是因為想到我的祖先，他們確實一頭亂髮，衣衫襤褸。這些領導人顯然都口袋滿滿，對此我不禁感到失望，因為實在很難想像有錢人說靈言[9]。

儘管如此，我依然準備好接受神召。後來我們轉移陣地到一間會客室，裡面放滿了不成套的扶手椅，大家在此開始觀看第一支影片，這時我也確實感受到了些神召。我不太明白為什麼大部分的課程都包含看影片，不過影片中的主角倒是很有領導者的魅力，他是啟發課程的創始人甘力

8　evangelicalism，源於十八世紀的英國，是一種平民化的神學主張，不使用複雜的知識論，採取較為鬆散的論點，注重的是基督教在普羅大眾中的影響力，並不像新正統神學那樣強調與知識份子的對話。

9　speaking in tongues，受神感召，突然會說方言。

克（Nicky Gumbel）。他一開始說的重點正是我所期待的事：我們許多人都感到空虛，而上帝是這一切的解答。我不知道這是不是真的，但這不是我感興趣的地方。我試圖釐清的這個是以甘力克信念為中心而成立的團體，是否有助於解決那股空虛的感覺。

這支影片激勵了我。透過專業的拍攝技巧，在英國教堂華麗的背景襯托下，甘力克的模樣與聲音都益發睿智。影片內容原本可以直接引述第十級的宗教課程，不過那不重要，因為甘力克的熱情充滿渲染力。他對自己所說的話如此深信不疑，像是耶穌的聖靈充滿我們、賜予我們能對他人伸出援手的力量……等等。

我原先以為我們會討論這些觀點。當影片結束時，我期待能有深入的交流，並產生一種連結感，那是當別人與我熱心關注同樣的事，並且一起認真鑽研時，就會產生的那種連結。

但此事並未發生。帶領我們的團體領導人泰碧很年輕，也很緊張，穿著一件被勾破的絲質上衣，其奢華的程度比不上其他領導人。當她開始帶領大家討論時，聲音幾乎在顫抖。

「如果你們現在看到耶穌，可以問祂一個問題，你們會問什麼？」

現場一片沉默。我不確定這種假設是否合適。我們與耶穌會在哪裡對話？星巴克？還是雜貨店？我努力思考著：「耶穌會全身發光地出現在我家附近的甜甜圈店嗎？」此時我突然聽到一位年輕小姐說：「受苦？或許我會問祂關於受苦的事。」

我的目光越過椅背，看到那位發言的小姐身體往前傾。她的手略微舉高，就像學生在課堂上試圖回答一個很難的問題。

「好極了！」泰碧說，終於有人回答，她看起來鬆了一口氣，「那為什麼上帝會允許人們受苦呢？」

為什麼上帝會允許人們**受苦**？我可以感覺到我的大腦正試圖穿越耳朵逃跑。我知道這位領導人努力地想帶大家展開某種分享，可是，這就像要求別人在火車高速行駛的狀態下上車一樣，是根本辦不到的。

我試著點出問題所在：「我想，長久以來，教會已經試著回答那個問題了。」我說。「而且時間也真的很久了。」我再補上一句。

泰碧朝我的方向閃過絕望的表情。我的答案不是她想要的那種個人分享。

我沒再說話。我本來可以救她的。或許可以想個辦法將這個問題重組後再提出，這樣其他人就知道該如何回答。這會兒，大家都坐立不安，看起來不是一臉尷尬，就是有點驚慌失措。我們彷彿置身於一場非常尷尬的晚餐派對，卻又沒有酒可以舒緩緊張的氣氛。

週復一週，情況就像這樣，始終如一。我們的情緒發生短路，沒人能修好。我們從製作專業的甘力克影片中獲得高能量，接著，有人關掉了電視，整個房間瞬間陷入黑暗中。我們會分到點心。然後，提問開始了，但那些問題不是不知該如何回答（「希特勒是性本善的嗎？」），就是超離譜的（「如果要去荒島，你會帶什麼東西？」）。大家的分享從來都不著邊際。後來我終於知道，我們那位壓力越來越大、也越來越不修邊幅的領導人，其實是從一本指導手冊裡挑出那些問題，我很好奇那本手冊的作者究竟目的何在，莫非是希望大家爭辯邪惡的本質嗎？我正試著釐清究竟哪裡出錯，結果第六週一開始時，泰碧就說：「所有的課程大家都可以自由參加，如果你不想來也不必勉強。」那時她整個人裹在一層又一層的毛衣裡，彷彿試圖把自己藏起來。

對了！這就是我們錯過的重點。選擇權。問題不在於泰碧欠缺甘力克的魅力，而是你無法利用強制力建構團體感。房間裡的能量瞬間減弱，泰碧也顯得措手不及。她腦子裡的念頭幾乎清晰可聞：**你的意思是，從一開始，我只要這麼做就好了？**

但每個人都決定留下來繼續參加。那週的主題是禱告，看完影片之後——甘力克有一套奇特的禱告方法，他會將獲得應許與否的禱告加以分類——我們每個人都有機會請大家幫自己禱告一件事。我們把椅子拉近，通風良好的房間頓時變溫暖了些。大家簡單而坦誠地敘述自己的問題，包括金錢問題、房子的問題、對女兒的擔憂等等。輪到我時，我說：「我的貓生病了，我真的非常愛牠。」賀志已經罹患腎臟病，又剛診斷出癌症。泰德醫生說，我們已經無能為力了，只能好好對牠，然後聽天由命。每次我出門時，都盡量不去想賀志，因為只要一想到牠拖著筋疲力竭的身體在等著我回家，我就想哭。我忍住淚水，說：「我希望為牠的健康祈禱。」這是我在課程中第一次流露真誠。

我是最後一個發言的人。大家都陷入沉默。暖氣機開始發出一種簡直就像降神會般的敲打聲響，有位男士開始用非常不戲劇化的聲音說道：「請聆聽我們的禱告。」他重複每個人剛剛說過的禱告內容，當我聽見他說到賀志的名字時，突然感到如釋重負，而我先前完全沒察覺自己有如此沈重的壓力。這就是身處團隊最大的好處：既然現在大家都知道賀志的事，那我就不必獨自承受牠生病的重擔了。

當聚會結束時，真正的同伴情誼油然而生。有位老太太——就是有臀部問題困擾的那位——將我拉到走廊角落。

她看著我，說道：「兩年前，我的狗走了。」她的表情非常溫柔，「我知道寵物生病會讓人有多難過。」

我說不出話來，因為我一開口就會掉淚。我只是給她一個短暫的擁抱。她身上的味道聞起來就像點心時間裡的小柑橘一樣，我聽到她輕輕對我說：「我會一直為賀志禱告的。」

到了下一週，情況完全改變了。我帶著更開闊的心胸走進地下室。自從與這些團體的成員建立連結後，我更喜歡他們了。我在用餐時顯得輕鬆自在，也真心感謝領導人努力達成我不是太苛刻的素食要求：他們提供全素的燉菜。

我看起來肯定變積極了，因為當我們魚貫走出地下室時，其中一位領導人（不是泰碧）指著一張我先前完全沒留意到的桌子，上面放滿了一般書本與啟發課程出版的書籍。

「如果妳有興趣了解更多內容，」她說道，聽起來就像她正撒下轉變的種子，「或許會想看看那些書。」

一張擺滿書的桌子，那是我最愛的事。我站在通往大門的走廊上。其他人都漸漸離開了。我聽見志工在廚房的笑聲，雖然地下室很寬敞，離廚房也很遠。當我開始瀏覽書籍時，我享受到獨處的美好滋味。

我跳過啟發課程出版的《聖靈》與《生命對答——基督教信仰要義》，然後留意到《基督徒對同性戀的態度是什麼？》這本冊子。這沒嚇到我。我猜這大概是某種「痛恨罪行，但要愛罪人」的內容。書中確實有些那樣的文字，不過這本小冊子闡述的更多。我身後有間兒童遊戲室，我就靠在玻璃牆上閱讀。走廊上的光線不夠，我發現自己是瞇著眼睛在看書：一開始只是為了能更專注，後來則是陷入難以置信的震驚中。這本書說，同性戀者是罪人。愛滋病是犯下此罪必然的下場。這種疾病是來自上帝的審判。

我翻到版權頁，試圖在絕望中找到些浮木，希望這只是本內容未經過篩選的陳年舊書。結果出版時間是二〇〇四年。愛滋病的死亡影像籠罩著我：消瘦憔悴，遭到遺棄，永遠的恥辱。這些就是**上帝的審判**？

這些字眼一直盤踞在我腦海中，一開始只是問句，後來卻變成直述句，我沒辦法忘掉「愛滋病是來自上帝的審判」這句話。這個團體真的相信這種事嗎？更糟的是，有人刻意引導我去看這本小冊子嗎？我突然覺得自己好像不認識課程領導人或其他相關的人了。我喜歡這裡的人，可是，現在我不知道他們相信什麼；又或者，萬一他們看透我的真面目，他們是不是還會喜歡我。

這不是什麼美好的時刻。我渾身發抖，感覺到有股巨大的憤怒湧上心頭。我覺得噁心，覺得受騙了。其他人此時在聚會廳裡，我知道有人會察覺我缺席了。我不是不在乎，可我就是沒辦法再加入他們。在努力逃避拒絕的過程中，我又被拒於門外了。這次是用一種我覺得很殘酷的方式，就像那些豬在卡車遭受到的粗暴待遇一樣。**上帝**。**罪人**。**審判**。這些字眼深深嵌入我心裡，就像有人強迫我把這些字吞下喉嚨般。我就那樣站了好一陣子，整個人快要吐了，我覺得自己受到侵犯，心裡很清楚我沒辦法再留下來了。

被拒絕，就加入與你是同類人的小眾團體

我有種根深蒂固的特質，就是在最心煩意亂的時候，我反而能更深入分析。所以，在發現啟發課程那本書的隔天，我列了張清單。這是根據我曾讀到人們在面對拒絕時常見的回應，藉此表列出可能出現的反應。

反應一，根據研究指出，人們會試著加入另一個不同的團體。可是，遭受拒絕已經讓我產生豪豬問題，先前我已經試著加入兩個友善的教會，但我的尖刺卻一直阻止別人靠近。

反應二是選擇退出，我一開始曾拒絕這個念頭，但現在開始覺得，這或許是條不可避免的路。

反應三是隱藏或掩蓋會讓我遭到拒絕的原因。以我的例子來說，這表示不要提及我是同志。但是，這已經大大失敗了，因為這麼做只讓我落得一個下場：獨自站在啟發課程教室外的走廊上，閱讀上帝的天譴。

唯一剩下的選項是反應四：加入其他同樣也遭到拒絕的那些人。

這實在很不吸引我。還記得我說過我不喜歡公立學校嗎？那是真的，但我還蠻喜歡自己人緣很好的這部分。當時在許多公開場合我都會聽到：「艾蜜莉？她很酷啊！」這完全印證了我渴望受到接納。

加入其他受到拒絕的人，等於公然違背我對人緣好的渴望。小時候，人緣不好的小孩進不了戲劇社團，就會互相結盟。反應四就相當於這種情況的成人版。因為這正是身為同性戀的天主教徒帶給我的感覺：就像在學校始終格格不入的小孩。

一直以來，我都知道同性戀信徒的存在。他們有不祕密的祕密組織。我也知道他們的聚會方式，他們是在市中心的教堂樓上找間無人使用的房間讓大家碰面。讓我感到困擾的是他們的次等地位。有人曾告訴我，你得走側門才能進到那個房間，然後——砰——！整個團體成員可能都是高中的中輟生，聊著其他人根本不會在乎的某齣戲。

我寄出第一封電子郵件時，心裡有預感這麼做肯定會失敗。事情發展如下。我看著這封信被轉來轉去，最後我收到一封簡單的訊息，告知我「奇怪的日子，奇怪的時間，奇怪的房間，側門。」沒有其他資訊告訴我會發生什麼事，就連是否有牧師在場也都沒說。

「祝福你。」寄信人寫完就離線了。

對我來說，這感覺一點都不像祝福。

團結起來，我們就會擁有彼此

我在奇怪的日子（週六）、奇怪的時間（晚上六點）到達那裡，剛開始還走錯樓梯。這是老舊的樓梯設計，盡頭是一面牆。這個場景感覺很像是種彷彿我正踏上通往絕境之路的象徵，我差點就轉身離開了。但我沒有那麼做。我再度往前行進，獨自穿越真正的教堂，尋找另一個通往眾多宛如鴿子籠般房間的商用樓梯。

這個同志聚會空間讓我大吃一驚。裡面陳設非常簡單，接近家徒四壁，沒有任何裝飾物。牆壁都是白色的，燈光全暗。房間另一頭有面大角窗，最後一絲夕照從那裡映入室內。臨時充當聖壇的桌子上鋪了白布，點了兩支蠟燭。蠟燭中間擺放一個十字架，除此之外別無長物。大家坐在排成圓形的塑膠椅上，面對著燭光。

剛剛我走錯了樓梯間，害我有點遲到。但沒關係。負責招待的是位英俊的男士，他身上有道性感的蛇圖案刺青，在他的袖子下爬行。他輕聲對我說：「我是蓋瑞。」隨即要我隨便找個位置坐下。有人正隨手彈著鋼琴，然後有位男士走了進來。我還以為他也是信徒，因為他的穿著打扮和大家沒兩樣。接著他打開背包，套上一件亮白的牧師服和淡黃色的肩帶。他依然穿著靴子，然後走到房間前方坐下。他不像一般的牧師全程站立，而是坐著。夕陽籠罩著他，他渾身散發出獨特的溫暖，目光環顧著四周。看來他很高興見到我們。當時我們肯定有二十人與他對望。我依然覺得我們是異類，是一群受到排擠的人。

而他只說了一句話，就讓我的感覺煙消雲散了：「歡迎。」接下來的每一次聚會都會以「歡迎」這句話做為開場白，有時候還會重複多次：**歡迎，歡迎，歡迎**。我們公開探討「我們遭拒」的議題，藉此來解決、並勇於面對豪豬問題。我們不僅做禮拜時這麼做——我們會突然大聲唱起聖歌，以互相擁抱取代握手，來展現我們的忠誠；在牧師布道時也會這麼做——我們會討論圈外人，談及唯有包容每個人，才是真正的接納。禮拜聚會之處成為質疑「認同」原則的場所，而且我們逆向思考：如果來自高層的命令說只有某些人可以獲得認同，這道命令肯定從一開始就是錯的。在某次彌撒中，曾有位年邁的牧師用他的枴杖猛力敲打地板，並大喊：「**每個人，每個人**都應該覺得自己是受歡迎的。」

這一切背後都有著神學基礎——耶穌出生在馬槽裡，天使對窮人現身，「**這些事你們既作在我這些弟兄中最小的一個身上**」，諸如此類——但是，任何神學理論都不如這個團體正在做的事重要，他們挺身面對拒絕，接受拒絕。當初我以為自己會被排斥，最後卻覺得自己被接納了。而我之所以感覺被接納，是因為我面對自己遭到拒絕的事實，不再逃避，也不再把自己偽裝成某個可能會被接納的人。

我不想讓這種事聽起來像是比真實情況還容易。有一次，一位男士帶著渾身酒味來參加聚會，彷彿光是想到重新踏入教會，就讓他驚嚇到必須用酒精來麻痺自己。就連牧師彼得也以「脆弱」來形容我們的理念；他公開提到個事實，那就是：在一個小團體裡，無能為力的感覺，以及自覺永遠不會被更大的團體所接納的絕望，會破壞患難與共的精神。

但我認為，正是這種絕望的威脅帶來歸屬感。如果我們獨自面對這些事情，就會徒勞無功。一旦團結起來，我們就擁有彼此；事實上，只要梵蒂岡拒絕改變教規，我們也就只剩彼此了。這種情況反而奠定了某種連結的特殊基礎。我一進來就有人擁抱我；大家帶來特別的食物，準備在聚會後的交誼時間享用；而且，這些社交互動都不是被迫的。通常分開幾週之後，大家就會急著彼此聚聚，想重新與人建立連繫。這正是我早就領悟到的歸屬原則——共同的價值觀，在乎同樣的事，採取共同的行動——這一切都在一個奇特的夜晚、一間美麗的房間裡上演，那裡的燈光昏暗，有人正隨手彈著鋼琴。

雖然我此刻是在處理處於宗教情況下的拒絕問題，但是，我所立足的原則適用於各種情況。在面對拒絕時彼此結盟，就是建立連結的基礎，而這種連結將會改變世界：女性為了獲得選舉權，得忍受被捕與絕食抗議；非裔美國人為了追求平等，要面對槍枝與警犬的攻擊；男同志為了得到某種程度的尊重，會彼此緊緊手牽著手。我想，許多人之所以加入這些運動，或許跟我參加同志天主教聚會的原因一樣，那就是：他們希望可以不必這樣費力爭取，接納本就該是天經地義的事。

但是，有時候並非如此。情況或許可大可小。當我還是青少年的時候，有位名叫潔絲汀・布雷尼（Justine Blainey）的女孩上法院提起訴訟，要求爭取和男生一起打冰上曲棍球的權利。我還記得，當時我心想這麼做真蠢，不過相較於那些教練和明星球員對她造成的諸多傷害，我的批判實在是不算什麼。而她從未停止抗爭，最後她贏了，這麼做讓她為女性爭取更多的冰上時光、更好的資助、更好的教練，她為所有熱愛運動的女孩開闢了一條能讓她們可以融入其中全新的道路。

被拒絕的感覺一向很糟。面對拒絕時，有很多種回應的方法，其中一種就是轉身離開。不過，你也可以停下來往回走。這種做法更困難，卻可能帶來另一種認同，或許比你原先所追求的那種認同還來得更強烈。現在當我走進同性戀天主教聚會時，就會感覺到有股暖流從頭到腳注入全身。儘管不是從此就不會有尷尬或緊張的時候，不過我有時會想，這個世界足以讓我們對抗的事情其實還不夠多；或者，更精確地說，是沒有足夠的方法能讓我們團結起來，並藉此表明立場。挺身面對「拒絕」能為你帶來下面這樣的結果：為了要使別人接納你，你會與他人站在同一陣線，最終你將能創造了互相接納的世界。這樣做不只是為了你自己，也是為了所有與你同在的那些人——他們長期遭到冷落漠視，卻突然找到了能融入其中的方法。

關於「信仰」的快樂生活提案

- **宗教能給人慰藉，並建立連結。**

「信仰」是找到歸屬感強而有力的方式。但許多宗教團體通常都具有排他性，會明文規定誰可以、誰又不能加入。即使這種做法排除了一些人，但已融入團體者所擁有的歸屬感就會自動加強。

- **是同性戀，是教徒，也可以是自己。**

身為同性戀者，在從宗教信仰中尋找歸屬時可能會碰到極大的挫折，畢竟有不少教派都對同志持反對態度，甚至視之為罪刑。當你的信仰與性向認同相違背時，可以加入與你有同樣困擾的人所組成的團體，共同尋求心靈上的支持。

- **挺身而出，與人團結一致，共同面對拒絕。**

為了使別人接納你，你可以與他人團結互助，站在同一陣線，最終你就能創造了一個互相接納與包容的世界。這樣做不只是為了你自己，也是為了所有與你同在的那些人——他們雖然長期遭到冷落漠視，但終於找到了能融入其中的方法。

6

當義工

——為了獲得歸屬感，你做了一切該做的事，但為什麼事情不如你想像中容易？——

要同理，也要保持適當的心理距離

如果說我早就知道信仰是我必須探索的事（這不只是因為信仰可以增強連結，同時也得溯及我少女時代的回憶），那麼，我也十分清楚，我必須嘗試當義工。這是因為每當我翻閱雜誌或聽廣播時，只要一提到「建立連結」這件事，總是會有人推薦去做義工。就我看來，從事義工活動基本上與我在豬島或社區花園做的事截然不同。後者的那些活動沒有繁文縟節，它們不需要填寫任何表格、參加任何訓練課程，或得花好幾週時間等待義工協調人的回音。而且，也沒有既定的角色或清楚的任務分派，更沒有人確切告訴我要做什麼。

但做義工就不一樣了。我知道這中間的差別，因為我已經從事過許多次義工服務。如果沒有累積驚人時數的義工體驗，包括製作電子報、參加環境法俱樂部、四處發放呼籲禁止獵熊的請願書，你是不可能直接成為環境法律師的。雖然這些活動並未帶來太多歸屬感，但那不重要：我做這些事情一直是目標導向，目的在於要有份工作。如今回想起來，我才明白這個目標牢牢地把我困住了：我離不開非營利組織，因為我希望有一天能為他們工作。換個角度來看，這代表我並不是真的想做義工。誠如某位專家所言，我只是把「關心」當成能造就我個人成功的工具。

話雖如此，我依然在所謂的「第三部門」[1]待了很長一段時間。所以，在我為了追尋歸屬感而進行的所有計畫中，這是我唯一在行的事。我知道該如何毛遂自薦地打電話給素昧平生的執行董事，並準時現身，讓自己發揮用處，平常就到處閒晃，保持低調。

這些都是在現代社會很有用的技巧，因為從事義工服務是建立連結的另一條傳統途徑，至今還是有很大的效果。雖然世人依然懷抱信仰，但是，從一九五〇年代開始，參加禮拜的人數已大幅減少。另一方面，人們從事義工服務的時間似乎漸增，尤其是X世代或千禧世代特別明顯，這些團體大部分都與聯盟、最好的場所、政治運動或全國性的俱樂部無關。在某種程度上，對年輕世代來說，當義工已經**變成**公民生活的一部分，對其他人來說也是如此。現在我們就太過重視義工服務了，不僅許多高中生必須做義工，連任何失業、剛搬到一個新城鎮、剛離婚或是感到孤單寂寞的人，也都會去做義工。

我們很難避免「所有人都應該做義工」的**想法**。所有書籍都在鼓吹從事義工服務對我們的身心會有多大的好處；從事義工服務被視為一種可以治癒任何寂寞的快速有效處方；如果你的目的是應徵工作和申請學校，做義工則近乎於一種義務。彷彿對義工必須越重視越好，因為人們有太多的斷層與空隙必須填補，比方說，鄰里社區的拆遷，在地居民的聚會場所消失了，以及長期的工作機會減少了……等。

1　voluntary sector，又稱志願部門，是指在國際範圍內從事非營利性活動的非政府組織，包括各種慈善機構、援助組織、青少年團體、宗教團體、工會等。

公平地說，如果人們想要建立更寬廣、更公眾的生活，當義工還是有些優點。比如說，它是免費的。而且義工的機會也對那些對宗教不感興趣的人展開雙臂；又或者有些人雖然對宗教有興趣，但不想因宗教威脅而不敢面對自己的性取向，抑或在主張墮胎合法化時受到宗教欺壓，這時也可以從當義工中尋求慰藉。不過我認為，現在大家如此盲目地相信義工的價值，已經比盲目的信仰宗教更嚴重了。至少宗教會鼓勵你提問，檢驗基本原則。當你走進一間教堂或猶太教會堂，你心裡應該很難不去想：「**我相信嗎？**」、「**真的有來世嗎？**」、「**人為什麼要受苦？**」等這些問題吧？

但義工文化不鼓勵這一類的檢視，而只是訴諸一些廣泛而籠統的說法。當提倡從事義工的人告訴我們，把自己渴望的東西給予別人時，會帶來意想不到的回報，例如，我們能藉此和與自己類似的人產生強烈的連結感。我們傾向相信這個說法，即使心中還是有很多困惑，但我們仍願相信此事。就技術層面來說，這麼說並沒錯。從事義工可以為人帶來相互聯繫的感受，以及被稱為「助人的快感」的好心情，包括腦內啡增加、改善情緒、變得更有活力，以及提升自信心。但正如我所領悟到的，困難之處在於我們不太容易從中找到本該產生的連結，甚至就連找到付出的方式都很困難。

我原本大可以在我的教會從事服事工作，但我想把「信仰」與「當義工」這兩件事情分開進行。研究顯示，積極參與宗教聚會活動的人更可能去當義工。我認為這倒不一定，因為他們是出於宗教理想才這麼做的；通常，這些情況只是因為宗教集會創造了從事義工的機會，比如說：你可以報名參加教區的募捐衣物活動、在提供救濟的流動廚房幫忙，或跟著慈善團體在大街上發送三明治。即使我的教會有提供義工服務的機會，而我也覺得那些事很有意義，但我還是不希望陷入那種封閉式的循環中。我已經花了一定的時間與我的教會團體相處，我想看看，如果我以一般人的身分從零開始從事義工服務，會發生什麼事。我也規定自己不可以使用我所擁有的任何特殊技能去找義工的差事。雖然後來當尋找義工工作變得有點麻煩時，我就放寬了這項規定；不過，一開始我是告訴自己，不可以運用關係，或到跟我曾合作過的機構擔任義工。

然而，這樣做並未剔除掉太多機構，僅只少了喜歡提告的環保組織。所以，我必須好好評估什麼是我想做的事。這件事聽起來好像無足輕重，其實事關重大。如今，義工的其中一種主張就是，通往滿足與幸福之道的機會應該是眾人均等的。在食物銀行擔任義工，讓你獲得歸屬感的速度，理應不亞於在社區中心擔任運動教練或在臨終關懷機構幫忙。可是，選項實在太多了，你可以募款、為罐頭食品分類，也可以在當地的學校提供早餐……這麼多的選項讓人不知道該從哪裡開始。按照常理，我們應該自問對哪件事最感興趣，但這不見得是做出判斷的好標準。比如說，我熱愛閱讀，老是有人說我很適合當閱讀與寫作的老師，這種說法我已經聽過太多次了。事實上，我很確定我會是個很糟的老師。我很沒耐心，萬一碰到一個老是搞不懂某個字的新學生，我就會開始不耐煩，到頭來，對他造成的傷害很可能大於幫助。

所以，在某種程度上，義工服務的重點不在於「什麼事對你而言很重要」，而是「你究竟會做什麼事」。在這個領域裡，「你會做什麼事」有每個人專屬的定義。在關於義工的研究中有個主要的觀點，就是：我們得到的機會是由別人提供的。對我來說，這也證明了義工服務不同於我在「拯救豬隻」或甚至在社區花園從事的義務工作。在那裡，沒有一個真正的負責人，也沒有人分派任務給我。我只要人出現就好，想做多少就做多少，這樣就可以了。這一點非常重要（尤其是在「拯救豬隻」的例子裡），因為這代表它沒有任何限制。如果我想在正值交通顛峰時刻的安全島上崩潰，我也大可以那麼做。

儘管我確實在義工計畫中體驗到強烈的情緒，但卻不曾像我在加入「拯救豬隻」時感受到的真摯情緒那麼高昂。任教於普林斯頓大學的社會學家羅伯・伍思諾（Robert Wuthnow）主張，要限制自身的情緒反應，是義工的**該做**的事情之一。一旦你真正擔任義工後（例如在救濟貧民的慈善廚房幫忙），在那個環境裡自然就會有決定你該做什麼或不該做什麼的許多限制。萬一情況不妙時，你就該離開。

幾年前，當我的確在慈善廚房當義工時，曾有位流浪漢拿著一台筆記型電腦，想讓我看他寫的小說，他說那是科幻小說。後來，他還開始送我禮物，例如偷來的慰問卡、一條海豚墜子（那是當另一位流浪漢正把一堆海豚墜子串成項鍊時，他從那裡拿來的）。當我告訴義工協調人這件事時，她告訴我應該跟對方保持距離。

「妳不會想鼓勵那種事的。」她說，「妳根本不知道之後情況會變成怎樣。」

我懂她的意思。對方可能是危險人物，或開始期待我給予更多回報，希望我在慈善廚房工作以外的時間也能當他的朋友。於是，我真的卻步了，但至今我仍覺得後悔不已。就我所知，他很可能創作出另一本《神經喚術士》[2]，他多半只是想要博取一點注意力而已。但我擔任的角色是僅能釋出有限的善意，如此才不至於產生更多的情感或建立更多的連結。

當義工，光有熱血是不夠的

自從在拯救豬隻的活動中經歷過心靈契合的體驗，以及在啟發課程體驗到上帝可能給予的懲罰而產生痛苦掙扎後，如今我已經可以接受在日後遇到同樣的情況時要淡然處之。扮演這種經過謹慎界定的角色，令人感覺還滿自在的。在這裡，我的目的不是要追求強烈的情緒，而是報名參加合法團體或機構的義工服務，在某些特定範圍內做些事情，藉此努力建立連結。

我要做的，就是先找到願意接受我的機構。原先我不太了解這件事有多複雜，是直到試著聯繫第一間機構時才發覺。我有太多選項可以隨機挑選了。有天晚上，我參加完同志彌撒回家，坐

2　Neuromancer，由威廉．吉布森所著，是第一部同時獲得星雲、雨果、菲力浦．狄克三大科幻文學獎最佳小說的作品。

進扶手椅裡，旁邊堆了一疊我從來就沒打算要掛起來的老照片。「同志」與「衰老」這兩個字同時出現在我腦海中，讓我想起在市中心有個男女同志的檔案室。

我超愛歷史檔案的。以前我爸喜歡蒐集各種老照片，從小我就是看著過往的舊影像長大，想像自己是置身於照片裡的另一個世界。我知道在同志的檔案室不是只有照片而已，還有日記、廣告旗幟、唱片與書籍等等，所有能重現在那段被迫保持緘默與沉寂歷史裡來龍去脈的物品，都在收藏之列。從紐芬蘭搬回來之後，我甚至還申請去那個檔案室工作，結果沒被錄取。不過，因為我曾經應徵過，當我打電話詢問義工的事時，回電給我的女士手邊正好有我的履歷。

對方的名字是吉妮瓦。她告訴我，我已經被分配到檔案室的某個小組委員會裡。她飛快地告訴我那個委員會的名字，那串名字既長且複雜，然後，她說她需要像我這樣的人幫忙。這本該是好事，畢竟，哈格提定律的第一個要素就是「被需要」。可是在這種地方，大剌剌地地公開提到「需要」這件事，感覺不太像是表達歡迎之意，反而比較像在吐苦水。這個檔案室會定期舉辦展覽，吉妮瓦說，她正找人幫忙審閱藝術家的合約，撰寫募款申請書，決定挑選展品的規則。

當時我人正在廚房裡，對於吉妮瓦在電話中表現出的強烈情緒感到很驚訝。我根本就不認識她，這是我們第一次說話。她連珠砲似地說著，完全沒留空檔讓我表明自己想做什麼事。這種單向式的對話讓我感覺走投無路，就像個青少年在面對太過強勢的男友一樣。

「妳知道的，」我說，試著讓氣氛緩和些，「獨力完成許多工作，聽起來很像我平常就在做的事。我想找可以跟人有多點接觸的事情做。」

「可是，你可以憑自己的能力做出許多貢獻。而且，你可以參考職務說明，依照自己的意願選擇適合妳的工作。」

職務說明？我知道有些公司在裁員時會要求由義工補上職位空缺，可是，我還沒做好聽到有人如此公開談論此事的心理準備。

「想想看，妳打算要如何累積在履歷表上的工作經歷。」吉妮瓦提出建議，把這件事說得好像很有趣似的。

我繼續沉默不語。我辭去律師工作，轉行寫作，如果從「累積專業」的角度來看，就跟放把火燒掉我的履歷沒啥兩樣，但我想這不是吉妮瓦想聽到的。

「妳知道的，我不確定，我有點……我希望找能跟人有多點接觸的事做。」我又再重複一次。

「跟人接觸。」吉妮瓦重複我剛說的話，彷彿這真的是個工作面試，而且我剛剛是說自己只想上半天班卻要領全職薪。

我可以感覺如果我針對她的這個提問給予肯定的答案，我會有罪惡感，但我必須堅持立場。負責撰寫合約文件的義工職位，社交範圍聽起來就跟住在洞穴裡差不了多少。

「還是我可以幫忙辦活動？」我問道，聲音聽起來非常膽怯。

她失望地嘆了口氣，不過緊接著就退讓了。「好吧！幾個禮拜後會有場活動，妳可以去幫忙。」

這感覺像是我大獲全勝，只是這事有點怪。或許我不該為了免費去做某件事而爭辯。

當我抵達活動現場時，我猜我多少會感受到些「餘波」。果然如我所料。吉妮瓦戴著黑框眼鏡，從窗內滿臉失望地看著我，彷彿我就像個拒絕上前線的士兵。

但我完全沒有罪惡感。我正享受著自己一直在尋找的樂趣。檔案室的牆上全都掛滿了舊海報與書籍封面，而我已經進入時光旅行的模式，假想自己是一九五〇年代的女同志，正看著售價二十美分的平裝書，書封上有兩位豐胸紅唇的女士。我想看看書的真品，不過他們說書籍多半放在樓下，當時我不能下樓，因為我必須善盡義工職責，在活動現場幫忙。

沒有人仔細告訴我到底該做什麼，他們就只是跟我說有位攝影師會來拍團體照，我的任務就是負責把所有參加的人找進來簽署棄權書。在我的想像中，這不過是張簡單的團體照，我不太明白攝影師要棄權書幹嘛。這場活動是透過臉書號召宣傳的，在臉書上肯定有更多詳細的資訊，因為其他人似乎都知道一些我不清楚的事。許多人簽完棄權書之後，指著自己的背包表示要先寄放，然後詢問廁所在哪裡。我就告訴他們位置。等所有人都簽完名後，我走進客廳，等一下他們就是要在這裡拍照。

這間檔案室位於一棟老房子裡，布置客廳的家具都是些老東西，像是一張沉重的木桌、木製書櫃、厚厚的舊地毯。桌上擺滿了東西，有唱片、書籍、宣傳手冊等等，看起來像是他們隨手抓到什麼就擺上去。有位戴著黑帽的女士正在修理黑膠唱盤，她開玩笑地把一張唱片往我的方向推。

「這張是我的最愛。」她笑著說。

我低頭一看，不禁笑了出來。這個樂團名叫「美麗三女神」（Three Graces），封面上有三個裸體女人在一群牧馬間搔首弄姿。我很好奇這張照片是否經過修圖，然後我突然想到，在一九七二年還沒有這種技術。這讓我不禁擔心，美麗三女神這麼靠近馬匹會不會很危險。當我正在想著她們能否毫髮無傷地離開那片草地時，剛剛那位女士已經修理好唱盤，問我會不會去拍照。

「不會。」我說，「我是義工。」我揮了揮我的筆記夾板，以示證明。

「但妳還是可以跟大家一起合照。」她回說。

我決定對她說實話：「我不喜歡拍照。」

或許透過舊時的影像可以回顧人的一生，但我不希望自己在五十年後，只成為一張陳年舊照裡日漸模糊的面孔。而且，我也不太喜歡此刻心裡逐漸浮現「我搞不清楚大家到底幹嘛」的那種感覺。每個人似乎都假設我早就知道現場的狀況，從吉妮瓦遞給我一疊棄權書，還有每個人進門時就只背個包包一副散步的悠閒模樣看來。都在在顯示出這種假設。如果現在才問我為什麼在這裡，已經有點為時已晚了。

「瑟布麗娜很專業的。」她繼續說道，彷彿這樣可以改變我的決定似的。但我已經知道這不是某人用手機隨手拍照而已。地毯用膠帶貼了起來，房間前方有兩台相機裝在兩支三腳架上，巨大的燈箱把白色燈光投射到牆面上。如果真要說有什麼影響了我的決定，肯定就是這套設備，讓我更不願意站在鏡頭前面擺姿勢了。這鐵定是正式照，為了某些緣由人們就會花錢拍這樣的照片，或許還會擺在公眾場合裡。

顯然我是唯一不願拍照的人。現在，其他人全都進來了，而且他們看起來都很迫不及待。事實上，大家還盛裝打扮，裝扮主題似乎是跳豔舞的舞孃，我看到許多人穿馬甲和迷你裙。有位男士手臂上滿是刺青，穿著無袖上衣，正努力要把腳塞進十六號的高跟鞋裡；有位女士則不僅貼上假鬍子，還穿了洛基式的無袖背心與皮褲，以整套的完整裝扮現身。我身上穿的就是平常的服裝，有個朋友曾經形容我這身打扮就像「要帶小孩去玩遊戲的媽媽」：我綁著馬尾，穿著絨毛無領運動衫、牛仔褲和登山鞋。我想，我應該在我顯得越來越不酷之前離開客廳。

我往外走時和正進屋內的攝影師擦身而過。瑟布麗娜看起來不像藝術家，如果說我像要帶小孩去玩的媽媽，那她就像在郊區工作的上班族。她沒化妝，頂著未整理的棕色鮑伯頭，穿著橘色上衣與米色棉褲。瑟布麗娜看起來和屋子裡的人很不搭：如果他們全都盛裝打扮，性感豔麗，為什麼她看起來這麼平凡無奇？

我坐在前廊的階梯上，等著把棄權書遞給晚到的人，因此我聽得見客廳裡發生的事，只是看不到。剛開始我並未留意裡面在說什麼，因為都是些寒暄的客套話。瑟布麗娜感謝大家來參加，也謝謝大家簽署文件，還費了這麼多心思打扮。

「那麼，現在讓我們開始吧！」她說。她的聲音改變了，聽起來還蠻興奮的，「先從桌子上隨便拿樣東西。」她指揮著大家，「然後開始大聲唸出來。」

當大家伸手去拿書和雜誌時，現場一陣混亂，大家七嘴八舌問道：「我可以唸跟口交有關的文章嗎？」「乳頭呢？」「講胸部可以嗎？」

「口交沒問題！」瑟布麗娜大喊，「乳頭也可以！胸部沒問題。」大家開始同時朗讀起來。我聽到有人唸道：「她的手就像最柔軟的手套般溫柔。」不過，大家的聲音不夠有活力。瑟布麗娜想要有更多激情的感覺。她叫大家先停下來，她有個問題想問他們。

「『地毯』和『窗簾』的顏色搭配嗎？」

剛開始我一度以為她說的是客廳的地毯，於是我更困惑了：照片的主題是同志歷史與地毯嗎？然後我突然懂了，她指的是陰毛和頭髮。她在說自己身上的毛髮。

「到底搭不搭啊？」她又問了一次，聲調高亢，聽起來像在開玩笑。

她該不會……難道她真的？我得去瞧瞧。我走到走廊盡頭時，聽見大家的驚呼聲。我探頭進去偷看，她就站在那裡：腰部以下全裸，沒穿襪子，她的橘色上衣長度剛好在她的恥骨上方。

「很搭！」有人大喊，但我已經吃驚到無暇確認答案了。瑟布麗娜半裸地站在大庭廣眾之下，還鼓勵其他人也脫掉衣服。

「脫光衣服！」我聽到她下令。她在鼓動大家做些改變。我退回走廊，和客廳的門口保持一段安全距離。可是，更多聲音從裡面傳了出來：「做啊！」「妳這蕩婦！」我得再回去瞄一眼。我眼前看到的景象比扮裝還糟。扮裝表示你還有穿衣服；但現在，好幾個人全身都脫光光。他們不是坐在桌子上，就是躺在地上。當我在門口偷瞄時，還有位袒胸露乳的女士對我微笑；我注意到她仍戴著棒球帽。

我幾乎是用跑的衝回剛剛我坐的樓梯位置。為什麼沒有人提到這件事？還是有人曾經說過，只是我沒聽到？不可能。我是那種絕對會注意到「裸體」這種事的人。我的心跳加速，感覺得到臉正漸漸變紅，雖然我身上的衣服全都還穿得好好的。我靜下來好好思考著：這是在義工服務裡，應該要穿插的正向生理轉變嗎？我的生理機能絕對啟動了。我的血壓狂飆，開始流汗，但我不認為這些是寫出〈行動認知療法〉等文章的作家心裡所想的畫面。那種療法的重點應該是增加多巴胺的分泌，提高復原的能力，減少壓力，以及加強掌控力。

我不太確定在那當下，**復原力**和**掌控力**是不是真的控制了我的情緒。現在大家都在擺姿勢了，瑟布麗娜則在操作相機——她激發出眾人大膽挑釁的姿態，而這正是她想要捕捉的畫面。我從未看過最終成品，但我心裡想像的畫面就像這樣：一群人，大部分是女性，跪在維多利亞式風格的客廳；她們不是裸露上半身，就是穿著性感的衣服；每個人都縱聲大笑。我想，過去女同志必須保持端莊，只能穿著長裙，衣領要保持筆挺，寫詩也只能寫些花花草草，如今這組照片的意義是反擊過去所有令人窒息的端莊姿態。如果我在藝廊瞥見這件作品，我多半也會喜歡這類的創意，認為它「大膽創新」。可是我現在的心情對藝術實在提不起興致。我正告訴自己務必守好門口，絕不能讓任何人走進這個瘋狂的場景時，突然聽到瑟布麗娜說：「收工！」，我想，我的責任終於已了。

是來交朋友，還是去當義工？

回家後，我很清楚必須重整我的清單了。我在進行信仰與社區的計畫時，也重整過好幾次清單，但在之前我從不需要把「穿衣服」這件事列在必備的物品清單上。

我依然不明白我在尋找什麼。從同志的檔案室著手看來是行不通了。我仍支持這個機構，也讚佩它抱持的使命，不過，我必須跟陰毛與頭髮事件保持距離。於是，我又回到了原點：我究竟想做什麼？我再度環顧我的公寓。這房子會給我另一條線索嗎？

結果，我還真有靈感了。我看著我為以前失去的家所製作的聖壇（後來我又放了另一年在同志遊行時拿到的珠子，這次是鮮紅色的），我想起之前我回去過舊家那一帶的事。

那一趟回家讓我看到一些令人心煩的事，不只是我的舊家已經全被拆掉變成大樓；還有許多新大樓都裝上了鏡面玻璃，我知道這種玻璃會對鳥類造成危險。多倫多以許多事情聞名，像是歌手德瑞克（Drake）、加拿大國家電視塔（CN Tower），以及從未贏過史丹利盃（Stanley Cup）、直到人類第一次登陸月球時才破蛋的冰上曲棍球隊。不過，鳥類撞擊事件在多倫多也很出名，或者該說是惡名昭彰。

多倫多位於候鳥遷徙的路線上，卻有一棟棟六、七十層高的玻璃帷幕大樓座落於湖邊。因為那些候鳥對玻璃毫無概念，因此牠們很自然就會直接飛進反射在玻璃上的天空裡，導致每年光是在多倫多就有上百萬隻候鳥死亡。而每蓋好一座新的玻璃帷幕大樓，這個數據就會繼續往上攀升。

我知道有個團體會於凌晨時分在市中心的街道上四處搜尋，試圖解救僅是暈厥而尚未死去的候鳥。徒手撿拾受傷候鳥的這種工作，似乎符合探討義工的書籍裡所描述的：「以單純而無私的方式付出」。做這份工作絕對得穿上衣服。而且，我還可以藉此發洩一下怒氣。我真的很受不了，怎麼會有人這麼白痴，在一座處處是鳥的城市裡蓋這些玻璃帷幕大樓。之前我在進行「關心」計畫時，之所以沒報名參加這個團體，就是因為他們要求的條件只有「來報名」，而我希望他們能對報名者有更多的要求。

不過，現在「正式」這件事對我來說是無所謂的。我原先以為只要填寫一份申請表就好，沒想到還要經過許多關卡，包括要參加一小時的現場教學；收到職前說明的電子郵件；還有在清晨五點被電話吵醒，告知當天早上原訂的訓練課程取消了；然後是實際的訓練課程，將於一週後的早上六點半開始，屆時先在市區某棟摩天大樓的一樓集合。

這些準備工作感覺份量多得驚人，但我想，這一切都是為了要完成深富意義的工作。我熱情十足地準備要展開行動。當我在預定時間抵達現場時，包括我在內，空蕩蕩的銀行大樓大廳已經有六個人了。沒有人說太多話，或許是因為時間太早了，大家都還沒準備好要聊天。我們每個人都很理性，等候領導人來帶領大家。終於，莫妮卡到了，她看起來就像會出現在好萊塢電影裡那種典型的鳥類專家一樣：頂著一頭亂髮，穿著一層又一層的衣服，帶了兩張網子、一本《北美鳥類圖鑑》，還有許多能讓我們裝受傷小鳥的紙袋。

「你們得確保別讓自己身陷危險中。」她帶我們走到戶外時說道。現在是週六清晨六點半。路上沒有車子，我們就站在空蕩蕩的大街上。莫妮卡忙亂地提到許多事，包括如何從海鷗判斷附近是否有鳴鳥的跡象，他們這個團體正準備提起的訴訟，以及蜘蛛網會黏住小鳥的腳，造成危險。我們有太多資訊必須吸收，而莫妮卡似乎跳過了一些關鍵的細節，例如這個團體裡有哪些人，以及成員有什麼共通點。沒有人自我介紹，這讓這個活動開始顯得尷尬。我問一位看起來很友善的男士住在哪裡，不過，在他回答之前，莫妮卡再度談到蜘蛛網，他只好聳聳肩，對我笑了笑。

突然間，莫妮卡停止了獨白（她真的很清楚自己該做什麼），指了指在地上的東西，我原以為那是落葉，不過她俯身非常溫柔地撿起那個小東西，放在掌心裡。

「這是隻鶯鳥，」她說，「牠已經死了。」

那隻鳥的眼睛依然栩栩如生，十分明亮。

「妳怎麼知道？」有位女士問道，聽起來彷彿她希望莫妮卡說錯了。

「這很難解釋。」莫妮卡放慢說話速度了。她輕聲說話是為了對那隻鳥表示尊重，「這是種直覺。這個小傢伙已經離開人世了。而且這是隻公鳥。」當我們輪流觀看這隻鳥時，她開始描述公鶯與母鶯之間的差別。我排在最後一個，捧著牠的時間最長。牠美極了，鮮綠色的身體搭配黑色的眼珠，令人驚訝的是牠摸起來依然溫暖。我感受著牠身上殘留的溫度，心裡萌生一股想要拯救牠的強烈欲望，我突然明白莫妮卡為何會表現出那種絲毫不得懈怠的步調了：如果你想要拯救小鳥，就必須全心全意，而且行動迅速。

「可是，那代表我沒辦法跟任何人聊天。」隔天我告訴蘿拉。我們坐在她的廚房裡。她有一扇很大的角窗，上面擺滿了植物，當時她正用水壺替每株植物澆水。我不想回到那個拯救小鳥的團隊，雖然這樣會讓我有點罪惡感，但在那裡實在覺得太孤單了。

「聽起來她可能不知道會去那裡的人不只是需要學習關於鳥擊的知識。這表示到頭來她會找到許多和她一樣的義工，每個人全都樂於獨自到處走動，全心全意地專注於工作。」

我開始同意蘿拉的看法。她放下了澆水壺，靠在窗台上。她的頭髮在陽光照耀下閃閃動人。我常說她是棕髮，她卻堅持那是紅褐色。不過，不管是什麼顏色，此時看起來都非常漂亮。

「當初妳住在紐芬蘭的時候，我曾經參加過一項義工服務，我們和一些流浪漢一起進行藝術創作，當時有個人對一位年輕女孩發飆，而我就是那個出手阻止的人。我們那個團隊的領導人溫和且開明，他認為應付女孩子只要體貼謹慎就好了。但我認為那樣是不夠的。」

人們在撰寫關於義工的文章時，鮮少提到下列這個觀點：你在團體中會找到多強烈的歸屬感或連結，有很大程度是取決於帶領團體的人。

在處理鳥擊事件的訓練中，我原本可以和一位我正在聊天的男士成為朋友，但是團隊領導人卻在不自覺地打斷我們的談話。照道理說，我們應該在這團體中營造出具有歸屬感的氛圍，但是這位領導者卻讓這件事變得不可能。幸好我還有蘿拉，她可以陪我分析整件事，但其他跟我面臨相同處境的人，可能會覺得**自己**哪裡做錯了，但他們根本沒錯。

儘管如此，批評團隊領導人也不完全公平。莫妮卡受雇來拯救鳥類，而她也很擅長此事。我們的文化將像她那類的團體視為建立連結的管道，但是，創造這種環境需要一定的能力，有些領導者其實並不具備這樣的技能。而且，處理鳥擊事件的團體，從來就沒把自己當成建立連結或交朋友的地方。對他們來說，他們只是提供大家在市區行走時尋找撞暈小鳥的機會。是我們的**文化**，讓我們對連結與滿足產生期待。

一想到此，我便領悟到，原來我把「人際交往的需求」帶進了「四處撿拾小鳥放進紙袋」的活動中。我想要「獲得歸屬感」這件事跟這個活動其實一點關係都沒有。只是，對我來說，義工的重點就在於它是「建立連結的管道」，這個想法已經在我心裡根深柢固了，因此，這個團體非得積極否決這一點，才能讓我轉身離開。

為動保理念共同努力的同在感

而有些團體還真的否決此事了。像是精明的非營利組織領導者就明白他們的組織會被要求承擔並非由他們所製造的社交問題，也得對他們無法滿足的社交需求做出回應。當我再度改變計畫的進行方式時，我打電話給一個機構的執行董事，該機構的任務之一是視察路邊的動物園，那位董事名叫葛倫，他對我說的第一件事就是：「這可不是去交朋友，妳知道的。妳並不屬於這個團體。」他正提出警告，勸我打退堂鼓。他的職責是保護動物；他說得很清楚，倘若我要尋找的是某種彼此都能投緣契合的體驗，那我應該打給別人。

不知為何，葛倫會意識到這個問題，這讓我覺得他是相當優秀的領導者，於是我約他見面聊了一個小時。他看起來就像你想像中的動物福利機構領導人一樣，滿頭亂髮，多年健行造就了結實的身材，牛仔褲上沾滿了不知是從什麼寵物上掉下來的毛。我看著他，腦海中突然閃過一個念頭，我在這項挑戰中遇到的每個人，看起來就像他們本來該有的模樣：吉妮瓦戴著她的時髦眼鏡，莫妮卡帶著她的捕鳥網，葛倫則穿著上面印有「生來自由」的T恤，午餐吃素。這種感覺就像走進一齣在探討歸屬感的戲裡，而我在一個又一個機構間奔走穿梭，尋找屬於自己的角色。

就一個提倡動物權的專業人士來說，葛倫給人的感覺比我想像中來得更自在且輕鬆。他的辦公室位於一間改建的公寓裡，我們坐在廚房，聊貝絲、聊我們倆都認識的人，還有其他曾有過共同交集的人，尤其是我以前的一個老闆，葛倫認識他很多年了。當時感覺就像在閒聊，但如今回想起來，那次的對話相當重要。

葛倫說，有兩間動物園或許我可以先去視察看看。第一間是把野生動物關在只有如行李箱大小的地方。光是看著那間動物園的圖片，我就已經有幽閉恐懼症了。那些地方大部分都沒有窗戶，一想到這麼多動物住在陰暗又空氣稀薄的地方，我就非常難過。

「另一間動物園是什麼樣子？」我問道，心裡希望另一個選項情況會稍微好一點，不那麼令人痛心。

「我們正觀察一間鳥類動物園，目前已經提交兩份報告了。你只要去看看情況是否有所改善。」

聽起來這件事我可以搞定。我約了蘿拉在兩週後的週六一起過去。我需要她陪我，一來是因為從多倫多通往那間動物園的公路非常難開，她可以幫忙帶路；此外，她還知道許多關於鳥類的知識。以前我們念法學院的時候，有次我看到一隻麻雀在泥土裡打滾，她學著鳥咕咕叫，說道：「喔！泥巴浴！真棒！」

我根本不知道那隻麻雀是在洗澡，更別說那還是在泥巴裡。我真心佩服地讚嘆：「妳真是賞鳥專家。」

她想了想，說道：「不，我是鳥類觀察家。」

我告訴蘿拉，這次去鳥類飼養場，是觀察一些鳥類的好機會。但我也警告她，到時候我們看到的不會是快樂的小鳥，她說：「我們是要去視察路邊動物園。我不會期待看到玻利維亞的景致。」

幸好她沒抱持那種期待，因為我們看到的熱帶鳥類居住環境，與想像中的熱帶地區大不相同。一群巨大的鸚鵡被關在籠子裡，只能在密閉的空間中飛翔，一隻肥胖的雞尾鸚鵡拖著腳步，在不到一坪大的籠子裡不斷來回地從一個腳架走到另一腳架；一隻大型金剛鸚鵡的翅膀因為經過修剪，已經不會飛了。我們到那裡後，現場的工作人員還問我們想不想看牠像狗一樣地走過庭院。

「呃，不想。」我對園區指派給我們的導覽員說。尖銳的鳥叫聲劃破了整個空間，空氣中塵土飛揚，搞不好還夾雜了一些排泄物，然而詭異的是，導覽員看起來似乎心情愉快，對這些情況完全視而不見。所有的工作人員肯定都知道這裡正被密切觀察中，但不論我提出什麼關鍵性的問題，導覽員似乎都不害怕。

當我和蘿拉停在一隻大型白鸚鵡的籠子外，發現牠前面的身體光禿禿的，一根毛都沒有時，我問導覽員牠怎麼了。

導覽員給了一個開放性的答案，似乎是答非所問：「牠有強迫症，」她笑著說，「就像這樣，牠會無法克制要拔自己的毛。今天狀況還算好的，只是前面的羽毛掉光了。有時候，牠就像隻雞一樣，全身光禿禿的。」

「牠為什麼有強迫症？」這個問題應該也不會有答案，但我覺得自己有必要提出來。

「嗯，我們沒辦法讓牠出來，牠從沒離開籠子過，因為牠很凶。牠不會停在你的手臂上，只要你一靠近，牠就會咬你。所以，大概是牠被關太久了，還是什麼原因吧？」

這裡很吵，所以我可以和蘿拉說些悄悄話，不怕被聽到。

「我不認為這裡的人很聰明。」我說。

她搖了搖頭：「我不知道，我不認為問題出在他們不夠聰明，而是他們缺乏同理心。這裡似乎沒有人知道自己正在做什麼。」

彷彿是為了印證她的話般，一位全身滿是刺青的男士捉著一隻如嬰兒大小的鸚鵡，過來問我們想不想拍拍牠。蘿拉邊搖頭邊抓著我的手肘把我往門邊拉去說道：「這是外行訓練外行，所以錯誤的資訊就這樣一直傳遞下去了。」

我停在另一個展區前面，許多籠子裡漆上了叢林景致，有擺動的藤蔓、棕櫚葉、一望無際的天空裡高掛一輪滿月，彷彿是在向這些鳥或牠們祖先的家鄉致敬。

「不，我真的不行了。」蘿拉說，此時我正打算停下來看看另一隻鳥，「我沒辦法呼吸了。我們得離開這裡。」

聽過那些籠中鳥的叫聲後，外頭的空氣顯得很清新，一片萬籟俱寂。蘿拉臉色蒼白，我擔心是否把她逼到情緒快崩潰了。她說不是，是她的肺不舒服。我們可以先在車子裡坐一會兒嗎？

她坐在搖下車窗的座位上，我則拿出筆記本，盡量記下所有重點。蘿拉對這種情景很熟悉：我們的友誼就始於課堂上，當時我們也是並肩而坐，匆匆地寫著筆記。

「所以，妳覺得自己成為團體裡的**一份子**了嗎？」她問道，語調中流露出一絲諷刺，這不太像她的風格。或許她對於自己被硬拉來這間「鳥之屋」，心裡還是很不舒服。

「沒錯，我的確這樣覺得。」這個問題曾經讓我很困惑，但我終於想通了，只不過很難解釋。「即使我現在並未跟那個團體在一起，但我仍能感覺到它就在我心中。」

「那妳會繼續當他們的義工嗎？」

我想不出拒絕的理由。「我喜歡他們在做的事。我喜歡負責人，也喜歡他們的**想法**。」

她伸手拿鑰匙發動車子。「這樣就夠了。不過，妳欠我一次。」

你擅長做什麼，就從那裡開始吧！

當我在尋找從事義工服務的機會時，蘿拉也正在這麼做。事實上，我的朋友安德魯，即茱麗葉的老公，也是這樣。這表示我在多倫多最親近的四個人當中，就有兩人正在尋找義工的工作：安德魯是因為剛從美國費城搬來，暫時還沒找到工作，蘿拉則是因為她想多花點時間做跟她工作領域無關的事。安德魯想到一間名為「二度豐收」[3]的組織當義工，那是多倫多最大的食物重新分配中心，不過那裡離他家太遠了。

「其他事看起來也都太令人沮喪了。」他補上一句。他正在等他的移民文件通過審查，目前手上有大把的時間。「我不知道我該幫忙做什麼事。」

蘿拉的問題則不太一樣。因為她有正職工作，她想找一份不像是工作的義工機會。「我想要參與，但我不想要領導。」她說，「我在工作上已經做夠發號司令的事了，沒有精力在擔任義工時還做同樣的事。」

我覺得我的朋友正點出我身陷的問題。我發現太多義工職缺需要的技能與挑戰都與我的工作相似，而且我也不知道該從哪裡開始。只是我也不曉得該如何向朋友提出建議。我對於在鳥類動物園所感受到的連結還沒完全搞清楚，因此我不知該如何談論這個經驗，才能讓其他人也從中受益。

所以，當蘿拉找我陪她一起參加一場由國際特赦組織舉辦的活動時，我決定先好好調查一下。蘿拉討厭我引用我研究中的專門術語，所以我不會說：「**這是個人利他主義！**」，雖然我真的很想這麼做。不論是稱之為「個人利他主義」（individualistic altruism），或為了某個特定目的

—

3 Second Harvest，加拿大最大的非營利食物拯救機構，致力於收集剩餘食物，再處理後送至貧民窟或食物銀行。

而進行一次性的義工活動，例如為青少年糖尿病而走或淨灘活動，這類型的活動正日漸盛行。這種針對特定事件而進行的義工服務，有趣的地方在於，你可以花時間和朋友一起相處，它不會要求你和陌生人互動，你也不會因此和主辦單位有什麼牽連。這種特性提高了自願服務的機率，而且完全不會增加我們的歸屬感；我們採取行動，但不需要與剛認識的人或更大的團體建立連結。這有點像在網路上到處寄送請願書：一旦你簽署了這些請願書，你就等於完成了某件事，但你不會覺得自己與任何事或任何人有什麼特別的連結。

但我還是想試試「個人利他主義」。或許，從這種一次性的活動中也可能獲得連結感，畢竟，在關於歸屬感的研究中，重點是在「擔任義工」這件事，而非「你與主辦單位間的連結感」。理論上，一場辦得不錯的一次性互動，仍舊可以讓人產生通常是來自於長期承諾所獲得的幸福與滿足感。

這場特赦活動與政府提供的學校準備金不足有關，主題為「發發善心」。我們是去那裡製作卡片；蘿拉和我一走進去就看到有三張大桌子，上面放滿以美術紙做的愛心，還有一桶桶的蠟筆與麥克筆。房間裡大約有二十個人，清一色都是女性，每張桌子坐了四到六個人，但這裡卻安靜得詭異。除了禮貌性地請別人幫忙遞一下筆或口紅膠之外，沒有人聊天。我在蘿拉一旁坐下後，就自動降低音量，輕聲細語起來。

「這裡訴求的議題是什麼？」我問道。

蘿拉開始說明，關於隸屬於聯邦政府的學校獲得的經費比州立學校還少的事。但房間裡的氣氛一直讓我分心。我們為了同樣的目的聚在一起，卻沒有團結一心的感覺。現場有兩位特赦組織的人負責招待，他們熱烈地歡迎每位新來的人，可是，一旦新來者坐下之後，這些談話就無疾而終了。

當一位身材高䠷、看起來很開朗的女士帶著一個小男孩走進來，坐在我們這一桌時，只有蘿拉和她打招呼。

「嗨！」那位女士回道，她降低音量，彷彿是在遵循某種不成文的規定，「我在臉書上看到這場活動的訊息。」

「我們也是。」

她指了指她的兒子，他正從桶子裡抓起一些彩色麥克筆，「我希望他能參加一些義工活動。這很重要。」

男孩根本沒在聽她說話，他正在聞一支麥克筆的味道，這讓我很好奇，我還以為香水麥克筆已經停產了。我也抓起一支藍色麥克筆聞了聞，但根本沒味道。

蘿拉猶豫了一下。在這位媽媽進門的時候，我們已經做好卡片，拿起外套準備要離開了，如果半途又坐下來，感覺會有點怪。可是蘿拉似乎覺得這樣不太好，因為要是我們離開了，可能就沒人跟這位年輕女士說話了。

「瑪麗？」蘿拉喊道。朝我們走過來的女士是這場活動的領導人，看起來一臉幹練，之前她在其他特赦組織的活動中就已經認識蘿拉了。「瑪麗，這是……。」蘿拉停頓了一下，讓那位年輕女士自行報上姓名。

「愛倫在臉書上看到活動訊息。」蘿拉說明，「她帶兒子一起來參加。或許妳可以告訴她該做些什麼事。」

「沒問題。」瑪麗坐了下來。她並非不友善，那裡也沒有任何人這樣。只是沒有人會像蘿拉一樣費心地做些基本的介紹。

「我大可以把她扔在那裡不管。」當我們下樓時，蘿拉這麼對我說，我依然沉默不語。自從我害蘿拉在熱帶鳥園吸進太多灰塵後，我就不打算批評特赦組織，而她也沒像我原來擔心的那樣會熱情消退。

「你永遠也不知道事情會如何演變，」她充滿哲理地說，「你只能盡其所能。」

「那符合妳的標準嗎？」我問道。

「什麼標準？」

「妳知道的，就是妳可以參與、但不需要領導的標準啊。」

「喔！」她說，「那個標準不適用在特赦組織上。我加入這個組織已經太久了，久到我都沒把它當成是義工了。」

「所以那不只是場志工的活動嗎？」

「嗯，對其他人來說，是這樣沒錯。對你來說，也有點是這樣。但對我不是。只要需要我的話，我就會出現。」她愉快地說，彷彿特赦組織是個令人頭痛的親戚，而她卻偷偷享受著有這樣的同伴。

我算了一下，蘿拉今年四十二歲，她從十八歲就開始在特赦組織當義工，至今已經二十四年了，像這種終生的連結通常只會出現在軍隊裡或麋鹿群當中。這種奉獻的精神來自於她的家族，因為她的父母都是會員；此外也來自於她從小接受的信仰傳統中。或許正因為如此，她才不把特赦組織視為一種刻意的奉獻。她不需要選擇或強迫自己加入特赦組織，這本來就是她生活的一部分。

我在想，這種透過義工服務的方式，真正的重點是否是在於找回過去我們曾在群體感受到的持久連結。回過頭來，也讓我不禁思考，先前我規定自己不可以與以往曾效命過的組織聯絡，搞不好這規矩立錯了。或許，想要在這麼寬廣的領域中尋找連結感，關鍵真的就在於要有延續性。

五〇%的團體都不需要義工?!沒關係，那我還有五〇%的機會

我抱持著這個想法，連上一個環境保護組織的網站，我在法學院念書時曾到那裡做過兩年義工。這個網站上明文寫著，義工是團隊成功的關鍵，他們歡迎任何有心加入的人。我照他們說的

話做了：我寄出一封簡短的電子郵件，告訴對方我是誰、我對什麼事感興趣，另外再附上簡短的訊息，表明我很樂意做任何事，包括裝信封或幫忙辦活動等。我按下傳送鍵，然後等待回覆。

但我沒有收到任何回音。幾天過去了，然後是一個禮拜，接著又一個禮拜過去了。最後，我思索到底發生了什麼事：這個非營利組織明明呼籲義工加入，卻連告知是否已經收到信件的訊息都沒有，更別提有所回應或分派工作給我了。我不一定要對方親自回覆，可是就連自動回覆的訊息，比方說感謝我有興趣成為義工之類的信，我都沒收到。這真的太難堪了。他們不想要我嗎？我知道我的信很可能是寄到一個無人點閱的信箱，這樣當然無法就透過電腦回覆我了。可是，毫無回音還是讓我覺得這是針對我個人的行為。

或許只有那個團體會這樣，我找理由說服自己。於是，我試著聯繫另一個組織，一九九〇年代晚期到二〇〇〇年初期，我曾經在那裡幫忙過好幾年。他們的網站與前面提到的那個組織的網站不同，因為上面根本沒有跟義工有關的索引標籤。他們開放給一般大眾瀏覽的主要頁面，標籤上頭寫的是「採取行動」。我一點進去，就看到他們首選的行動方式是捐款。但是，在我進行這項挑戰時，早就決定要做一些除了捐款之外的事，於是我繼續點選其他頁面。網站上沒有太多有意義的選項。像是，我可以寫信給化妝品公司，要求他們剔除護唇膏裡面的化學成分；我也可以參加一年一度的路跑活動，捐錢給組織，訂閱電子報；或者，如果我真想走出家門，也可以報名加入義工，但關於這個項目的說明既簡短又模糊，只提到「專業服務」，我根本不知道自己可以提供什麼專業服務。

這兩個組織似乎都知道他們應該提供大家申請當義工的機會；他們不希望讓自己看起來就像是關門大吉的店家。但在我看來，這兩個團體顯然都不是真心想要義工參與。我原以為或許只有我感興趣的領域才會出現這種情況，可是，當我查閱更多數據資料後，才發現如今有**半數**的公共組織都沒有義工，也不開放讓一般大眾加入。他們的員工全都是專業人士，他們不需要任何外來者的幫助。所以，請記住下面這個統計資料：在你真的很想幫忙的團體當中，大約有百分之五十的團體都不會需要你或不想要你。

一旦事實明擺在眼前（以我的例子而言，單從第一個組織不回我信來說就是如此），就會讓你不想再像以前那麼投入，也會讓你在尋找連結的過程中變得消極，尤其如果拒絕你的是你唯一接觸的團體，那對你的打擊就會更大了。更糟的是，當某個組織限制你只能參加看似無關緊要的活動，例如寫信給化妝品公司的總裁，自然就會讓你覺得自己也是個無關緊要的人。

所以，當來自動物園監察機構的葛倫再度和我聯繫，提供一個新機會時，我立刻把握這個好好「採取行動」的時機。我去完「鳥之屋」的感覺很好，雖然我到處替他執行一些雜七雜八的任務，例如少量的研究工作、速記等等，但這些都是周邊外圍的事務。事實上，義工是為了下面進行這種事而存在的：像是一群人在動物收容所聚會，並討論與當地動物園有關的問題等。我想，儘管葛倫堅持他的團體不具任何社交性質，但他還是非常清楚義工需要某種團隊的精神才能持續前進。因此，他提供機會，讓義工彼此真正建立連結——讓他們坐在一起，互相討論，並做出可能會造成改變的決定。

我超興奮的。以前我從未去過動物收容所。這間收容所位於多倫多北方的大農場上，隱身於一排濃密的雪松後方。在我眼前是一間十九世紀的農舍，座落於十九世紀美妙風景中：一隻隻體型龐大的豬隻在充滿泥濘的豬圈中安靜地走動著；有三隻狗在到處奔跑；牛群正懶洋洋地吃著草，牠們毫不畏懼地抬起頭來睜大眼睛看著我。被我誤認為是幫工的農場主人帶著我朝一間舊穀倉走去，他嘴裡發出噓聲，趕開了幾隻狗，接著他邊打開巨大的木門，邊告訴我馬匹是位在另一側。我走進陽光裡，感受到腳下的土壤與周遭的新鮮空氣是多麼美好。相較於那些小豬在卡車上遭遇的苦難，這裡感覺就像天堂。

我走到田邊，朝幾公尺外的花斑馬伸出手。我瞥見葛倫正走出穀倉跟在我後面，頓時覺得有點拘謹，放不太開。好笑的是，以前在動物福利機構擔任義工時，我們多半都是在辦公室或街頭做義工，所以你很少有機會真正**好好對待**動物，眼下這正是能證明我有多關心牠們的大好機會。我假裝沒注意到葛倫，把手伸得更遠，目光變得溫柔，好讓自己看起來像是很感動的樣子。然後，我將手平放，從青少年時期開始，我就記得掌心向下、手指張開的姿勢，對馬來說是很友善的動作。我的手臂正好在鐵絲網上方。我又往前走近一步。

葛倫此刻靜靜地站在我身邊，腳踩登山靴，一臉悠閒自在的樣子。他旁觀著我看著馬匹，然後悄悄說道：「妳知道那個鐵絲網是有通電的吧？」

我覺得自己被騙了。「嘿！這樣不公平啦！」我大喊，把手放下來，一邊笑道：「我都已經靠那麼近了才告訴我！」

「做得不錯啊，」葛倫笑著說，「我給妳對於動物的努力打高分。」

當義工，不是「先參加了再說」

儘管差點遭到電擊，但我在動物收容所依然度過了一段愉快的時光。在我們的會面結束後，葛倫載我回多倫多，我們因此有機會聊聊從我念高中以後，他是如何一直在這個工作崗位上努力的。他聽起來不像在吹噓，只是娓娓道來，說他投入這項公益活動是種一輩子的承諾。

我回到家後，想起蘿拉也曾說過類似的話。她與特赦組織間的關係從高中就開始了，一直延續到大學，然後是就讀法學院的時期。事實上，就像葛倫一樣，這項承諾以同樣的方式引領她的人生：葛倫成為專業的動物福利運動人士，而蘿拉則成了人權律師（雖然她已經離開這個老本行，但有時候她依然會說出令我覺得很為難的話：「妳要去Gap？那不是在孟加拉尚未簽署消防及建築安全協議的三大服飾公司之一嗎？」）。

我不禁開始思考，在如今義工經驗中所缺少的，會不會是屬於過去的某些感覺，又或者至少是少了種延續性。這並不是說，我們得把自己跟單一的目標綁在一起，並堅守一輩子。但是，如今在我們的世界裡，許多事情的時間都縮短了，比方說，動不動就換工作、婚姻也不持久，以致於我們忽視了延續性的重要。我覺得我之所以這麼容易就可以跟葛倫簽約，是因為他正在做的事是我以前曾為貝絲做的工作的延續。此外，葛倫是我以前老闆的朋友，這一點代表我的過去與現在能產生連結。當我打電話給他時，我並非是從零開始。

我在踏上義工探索之旅前，曾經定下一個規矩，那就是我絕對不會在宗教團體當義工。即使我讀過的研究報告顯示，宗教團體的信眾是更積極的義工，但我還是堅持這麼做。如今，我的計畫已經進行到一半，我更了解之前那些研究所說的了：宗教團體的信眾更可能成為義工，是因為他們已經加入的社群會釋出義工機會給他們。我就曾經在我住的社區目睹類似的連帶效應。當時我去參加當地公園的清潔活動，遇到了我在社區花園認識的人。對他們和對我來說，參加那次清潔活動不是出於新的承諾，而是源自於我們在共同的地區已經創造的社群意識。

如今，思考著這一切，我覺得關於義工的那些說法很可能都是真的，像是義工可以帶來連結感、能產生助人的快感等等。只是我們也得附帶提醒：你所選擇的義工工作應該與你已經在做的事情有關。現今大家隨機尋找擔任義工的機會，導致義工服務籠罩在一層層迷霧中，如果這樣做的話可以立即讓這層迷霧散去；而且，即使義工們在真心付出後心裡覺得有點怪怪的，又或是面臨挑戰時，也不會有所動搖。

舉例來說，我可以想像不同類型的人在同志檔案室也會擁有截然不同的體驗。如果本身工作便是檔案管理員，或是曾在同志團體做過好幾年義工的人，看到那些裸露的場景，大概不會驚慌失措。那些人多半心裡有底，也了解現場所有的細節；搞不好他或她甚至還會脫掉些衣服，一起樂在拍照中。

我不確定志工是否就像我在同志檔案室做義工的方式一樣——也就是說，我挑選一項自己隱約覺得有興趣的事，然後只要人到場就好了。當義工可以從自己所屬的教會、或是居住的城鎮和社區裡幫忙開始，這些「志願者」不會做任何跟他們日常生活中無關的事。然而，現今我們已切斷了義工服務的根基。我可以連上「多倫多義工」的網站，捲動網頁，查看一大串令人眼花繚亂的選項，直到我發現看起來適合自己的選項；其中有些還蠻怪異的，例如「梳理清潔」（從頁面上完全看不出這是指幫人整理儀容，還是要幫馬刷鬃毛）。不過，如果我們是抱持這種「先參加再說」的心態，很可能就會在毫無經驗與準備的情況下出席，這樣一來，就會使這項義工活動太無足輕重了，輕到彷彿從未在我們的人生中真正生根。

確實，有些曾經和我合作過的機構關門閉戶，不再需要義工的幫忙，但我解決了這個問題，運用的方法是我在這項挑戰中貫徹實踐的原則：另闢蹊徑，朝新的方向發展。就像我從來沒想過關心的計畫會帶領我接觸到小豬的世界；也沒想過自己居然會置身於農場上的動物收容所，站在我所欽佩的人身旁，學習如何發現有哪些鐵絲網是通電的。

最後，我從中得到的收穫是，到處都有很好的義工機會，但在社會風氣永無止盡地鼓勵人人「只要做義工就對了」的情況下，或許這些機會並不好找。雖然從事義工服務可以為人帶來連結，但我認為，最容易達到目的的方式，反而是停止把「做義工」當成捷徑，並且要如實地看待這件事——所謂「義工」這條路，其實自有蜿蜒起伏，但只要你已經確認自己的方向，就很容易找到適合自己的那條路。

關於「當義工」的快樂生活提案

• 從事義工服務是建立連結的傳統途徑。

在提到尋找歸屬感時，許多人都會建議「當義工」這個方式，也認為這樣做能產生「助人的快感」。但能擔任義工的選項實在太多了，按照常理，我們應該自問對哪件事最感興趣，但這不一定是做出判斷的好標準。在某種程度上，義工服務的重點不在於「什麼事對你而言很重要」，而是「你究竟會做什麼事」，否則你所造成的傷害很可能會大於幫助。

- **對某些義工團體來說，提供的是「做事」的機會，而不是「交友」的場合。**

會加入同一個義工團體，代表成員間有志趣相投的共通性，但這並不代表該團體要滿足你對於「人際互動」的需求。如果你希望尋求的是與志同道合者的交友機會，很可能會大失所望。

- **義工不是「先參加再說」。你擅長做什麼，就從那裡開始吧！**

現在大家往往隨機地尋找從事義工的機會，但其實你所選擇擔任的義工性質，可以與你的工作或你已長期涉獵的事情有關。如此，在擔任義工的過程中，我們能找回過去曾在群體中所感受到的持久連結，而且，當你遇到突發狀況又或是面臨挑戰時，也不會有所動搖，知道該如何應付。

7

購買

——當你付錢購買歸屬感時，你會得到什麼，又無法獲得什麼？——

如果我們低估義工的複雜程度，或一直把義工視為不需花費多少力氣就能成為通往連結的康莊大道，那麼，我們就不太可能獲得期望的結果。不過，那些針對義工所提出的明確主張（亦即當義工很簡單，而且很快就可以讓你產生連結感的說法），或許其中最重要的一點是，人們越來越不可能靠義工建立連結，但卻越來越有可能靠購買產生連結。

在討論連結和歸屬時，提到「購買」這件事，或許會很奇怪。畢竟，連結是種感覺，而非實物。當我設定這項挑戰時，我並不是真想花錢購買歸屬感。我從來就不是個很好的消費者，鞋子總是穿到壞掉才丟，外套也是湊合著穿，款式不只是上一季的過時設計，簡直就是上個世紀的衣服。至於傘，我會一直用到得用手在頭頂上撐住傘面才扔掉；而且，外面的商業世界，對我來說簡直就是陌生的異鄉：我從沒買過車子、音響，就連雙性感的高跟靴子都沒有。

在某些方面，我太像我父母的女兒了。即使經濟大蕭條在他們童年晚期就已經結束了，我父母成年後，依然抱持著經濟危機隨時會再度來襲的心態過日子。他們是不會把錢塞在床墊底下，但他們非常節儉，而我也遺傳了他們的這個特質。事實上，用「遺傳」來形容其實一點也不誇張。我父親遺留給我的照片都是在經濟大蕭條時期拍攝的，像是：飽受沙塵暴之苦的家庭躲在破舊不堪的車子裡；沒穿襪子的礦工只穿了雙沒有鞋帶的靴子；還有，小女孩把飼料袋當裙子穿。

這番窮困潦倒的景象，對我來說不僅僅是歷史。這不只是因為我意識到這些與我住在同一城市的居民幾乎曾一無所有地活著（有人甚至還沒有麻布衣服可穿），更因為我總認為人之所以走運只不過是跟機會有關。當二〇〇八年金融海嘯來襲時，我並不意外，因為我心裡多少料到總會有這麼一天。有些人會說這種心態很悲觀，但對我來說，這只是務實。我可以相信上帝，但我沒辦法信任市場。

所以，我不是負擔不起瑜伽教室的定期課程，也不是住不起我熱愛的里佛岱爾老社區。只是在我的內心深處，總覺得花錢購買這麼重要的東西似乎太過冒險。這麼做有違我的理念——基本上，我並不信任金錢。我非常清楚，萬一我的收入減少，或者整個世界又開始重現那些老照片裡的狀況，那麼，我的歸屬感就會像一九三〇年代的奧克拉荷馬州一樣，迅速衰敗枯竭[1]。我很高興自己決定用免費的方式尋找歸屬感。我漸漸明白，我不花一毛錢去做的那些事，不但更有趣，也讓我能用更有活力的方式去執行，那些都是我即便花錢都還無法辦到的。在豬島，我親身體驗到那種持續且強烈的同在感；或是，當我坐臥在社區花園的階梯上，半夢半醒地聽著蜜蜂的嗡嗡聲，聞著泥土的氣味時，心裡面便有股安心踏實的感覺，這些都是商業世界不可能提供的體驗。

—1 一九三〇年代，奧克拉荷馬州曾發生巨大的沙塵暴，導致乾旱，使上百萬英畝土地荒蕪，五十萬人離鄉背井。

但我開始明白，商業世界勢必也提供了**某些東西**。據說收入高的人往往擁有更多的歸屬感，也比較少人會覺得孤單。根據澳洲於二〇〇五年所做的研究顯示，「財富」與「產生連結」之間的關係相當密切，當收入增加，覺得孤單的比例就會下降：每週收入三百元或少於三百元的人最是孤單，那些每週進帳四百到九百之間的人較不孤單，而每週收入超過一千元的人則最不孤單。同年發表的荷蘭研究也出現同樣的結論，而且還得出一些實用的數據：如果你是低收入者，你比擁有較多現金者更容易飽受孤單之苦的機率高出了三倍。

對於這些發現，其中一種解讀是有種特定類型的人——假設是天賦異秉、善良和聰明的人好了——他們往往都非常有錢，同時也深受歡迎。但是，像狄克·傅德（Dick Fuld）這種人的故事卻反其道而行，而且也有研究印證其理。狄克·傅德是雷曼兄弟控股公司的前任執行長，他非常不擅長社交，甚至還有一台電梯隨傳隨到，好讓他不用跟任何人說話。

加州大學柏克萊分校有群心理學家，觀察有錢人是否也擁有更多可以讓他們獲得歸屬感的特性（例如親切、敏感、渴望取悅別人），結果發現有錢人並不具備這方面的特質。在研究中，這些高收入者反而比較可能表現出以自我為中心與不道德的行為；在一項實驗中，研究人員告訴他們罐子裡的糖果是要留給小朋友吃的，結果被逮到從罐子裡拿糖果吃的人是有錢人，而非窮人。

制服能凝聚校友的認同感

可是，如果答案不是個性所致，勢必有其他因素，因為跟我們這些一般人相較，有錢人似乎更能對孤單免疫。事實上，心理學家已經證實，不一定真的要變有錢才能擁有這種免疫力：只要有人給你一疊鈔票，讓你緊抓不放一陣子，你就能遠離孤單。

由美國與中國的心理學家設計的實驗正是這麼做的：研究人員告訴參與實驗的學生，他們做的是測試身體靈活度的實驗，然後把學生分成兩組。第一組學生數八十張百元鈔票，第二組則數八十張紙。等大家都數完之後，研究人員要求每個學生玩「電子傳球」（Cyberball）的電腦遊戲，這個遊戲的設計目的，主要是要用來引發人們覺得孤單的感受。學生以玩家的身分登入遊戲後，由研究人員決定傳球給他們的頻率。為了讓學生接收到感覺自己暫時受到孤立的暗示，研究人員會採取一種可靠的方式，將一位學生排除在遊戲外，強迫他（或她）旁觀其他人玩遊戲。

等傳球遊戲結束之後，研究人員詢問每位學生接到別人傳球的次數。這時，數鈔票與數紙張的這兩群學生，答案並沒什麼不同；至於被排除在遊戲外的學生，情況也是如此。真正的差距是出現在學生得知被排除在外時的反應。數紙張的學生感覺自己受到排擠，但數錢的學生卻沒那麼在乎這件事，他們知道自己被排擠，但對此並沒什麼感覺。

參與實驗的心理學家，包括中山大學的周欣悅與明尼蘇達大學的凱瑟琳・沃斯（Kathleen

Vohs），在檢視實驗結果之後做出以下的結論：金錢有類似泰諾止痛藥在社交創痛與身體疼痛實驗中所產生的效果，可以舒緩人們在遭受拒絕時的痛苦。但是，與泰諾止痛藥不同的是，金錢也可以帶給學生們一些東西。當他們在面臨遭受孤立的處境時，可以把金錢當成一種心理資源善加利用。

不過，什麼東西會吸引他們呢？如果金錢是種資源，可以用來做什麼？答案是購物。這些學生知道他們可以透過買東西，感覺自己被接納。當羅伊・鮑梅斯特（Roy Baumeister）和內森・德渥（Nathan DeWall）等心理學家觀察學生在遭到拒絕後會購買什麼東西時，發現學生並非是隨機挑選商品。因為實驗的刻意設計而感到孤單的學生，不是在網路上買勞力士錶，就是在就讀大學裡的商店買印有自己學校名稱的T恤和手環。受到孤立的學生並未購買實用的商品（例如筆記本），也沒買禮物給自己（例如巧克力）。他們想要的，是能象徵較高的社會地位，或是加入社交團體的會員資格之類的東西。

這就是我們習慣的購物方式。在鮑梅斯特與德渥的實驗中受到孤立的學生，會購買像是手錶、手環或T恤這類的「商品」。學生拿錢交換東西，這就是直接而純粹的消費主義。這種「購買歸屬感」的行為相當有效。當我穿上多倫多大學的背心時，心裡確實更感覺到自己與別人是屬於同一陣營，因為我正用服裝展現出我是母校的一份子，而我的母校包括有許多很酷的校友，例如瑪格麗特・愛特伍[2]和麥爾坎・葛拉威爾[3]。即使這些人不認識我也無所謂，因為我的衣服會讓人聯想到我們之間有股連結。

儘管如此，以錢易物的效果還是相對有限。因為就歸屬感來說，一件T恤或甚至一支勞力士錶創造的效果就僅此而已。你身邊的東西可以「讓人聯想到一個團體的成員身分」，卻無法「讓你得到真正的團體」。

另一方面，如果你掏錢購買的是種「**體驗**」，那你的確可以購買一個團體。我說的不是想像中的團體（以上述我的例子來說，我想像的就是與瑪格麗特、麥爾坎平起平坐），而是真正的團體，置身其中你能與別人互相契合，分享心情，也能親密地坐在一起（不過這件事得視場合而定）。這種形式的購物行為風險更高，因為它改變了我們對於歸屬的思考方式，甚至還微妙地改變了我們對歸屬的**感受**。但那不代表你不能購買歸屬感。你可以的，而且那正是有錢人更有歸屬感的真正原因：一旦孤獨的感覺來襲，他們就砸錢解決問題。結果，這麼做也真的有效。

我原先也不知道這麼做的效果多大，直到我有了第一次「購買歸屬感」的經驗。當時我正上網瀏覽，發現有各種方法可以讓我買到歸屬感。我可以付錢參加哥斯大黎加的雲霧森林探險之

2　Margaret Atwood，加拿大當代最有才華和思想的女詩人，享譽國際的文學大師，曾獲許多獎項和十二個榮譽學位。

3　Malcolm Gladwell，《紐約客》特約撰稿人，著有《異數》、《以小勝大》等重量級鉅作，曾獲《時代》雜誌選為全球一百位最具影響力人物，並有「二十一世紀的彼得·杜拉克」之美譽。

旅；也可以報名上課，學習分辨單一麥芽蘇格蘭威士忌與蘇格蘭調和麥芽威士忌的差別；或者參加加強創意的訓練課程。我在最後者的這個網站逛了一下。我的親朋好友大多都聽說過我的書，但他們知道的內容只限於他們想了解的範圍。換句話說，如果我能**付錢**找人來教我，只要我付得起，那麼我想獲得多少的鼓勵和求知慾都沒問題。

連結＋踏實＋存在感＝一小時收費二十五美元

「不花錢購買」的這種行為，讓我把重點放回自身。我下定決心，絕不購買任何一種與人際關係類似的東西，因為我沒把握如果一旦變成窮光蛋，是否能脫離得了這種關係。因此，我決定透過一次性或短期的課程尋找歸屬感。「上課」這種想法似乎是另一種合適的方式：我覺得在這項挑戰中，自始至終都少了什麼東西，而那就是我忽略了自己對靜心冥想的興趣。

我曾經可以說是非常「積極」的冥想者。部分原因是我媽媽在我還小的時候就開始進行冥想了，所以對我來說，這種練習是很平常的事；此外，還有個原因，就是我很容易緊張，需要有能讓自己平靜下來的方法。我一直很喜愛冥想團體，那是在我踏入「商業世界」之前，對於要付錢購物還覺得怪怪的那段時期，而且我總是去參加某些特定的團體。在多倫多大學，我透過佛教研究課程參加冥想夜間班；在去紐芬蘭之前，我參加了藝術家健康中心舉辦為期十週的正念課程；到了紐芬蘭，我和一個小團體在無人使用的棒球會所練習冥想。

這些課程全都是免費的，或者幾近免費。健康中心雖然收了四十美元，但我上了好幾個月的課，而且還拿到三片喬・卡巴金[4]的免費CD，其中一張我至今仍在使用。通常我都還蠻喜歡參加這些課程的人，不只是因為這些冥想者和我擁有共同的價值觀（和平、安靜），而且他們往往都有點非主流的感覺，雖然快樂，但也在尋找讓自己靜心的方式。

我之前參加的冥想課都沒有在效果上多做強調。事實上，多倫多大學和紐芬蘭的課程還低調到我必須四處探詢，才能得知這些課程的存在。

在商業世界裡進行的冥想活動則完全不同：它保證絕對有效。當我看到有個廣告，讓我想起以前曾看過一個針對特定族群設計的廣告，它保證能重塑更敦親睦鄰的傳統生活方式時，我就知道我找對課程了。這個冥想活動比較新潮，它是以梵語授課為號召，不過，它也有同樣的訴求。它告訴我，如果我去上課，我會學到如何與自己的內心建立連結，而這種連結的感覺會為我提供穩固的基礎與身心的整合。

連結，踏實，和一種未明說、但聽起來很正面的存在，這些全都合而為一，也可以花錢購買，一小時收費二十五元。這種歸屬我還買得起。我打電話給冥想教室，付了當晚課程的費用。

4 Jon Kabat-Zinn，醫學博士、禪修指導師與作家。將正念帶入西方主流思潮的第一人、也是正念減壓的創始人。

之前在進行關心與信仰的挑戰時，我還得事先做準備，但這一次，我不需要這麼做，也不會有任何公開的障礙或個人的罣礙需要克服。我唯一要做的，就是對著電話那一頭唸出我的信用卡號碼，然後就可以加入了。

一走進教室就讓我留下深刻的印象。我必須在教室入口脫鞋——在販售歸屬感的商業世界中，這似乎已經變成是種特色了——但我獲准穿著襪子，所以我不像之前在瑜伽教室那麼在意自己的樣子了。我輕手輕腳地走進教室，裡面漆成能讓人心情平靜的粉紅色調，搭配上淡黃色的主題牆。地板打磨過，白色的薄紗窗簾遮住了窗戶，讓光線看起來很柔和，還略帶光暈。現場擺了一些有靠背的和室椅，我腦子裡第一個浮現的念頭就是：「**這裡有放東西耶！**」沒想到冥想教室居然會提供這些器材，所有人不僅可以靠背，屁股下面還能墊一疊毯子。

然而，這間比一般更棒的教室，似乎意味著我也應該看起來更好才對。當我去拿我的毯子時，我發現我經過的每個人身上都是做瑜伽時會有的裝扮。我心裡常會有種感覺，就是是否每個人都會收到一份備忘錄，唯獨只有我例外？大家怎麼都知道要穿瑜伽服？還有，他們**為什麼**要這麼穿？我想到的其中一個答案是為了要讓自己看起來跟別人不會差太多，我知道外表相似會讓人感覺更像是同一類人。但是，我以前參加瑜伽課程時，從來都不需要特定的打扮。在這裡，大家瞄了一眼我的牛仔褲與羊毛運動衫，但我拒絕被這種事嚇倒，我覺得我的服裝正適合練習冥想，雖然我還是偷偷鬆開了皮帶。

很快地，我對服裝就沒那麼在意了，我把好奇心轉到了其他事情上。教室裡瀰漫著一股怪異的寂靜。我知道冥想的重點就在於保持靜默，但以前我上過的課從沒像這樣，打從進門開始每個人就都安靜不語。整個空間裡有二十個人，卻沒人說話。現場有些眼神交會與友善的微笑，但完全無人交談，靜到快跟修道院沒什麼兩樣了。我不是個健談的人，所以要是連我都覺得太安靜的話，這裡肯定有哪裡不對勁。

當有位穿著打扮和我類似的女士出現時，這才打破寂靜。她走到每個人身邊，一一詢問他們是否「在名單上」。她手上拿著一個寫字板與一支筆。在她走到我旁邊之前，我早就偷聽到他們的對話，明白所謂的「在名單上」，指的就是已經付過學費。

「我是透過電話付費的。」她還沒發問我就回答了。

「妳的名字是？」

我告訴她，但她在資料上找不到我的名字。

「妳是什麼時候打電話的？」她問道，聲音聽起來有點擔心，彷彿我會變成她必須處理的難題。

「今天早上。」

她的目光飛快移到資料最上方。

「喔，妳的名字在這裡。」她鬆了一口氣，「他們把妳列在名單的前面，而非按照妳的姓氏排列。」

「抱歉。」我說，雖然我不知道我幹嘛道歉。

「這不是妳的問題。」她答道，態度友善，隨即轉身問我身邊的那位女性**她**是否在名單上。

我猜想這位女士大概不是老師。我推測的根據是因為她沒穿瑜伽服，此外，我想她是扮演工具性的角色：她負責談錢，這樣一來，老師就不需要做這件事了。

事實上，等她確認所有人都「在名單上」後，老師就出現了。她很漂亮，留著及肩的黑髮，穿著亮粉色的細肩帶瑜伽背心，健美的雙腿穿著及膝的內搭褲，兩隻手腕上都戴著手鐲，其中一隻腳還戴了腳鍊。手鐲和腳鍊上都掛有鈴鐺，因此她一進教室，沒走幾步就發出她個人的專屬配樂。

「嗨！」她輕鬆地跟大家打招呼，同時以完美的盤腿姿勢在教室前方坐下。她帶著一台方形的收音機，把插頭插進牆上的插座裡。

「大家都覺得很舒服嗎？」她問道，「我們想要關燈或開著燈呢？」

大家普遍的共識似乎是偏向關燈。她對坐在電燈開關附近的人點了點頭，對方立刻起身關掉兩盞頂燈。教室的氣氛感覺更親密，也立刻變得更放鬆了。

「上週課程結束後，大家練習得如何？」她問道。我參加的是多元課程系列的第二堂課，不過資料指出你想什麼時候來上課都可以。「每個人都有做**功課**嗎？」她模仿學校教師那種單調平板的口氣說道。

大家都笑了出來。她指的是每天冥想十五分鐘，而大部分人都沒有做這項功課。

「沒關係。」她語帶鼓勵地說道，「我們也才剛開始而已。」

她遞了一疊紙給最靠近她的人，要我們傳下去，每個人都拿一張。我突然明白我們現在就要直接上課了，我原先還以為會有自我介紹，沒想到就這樣直接跳過。不過，當初我在上瑜伽課時也沒有任何自我介紹，我想這在商業世界裡是種常態。沒介紹自己的名字，讓我有點不舒服。我真的覺得，要是連我的名字都無關緊要的話，那表示我這個人也沒什麼重要了。

這種「每個人都是無名氏」的情況似乎並未對我們的老師造成困擾——除非她第一天上課就已經花時間全部點過名——反正她根本就不知道班上任何人的名字。她把注意力都放在她發給我們的紙上，紙張的左邊列出梵語的詞彙，右邊則有英文翻譯。即使老師帶我們全看過一遍譯文，我還是一頭霧水，因為她講得太快了，快到我根本記不住哪個字應該是什麼意思。

不過，文字的意義似乎不重要。那些梵語詞彙是我們要跟著吟唱的梵咒。「一旦你開口唱誦，」老師說，「這些梵咒就會帶你進入一種境界，體驗到內心深處的快樂，因為我們心裡蘊藏了無盡的喜樂。」

我不再要努力搞懂清單上的詞彙意義，而開始專注地思考為什麼「內在蘊藏的喜樂」這種說法聽起來這麼熟悉。我知道這一點完全符合課程所做的廣告，他們的重點一直放在尋找內在的連結。但我從來沒有從這個角度思考過連結這件事。在剛開始進行這項挑戰時，我搭配哈格提定律訂了項潛規則。身為一位熱愛文字者，我以文法為指南，每當我展開連結計畫時，就會問自己正與什麼建立連結。如果我寫不出完整的句子，譬如——「**我正與我的社區建立連結**」，或「**我正與一個宗教團體建立連結**」——我就不會參加這項活動。

同理，如果我能正確理解老師所說的話，就表示此刻的我正與自己建立連結。「我」在這個句子裡既是主詞，也是受詞，這種奇怪的文法讓我聯想到以前曾在哪裡聽過「內在快樂」的這種說法。早先當我在思考如何建立連結時，曾讀過一本自助書籍，作者在書中主張，所有覺得孤單的人，都必須在自己的**腦海**中創造一種互相扶持的感覺。他堅持我們每個人都彼此有所連繫，因此絕不會孤單。他說：「我們都是從此星球的生命之流中誕生；也是其他上百萬種生命形式所共同努力的成果。」

當時，我無視於他的建議，因為那實在是太古怪了；我應該**想像**自己是有所連結的？可是，冥想課老師說的基本上也是同一件事：如果我們想要建立連結，我們唯一需要做的就是往內心探尋。羅伯．貝拉（Robert Bellah）等專家已經直接批評這種概念，他們強調如果我們回歸內在太久，心靈就會變得很寂寞；而且，若只關注內心，也會斷絕我們建立連結所需的管道，尤其是與他人共享的傳統、共享的場所，以及與他人的接觸等基本要素。

可是，在冥想教室裡，有二十個人正準備以這種方式建立連結，所以，我的規則是不是出錯了？我滿腦子想著文法的問題：一顆球可以傳球給它自己嗎？此時，老師打開收音機，現在是進行「猜猜這是什麼聲音」的時間了。我曾在哪裡聽過這個聲響啊？她放的不是音樂，那個聲音聽起來更像是工業用的機器。然後，我突然想到了：這是撥打舊式電話的聲音。這種熟悉的感覺讓我覺得心安，它讓我想起確實可以打電話給真實的人，而這種能與外界接觸的想法多少讓我感覺到像是吃了顆定心丸般。

一旦感受到平靜，我想要對人友善的本能便自然出現。大家開始唱誦了，很快地，我就跟上大家。教室裡只有幾位男性，但他們的中低音開始凸顯出來。在所有人當中，老師的聲音最大。她的聲音很美，簡直就像在唱歌。我不知道我們唱誦的句子到底是什麼意思，不過這樣反而很有幫助。因為我的大腦無法處理這些陌生的語言，於是它就棄械投降，遠遠地躲在角落等著看會產生什麼結果。

「腦袋放空，回歸心靈。」老師大聲喊道，蓋過唱誦的音量。

我潛心專注著。很訝異心裡居然開始浮現美好的感覺。漸漸西沉的太陽照入室內形成陰影，教室裡十分溫暖。撥電話的聲音聽起來宛如音樂，吟唱聲彷彿鋪滿石頭的路徑，引領我通往知足的境界。我深深地沉浸其中，與其說是快樂，不如說是我已與萬物合而為一。為了日後備用，我先記下了下面的重點——順服地把腦袋放空，回歸心靈。我發現羅伯·貝拉的主張顯然有重新商榷的必要了。或許你**真的可以**在自己心中找到連結。

「安靜。」老師說。撥號的聲音消失了，唱誦聲戛然而止。突如其來的寂靜讓我意識到，打從我們一進來，就一直有各種噪音：樓下的車聲，人們在街上的說話聲，還有個女子的笑聲。我閉上眼睛，再加上腳下踩著木地板，我突然覺得自己彷彿置身在高聳於道路上方的樹屋，屋內還有這些好人和我一起呼吸著。

我覺得空間中充滿良善的氛圍。這種感覺就像我第一次到瑜伽教室時，德瑞克用雙手抓著我的腳，把我的身體舉起，我整個人往上提，那種飄飄然的感覺。我回憶起那些跟催產素有關的文章（催產素就是能讓我們感覺良好的荷爾蒙），想像催產素正在我的血管裡奔馳。

老師讓我們維持在這樣喜悅的狀態一陣子，我們就只是呼吸，聆聽外頭的說話聲。然後，老師開始提問。她的聲音低緩且友善，似乎真的很好奇我們的感受。有位女士說她哭了，另一個人說她感受到發自內心的虔敬。還有人說她突然洞悉某個問題的解決之道。我在課堂上確實也有收穫，充滿節奏的唱誦沖淡了我兩個小時前的孤單感受。儘管如此，我仍不太想說出這件事。結果我發現我根本不必說，因為別人也有同樣的感覺。

「那麼，下週見囉。」老師說，「我的意思是，如果你下週還是決定繼續來上課的話。」

我知道必須打破那個魔咒。事實上，對於從冥想狀態中回復，我有非常豐富的經驗，卻無法言喻。而且，這又是另外一種不同的靜默狀態。即使剛剛大家都擁有共同的體驗，卻沒有任何人交談。當我們等著把毯子疊起來放的時候，我站在另一位女士旁邊，我試著對她微笑，但她卻迴避我的眼神。我暗忖，這種反應會不會讓我覺得自己不太被接納，而我立刻就有了答案。不會。連結感就在我心中；除了老師之外，我不需要課堂上的任何人提供連結感，或藉助他們建立連結。萬一我真的需要他們，那也是沒有名字的「他們」——既然我根本就不知道任何人的名字，那麼每個人似乎就都是可以取代的。

這種正面的感覺一直持續到我回家為止。我一邊朝臥室走去，一邊大聲說出梵咒。賀志一臉困惑地抬起頭看著我。牠也不會說梵語。

「賀志，這些是梵咒。」我向牠解釋。

我躺在床上，一把抱起牠，讓牠躺在我身邊。我還在輕聲吟唱，但這些梵咒沒有發揮課堂上的效果。突然間，這些異國的句子讓我感覺有點孤單。

「賀志，你想要唱誦嗎？」

賀志起身跳下床。牠不要。

我累了！我想用鈔票換感覺

冥想課讓我覺得很困惑。其實有些事我並不太喜歡，例如強調匿名，還有「我們可以在內心找到連結」的這種說法。不過，我得承認這堂課確實很值得。即使我穿錯衣服，也產生了些理性的批判，我得承認最後我還是產生與人有所連結的感受了。我無法靠自己重現這種感覺，雖然這點似乎很重要，但這不代表這種感覺不曾在教室中存在過。

真要說的話，跟我以前在藝術家健康中心上過的課程相比，現在這種連結感更快成形。在那裡，我們每個人都要自我介紹，分享與藝術有關的哪一件事會給我們壓力等想法。我從那些冥想課程中獲得的連結感，都是慢慢建立的：我們必須每週出席，記住彼此的姓名，互相交談。但在以營利為目的的冥想教室裡，事情的進展似乎更有效率，大半是因為我們當中沒有人非常重要。我們可以直接就進入團體的連結圈裡，因為這裡不會將個人的特質和問題顯現出來。這種感覺就像你不走美麗的小路，而直接開上高速公路：或許你會錯過風景，但也會更快抵達目的地。

我很想知道這次一舉成功是不是僥倖，於是我決定試試其他同樣也需付費的課程，然後跟這次冥想課的結果互相比較。我重新考慮瑜伽，但瑜伽教室對我來說還有個問題，除了那次在水果攤遭到如雷擊般的拒絕和難以負擔的高額學費外，其實我並不擅長做瑜伽。我身強體健，濃纖合度，但身體的柔軟度跟電線桿沒啥兩樣。茱麗葉的身材和我相似，同樣也沒彈性，她的解決之道是做彼拉提斯。

「彼拉提斯是種循序漸進的運動。」有天她在電話中這樣告訴我，「你不必一次就把每個動作都做到位。而且，這種運動比較溫和。在彼拉提斯的課堂上，你絕對不會摔倒，上完課你也很可能會覺得很舒服。」

我在許多方面都很信任茱麗葉，而且我已經聽她說了好幾年她有多喜歡她的彼拉提斯老師。

她談到那位老師的樣子不像是在說朋友，但她的聲音裡總是流露出一絲情感：「芭波就是**知道**我的脖子這週歪掉了。她在工作上很有一套。」

她也提到彼拉提斯有種能接地氣的特質。我不知道她指的是運動本身，還是指我們定期與這個團體接觸這件事，但她明確地告訴我，這堂課會讓我感到更平靜。

這就是此刻我非常需要的。在某種程度上來說，我現在的心態完全適合「購買歸屬感」，因為在進行這項挑戰時，我的能量比以往低落，這是因為賀志正邁入生命的最後一週。牠已經有好幾個月都在貓砂盆外撒尿了，而且每況愈下。好幾天我一進門，就會發現走廊到處都是尿，我擺的塑膠布也全都淹滿了尿。牠把食物和水都吐了出來，而且牠再也沒辦法跳上我的床。有天下午，我聽到牠在臥室裡嚎哭，走進去才發現牠正盯著牆看，毫無來由地喵喵叫個不停。當我把牠抱起來時，牠彷彿不認識我似地拚命掙扎，於是我把牠放回地上，然後把門關上。我一直撐著走到廚房，才跪下來哭泣。

所以，在這個時間點，我還滿樂意接受商業世界的。市場之所以能夠這麼有效率地打入我們的感情生活，原因之一是我們大多數人都已經疲累到抵擋不住市場入侵的力量了。如果你壓力大到不勝負荷，「購物」這件事在你看來，就會成為很有吸引力的選項，你不只能花錢請人幫忙做家事、準備餐點，還可以購買遛狗服務、交友服務、請私人教練，還有獲得接納的感覺。賀志臨終的病症已經耗盡了我的精力，我實在沒有心情在歸屬感這件事上**下功夫**。我只希望有人直接給我歸屬感，就像遞給我一盤蛋糕一樣，除了付錢之外，我什麼都不必做。

在這種「用鈔票換感覺」的交易中，彼拉提斯似乎可以成功地達成目的，因為當我打電話到彼拉提斯教室時，櫃臺人員都待我如朋友。她似乎真的很高興接到我的電話，好幾次都直呼我的名字，而且說我肯定會愛上這堂課。當她說我可以穿著襪子做彼拉提斯時，我說這真是好消息，因為我有「腳的問題」。

「問題不在別人的腳。」我補充說明，因為我不希望我的話聽起來像是戀足癖，「是我自己的腳有問題。」

她停頓了一會兒，然後禮貌地笑了笑，即使這不是有趣的笑話。

「艾蜜莉，妳可以穿著襪子。」

她的語氣聽起來彷彿她能跟我聊上一整天，但我相當清楚，這是因為她擁有資源——尤其是時間與金錢的資源。像貝絲和海蒂等其他領導人，則必須從零到有創造資源。有人付錢給這位小姐，要她好好對待我。

我很喜歡這種情況。當晚我抵達教室時，她熱情地招呼我。雖然不至於熱情到讓人覺得她虛偽做作，但也恰到好處，是給人一種她很想認識我的感覺。我記不得上一次陌生人這樣跟我說話是什麼時候了。就連在有眼神接觸的啟發課程裡，不論是參與者、甚至是課程領導人，剛開始都會很自然地與人保持距離。他們也很友善，只是他們不像這位小姐的問話方式，會讓我覺得自己

很特別。她問我是否有任何健康上的問題或受過傷，是老師應該先知道的。

「我的膝蓋。」我說，雖然我心裡想的其實是賀志生病這件事，「幾年前跑步的時候，我的膝蓋受過傷。」

「我保證會讓老師知道這件事。」她答道，然後告訴我，等我脫好鞋子，就可以進教室去。

整個空間看起來富麗堂皇。當我告訴一個熟人我要去哪裡上課時，她只說了句：「超奢華的。」如今我親眼目睹她是什麼意思了。面南的牆除了窗戶之外別無長物，那裡灑滿了陽光，只有地板看起來很暗。室內幾乎空無一物，唯獨架子上擺了一些排放得整整齊齊的設備。幾近全白的窗戶與接近全黑的地板形成的對比，讓我感覺彷彿踏入閃光燈才剛熄滅的拍照場景中。肯定有個非常精緻的擴香儀藏在某處，讓空氣中散發著薄荷香味。在每個角落都有電扇轉動著，發出低沉的震動聲，把街上的噪音阻絕於外。

這個空間比我去的教堂更像聖殿。我的腳才剛踏上沐浴在陽光中的地板，就感覺到自己的壓力減輕了。我心想，**在這裡，大家都會做的，就是親切和善地待我**。

我猜對了。好幾位女士走進來，把自己的墊子鋪在地上，現場的氣氛非常友善，有些人揮手、微笑，但沒人說話。這倒是沒關係。我已經開始領會**保持沈默**的魅力了；又或是，讓別人負責說話來代表我也在溝通，這種感覺很吸引人。

關於這一點，我們的老師倒是相當有效率。她叫瑪麗亞，是位高䠷的女性，一頭黑髮綁成高馬尾，身材完美，看起來簡直就跟逼真的仿生機器人沒兩樣。但她態度從容，完全不緊張。她很善於與人互動，詢問著我們的感覺，追蹤參加其他課程的學生後續情況，問他們有沒有受傷。然後，她轉向我。

「妳的膝蓋有問題，對吧？」

她知道我受傷了，或曾經受過傷，但那不重要，重點是她知道「我受傷」這件事。我膝蓋的傷其實不太嚴重。我的前女友丹妮爾告訴過我別太大驚小怪，她說只要我停止跑步就會沒事了。眼前這位女士比我的伴侶還更有心，她似乎真的**關心**我的傷勢。

我點了點頭，彎了一下膝蓋。

「我們會注意的。」她說。我嚴肅地點點頭，彷彿搞不好我就得截肢。

這堂課剛開始進行的方式跟瑜伽、冥想課程大致相同。瑪麗亞開始說話，中間幾乎沒停頓過。在我們的背部下方都有抗力球支撐著，她要我們抬起雙臂，高舉過頭，然後雙手往後伸展，讓肩胛骨往下拉。我發現這些動作很舒服，躺在抗力球上真是適合擴胸的好方式，而且我愛極了瑪麗亞過來幫我們調整姿勢。我感覺到她的手放在我的上臂，她說：「你一定會想體驗一下從**那裡**往上提升的感覺。」我很想知道有沒有可能付錢請她多拍我幾下，以無關性欲、只是堅定而關心的方式輕輕拍打，這樣做能讓她確實了解我現在的身體狀況。

我很享受現在的狀態。我並未忘記賀志，這種場合也不適合提起這個問題，但沒關係，因為我所補充的催產素能帶給我連結感。我覺得心情**很好**。事實上，我心情好到上完課還對瑪麗亞再三致謝。我天生就希望與人為善，不過此舉已經超越我尋常的程度了。我真的很努力讓她明白她造成了什麼改變，我對她說道：「真是**太**謝謝妳了。我不知道這堂課竟然這麼棒！」原因之一是她幫我做到了**所有**我該做的事。之前要是在同樣的情況下，我還是得靠自己才能達到這種狀態。

我很清楚我們所付出的努力，跟瑪麗亞做了所有的事情相較，是不成正比的，而我只要人出現就好，但我不在乎。不只是因為此時我沒有精力顧及自身的情緒，而且我也很喜歡被關心與照顧的感覺。對於第二堂課，我期待了一整個禮拜，當我準備去上課時，我立刻發現自己一點也不焦慮。這點頗不尋常。先前我在進行其他計畫時，只要是第二次再去參加，我通常都會有點緊張，因為這等於是公開告訴別人，快看過來，我現在想要加入他們了。再次造訪會產生很多可能性，首先，我可能會遭到拒絕；再者，也可能會發現自己從一開始就錯了，因為這個團體或許根本不一樣。

不過，上彼拉提斯的課時，我完全不擔心這種事。只要付錢，我就不會被拒絕，而且也不太可能真的出什麼差錯。沒有人會因為抗議遊行而對我大吼大叫；我不會把覆盆子灌木叢修剪得太過頭；也不必在鳥類動物園到處閒晃，擔心在下一個籠子會目睹什麼景象。一切都很好，我知道這是因為我付了錢請某人讓這一切都顯得這麼美好。我付費，然後某人就奉上打造完美的情感體驗——我看得出來這樣做是有點走偏了，但我不在乎。我整天不是和賀志窩在床上，就是努力讓牠能吃點東西。我沒有冒險的本錢。事實上，我希望情況完全在掌握中，不會有絲毫風險，我唯一需要做的就是出席，然後就有人幫我化解壓力。

關於這一點，瑪麗亞每次都能以專業的方式做到。開場白始終如一。我和另一位女士會互相微笑致意，但我們從不交談。然後，瑪麗亞就會接著上課，問大家一些關於疼痛的問題，或是上個禮拜有沒有覺得有什麼改變。她會問大家陽光會不會太刺眼、室內會不會太溫暖，或者有沒有什麼地方會讓我們覺得不舒服。接著，就會進行碰觸的動作，她的手強壯又有效率，我假裝並未留意到她的觸碰，但其實在內心偷偷渴望著。

之後，我會帶著好心情走路回家。我的運動經驗豐富，每天健身超過一小時，所以我知道我心情愉快與壓力減輕絕不只是因為我剛做的運動。離開彼拉提斯的教室時，我的心情多半就像是離開社區花園或做完彌撒時的感受。我感覺自己有所歸屬，受到接納。當我運用我的文法原則去思考到底我是與什麼產生了連結時，答案依然不清楚，但我不在乎。去他的文法。在我人生面臨困境的時刻，我心情大好，而且覺得被接納，如果付錢可以買到這種感覺，誰會在乎那種事？我告訴自己，歸屬就是歸屬；如果透過市場交易的形式，就可以輕易地得到歸屬感，或許這就是遠超過要靠我自己才能創造歸屬感的一大進步了。

花錢也買不到安慰

這個想法只出錯過一次，當時我把自己的情緒包袱一起帶去上課。那天晚上我遲到了，因為我必須先帶賀志去看獸醫——那時醫生能做的就是逗我開心，還有，讓我自己決定何時願意讓賀志離開人世。我把賀志帶回家之後，地下鐵故障了，所以基本上，剩下的三站，我得用跑的才能準時趕到教室。我抵達的時候，既傷心又筋疲力竭。儘管我可以把悲傷暫時擱置一邊，但身體的疲累就有點難控制了，因為這堂課得要有相當好的體力才能應付。於是，我疲倦地走進教室，也有點心急。我一看到瑪麗亞坐在墊子上跟另一位老師說話時，頓時很失望。我不知道是誰在教誰，因為他們都在同樣的設備上做著伸展，但顯然瑪麗亞注意力是放在別人身上。我因此開始嘔氣，這股憤怒完全是出於一種幼稚的心態：為什麼瑪麗亞沒注意到**我**？

我躺在自己的墊子上，盯著白色天花板看，也不跟她打招呼。我心想，**寶貝，「拒絕」可是要雙方面才能成立的**，那時我還沒想到瑪麗亞可能根本就不在乎我是否拒絕她。她或許喜歡我，也把我當成好人，但她不像我正逐漸開始依賴她。

想到這件事，我整個人就更煩躁了。我發覺瑪麗亞在課堂上似乎顯得有點疲倦（其他人可能沒發現到此事，但我過去一整年都在檢視團體的領導者，所以我不可能忽視這種情況）。她不像以往那麼常四處走動，話變少了，碰觸我們的頻率也比平常少很多。

我心神不寧的那個部份很想大喊我的錢花得一點都不值得，但理智上卻明白事實並非如此。建立連結和獲得友誼並不包括在彼拉提斯教室的網頁廣告訴求裡，只是因為瑪麗亞提供了這些東西，於是我就開始滿懷期待。上完課，我擦拭墊子後，看到她站在平常的位置，也就是窗戶與門口之間的走廊上，我突然心生想**懲罰**她的想法：如果她不打算對我特別好，我也不打算要好好對她。我在腦海中想像自己走過她身邊，卻完全沒對她道謝，但我隨即豁然驚醒，意識到我確實可以這麼做。這是一種商業交易。我想怎麼對瑪麗亞不屑一顧都可以，即使如此，她還是必須好好對我。這個想法讓我如夢初醒，我頓時呆住了。我對她的粗魯無禮可能會換來她對我更加友善。我這樣做是不對的。一意識到這點，我的腦子頓時就比較恢復正常了。

「瑪麗亞，謝謝妳。」我還沒走到門口就停下來對她說，「今晚的課教得真棒！」我差點就為自己的敵意道歉，不過我馬上明白在這種情況下我不需要道歉。我的個人情緒對在我眼前開展的情況毫無影響。

不過，既然我的情緒不能改變現況，自然也代表我的問題同樣一點都不重要。如果我認識瑪麗亞夠久，我肯定會上前告訴她關於賀志的事。可是，唯有經過好幾個月的互動，才會出現那種真心的分享，而在這裡的好幾個月加起來就等於五、六百元的金額。瑪麗亞和我的關係還沒有進展到那種程度。問題就出在這裡，因為那天晚上我真正需要的是一點安慰。我想起有天早上我在豬島看到那座湖時，失去丹妮爾的寂寞突然襲來。

那天早上，我以不帶任何感情的方式淡淡地告訴貝絲，我需要在湖邊待一會兒。她肯定一直看著我往下走到長椅那裡，坐下來眺望遠方。因為十五分鐘後，她就過來坐在我旁邊。

「是因為丹妮爾嗎？」她問道。

我只是點點頭。貝絲就在那裡陪著我。我們在長椅上至少坐了十分鐘，後來我說：「嗯，那些豬還在等我們。」貝絲看了看我，確定我真的沒事了，我們才過馬路，回到安全島上。

那天晚上在課堂上，瑪麗亞並沒有那麼做，因為她不認識我，而且我們之間的角色關係是不對等的。我是顧客，她是員工。即使她真的發現我心情不好，想安慰我（而她也可能會這麼做）。我不知道她會怎麼安慰我，她可能會說她很遺憾，而且是真心誠意的這麼說，但在教室裡，沒有能讓我們跳脫自己所扮演角色的餘裕空間，可以像貝絲和我那樣並肩地坐在一起。

這讓我想念起貝絲，不過，她也留給我許多回憶，當我想念她或她帶領的團體時，就可以細細回想。至於社區花園也是一樣，即使夏天結束之後，花園就會關閉，但那些長椅仍在，我常常會坐在那裡，回憶過去海蒂是多麼有趣和善。那彼拉提斯呢？我無處可去，沒有公共空間提醒我曾在那裡進行過的私人活動。每天晚上，我都會在家裡做些彼拉提斯，儘管這些動作能讓我的肩膀得以伸展，但卻無法提供我更強烈的歸屬感。彼拉提斯就像冥想課程上的梵咒：我需要一切都就定位，例如團體、教室和老師，連結感才會開始流動。此外，在課堂上，那些親切的女性都不是我真正的朋友。沒有人對我不友善或粗魯無禮，只是當我們離開時，總會有另一群人就接著進來，大廳一直熙熙攘攘的，很難一直注意有誰離開了，更何況是要好好地說再見。

所以，當那件不可避免的事終於發生時，我不會在彼拉提斯的課堂上尋求慰藉。在四月晴朗的某一天，我把賀志放進籠子裡。我們搭計程車時，我全程都不停地跟牠說話，透過半開的籠子拍拍牠。我一走進診所，已經認得我的接待員帶我到一個房間，那裡肯定是執行安樂死的地方，因為空間寬敞，還有一張舒適的襯墊椅。我立刻朝那張椅子走去，然後把賀志從籠子裡抱出來。我不知該對牠說什麼。牠看起來比過去幾個月更有活力，甚至還在我坐的椅子邊緣晃蕩。牠的眼神看起來更清澈明亮了，我差點想取消計畫，但此時泰德醫生走了進來。

「牠看起來好多了。」我不知所措地說。

泰德醫生人真的很好。我知道我付錢給他，但是他本來就待人和藹可親，這一點與商業行為無關。他拉了張椅子，坐在我旁邊，然後看著賀志。

「牠現在看起來好多了。我敢打賭，要是我現在測量牠的腎上腺素，指數肯定高到破表。但妳覺得牠明天會變怎樣？」

「會更糟。」我開始哽咽。然後，我補上一句：「但我不想這麼做。」

「如果妳真的會那樣做，」泰德醫生說道，「那妳就不是我信任的那種人了。」

我們靜靜地坐了一會兒，看著賀志。

「所以，我猜我們應該這麼做，是嗎？」我問道，心裡祈禱他會說不是。

但他沒那麼做。他回答是。「我會給牠一些藥物，幫助牠放鬆，妳想陪牠多久都可以。等妳準備好了，我就替牠注射，讓牠安眠。牠可能會發抖，但牠不會感覺到任何痛苦。」

我點點頭。我已經說不出話了。

泰德醫生拿出一支注射器。這是第一針，預定要讓賀志放鬆的一針。

「把牠抱起來吧。」泰德醫生溫柔地說。

我照做了，針插入牠的身體裡。賀志似乎毫無察覺。我感覺到牠的身體漸漸軟下來。牠蜷縮成一團，躺在我的大腿上。泰德醫生離開讓我們獨處。我撫摸著賀志的頭，盡我所能地記住這一切：牠的毛有多柔軟，牠聞起來是什麼味道，當牠的頭靠在我的手掌上時，眼睛周圍嬌弱細緻的骨頭看起來有多可愛。我開始哭泣，然後越哭越大聲。

泰德醫生走進來。他看著坐在椅子上的我。賀志現在幾乎睡著了。他輕聲地問：「妳準備好了嗎？」

好了。還沒。我永遠都不可能準備好。

實際的支持，是來自真實的人

那天晚上，還有接下來整個禮拜，我都哭個不停。不只是掉眼淚的那種哭法，而是哭倒在地，還邊抓自己的頭髮。我感覺好失落，好有罪惡感。我殺了我最好的朋友。我的家不只變得空蕩蕩，還像是被遺棄了。我的童年再度重現：我走過一個又一個房間，期待能見到牠，但牠真的徹底消失了。

經過這件事之後，我發現自己不想回到商業世界了，我不回去上彼拉提斯課，也不再上冥想課或任何課程。賀志一直不屬於商業世界——商業世界遺棄了牠，當初我領養牠時，牠都快餓死了。牠帶給我的富足讓我明白，商業交易提供的一切是多麼微不足道。梵咒、對我膝蓋的關心……這些事的感覺很好，但是無法支撐我走太遠，一旦遇到緊急關頭，那些活動便無法提供實際的支持。實際的支持是來自真實的人，來自蘿拉和茱麗葉；當然，也來自我母親，她做了一本放滿賀志照片的相簿；同時來自我的教會朋友，他們會寄電子郵件來確認我過得好不好。

「這個禮拜六有場聚會。」蓋瑞寫道，「妳會參加嗎？」

我回想過去我們在聚會當中會保留一些時間給想要祈禱的人，當時我們都會說說希望大家為自己祈禱什麼事。我想我不會請大家為賀志祈禱，不只因為「牠不是人」，真要說起來，是因為失去牠的感覺實在太私密了。不過，參加彌撒是與人相處的好場合，也是思考希望與悲傷的好時機，還有獲得真正擁抱的好機會——不是那種因職業需要而得做的碰觸，而是像蓋瑞會給的那種大大的熊抱，我的頭可以安心地靠在他的肩膀上，甚至是想哭的時候就可以哭出來。

「會。」我回信，「我會參加。」然後，我補上一句由衷的感受，那就是：「謝謝。」

關於「購買」的快樂生活提案

•在商業世界，灑錢就能排遣寂寞。

據說收入高的人往往擁有更多歸屬感，也比較不容易覺得孤單，有項研究更指出，窮人比有錢人更容易感到寂寞的機率多出三倍。一旦孤獨的感覺來襲，有錢人就砸錢解決問題。你可以用錢購買「能讓人聯想到你屬於某個團隊」的商品（例如：制服），或是一種「體驗」的感覺。

•用鈔票換感覺，用錢買到歸屬感，在某些方面或許真的可行。

市場之所以能夠如此有效率地打入我們的感情生活，原因之一是我們大多數人都已經疲累到抵擋不住市場入侵的力量了。如果你壓力已經大到不勝負荷，「購物」這件事就會成為很有吸引力的選項，你不只能花錢請人幫忙做家事、準備餐點，還可以購買遛狗服務、交友服務、請私人教練，還有獲得被接納的感覺。

•我們都需要有「人」支持。

透過商業交易所提供的感覺很好，但是無法支撐人們走得太遠。一旦遇到緊急關頭，這些事情便無法提供實際的支持。實際的支持是來自真實的人。

結語

讓自己也參一咖

——關於歸屬，我所學到的課題，以及你可以如何開始——

要成為「真正的你」，而不是「全新的自己」

從我購買歸屬感的經驗看來，我覺得，我們必須開始以與理財相同的觀點看待團體關係。就像經濟學家建議大家手邊至少要有三個月收入的存款一樣，我認為，我們都需要參加至少一個團體，以備不時之需。這種需求不見得會像我在賀志死後的情況一樣突然來襲；它也可以是沒那麼沉重、但依然重要的需求，比方說結交新朋友、找更多樂子、更無憂無慮、尋求更多的興奮與快感。

這些就是在當我展開這項挑戰時所追求的目標。我唯一沒有心理準備的，是它們創造出的美好連結與同在感。剛開始，我期待連結會讓我感覺很好，只是，我想像的是以一種「輕」的方式。我從沒想到自己居然會在豬島體會到心靈融合的滋味；在參加同志天主教彌撒時感受到虔誠；還有在社區花園體驗到輕鬆自在的絕妙感受。

我想，我們已經忘了這些經驗有多富足，又多有意義。或者是，至少我**已經**忘了。我把多年前在北極圈找到的歸屬感歸到「過去」這個類別底下。「連結」似乎是我曾經擁有、而非現在仍有的東西。即使是當我開始自我挑戰，試著創造出歸屬感之際，我仍沒有成功的把握。但是，我**真的**做到了（對此我還蠻驚訝的）。我學會如何創造更富足與更完滿的生活，以及如何在生活中參與更多公眾活動。而那表示你也做得到。

關於歸屬，最優先與最重要的事，或許是明白你**可以**創造歸屬感。你必須相信自己能做到。儘管事實上我們多半是過著個人生活，但不代表這是我們唯一可以過的生活。外頭多的是各種選擇，有許多能讓我們加入的團體、能參與的活動，還有能認識的新朋友。

然而，在你踏進這個更遼闊、更公眾的世界前，你不能期待它會繼續像你的個人生活。當我踏出第一步，尤其是在尋找在地的歸屬感時，我曾希望每個人都能**像我一樣**。這是由我個人生活衍伸而出的期待。我看起來像蘿拉，說起話來像茱麗葉，因此，我以為在我的歸屬計畫中，我遇見的人不論是外表或說話方式也應該和我相似。但你在公眾生活認識的人或結交的朋友，**不需**和你有類似的外貌與說話方式。事實上，如果你限制自己只能找與你投緣契合的人——我也知道這樣做感覺有多好——最後你會切斷許多產生連結的可能性，而這就只是因為「這些人與你不同」。

如果在那些團體和地方的每個人都與你不一樣，你確實是需要做些努力才能敞開心房。舉例來說，我剛去參加同志彌撒時，發覺自己總是坐在有某些地方與我相似的人旁邊。或許這種反應是遭到梵蒂岡與啟發課程拒絕的後遺症，不過，我就是希望身邊的人（而且這些人多半是男性）跟我年齡相仿，從外表看來所從事的工作也跟我過去的職業類似。後來，有一天晚上，我跟一位快九十歲的老先生聊起來，他告訴我在一九四〇年代的多倫多樣貌；還讓我看他的海軍戒指，並娓娓道來在二次世界大戰期間的生活。這些故事為我開啟了全新的世界——一個沒有摩天大樓的多倫多！此外，如果我一直試圖讓我的公眾生活要與個人生活相仿，我就不會聽到這些故事，也不明白我有多喜歡理查了。

我把許多心態帶入這項計畫中，最終它們反而成了絆腳石，而希望與其他人相似的想法只是其中一種。我認為，我們本身都會有些特質造成自我設限，或至少形塑了我們尋找連結的歷程。就我來說，缺乏耐心就是很大的問題。如果我這個人能更鎮定沉著、更有耐心，我或許會以「貓咪擁抱者」的身分找到連結，或變成我私心嚮往的閱讀與寫作老師。可是，我既不沉穩，也沒有耐心，這代表有時候我自己的個性會妨礙我盡情投入。

不過，那倒是沒關係。訣竅是，不要因為自己某些特定的行為或局限而自責。我們不該認為尋找歸屬感是要原本內向的人變成天天狂歡；同樣地，也不應認為派對咖必須待在圖書館裡安靜地替書上架。尋找歸屬感的關鍵在於，要從你本身就具備的特質著手，這麼做最終將會讓你擁有更好的歸屬感，也比較不會浪費時間走冤枉路。我知道我熱愛刺激冒險，所以我不會強迫自己要定期到動物保護協會拍拍貓咪；相反地，我發覺我這種個性比較適合面對在豬島大吼大叫的那種場面。記住：讓你不適合參加某項活動的特質，也代表你可能非常適合參加另一種活動。

尊重你的天賦與局限，尋找適合自己的連結方式，這一點非常重要。如果那些方式不適合你，就不可能產生連結，又或者很快就會消失。有時候我不免會想，當初「拯救豬隻」組織在展開政治訴求更強烈的示威遊行時，如果我留下來的話會發生什麼事。我會不會變成打扮成豬、站在閃亮母豬籠裡的那個女孩？我會不會繼續參加示威遊行，要求有關當局提升對農場動物的保護呢？如果換成另一個人，或許就會透過這些活動進一步發現世界，甚至獲得更豐富的體驗，但我不是那個人。儘管未來我可能會改變，但那並不影響此時此刻我對於連結的需求。只要有人在「拯救豬隻」的活動現場扮裝，我就會立即退出。我可以鞭策自己跳脫舒適圈，但我無法變成截然不同的自己。

尋找歸屬感不是要你變成全新的自己。我對減肥書有些興趣，這有點奇怪，因為我很瘦。可是，這些書會引起我的興趣，是因為我把減肥書當成可以看出現代思考方式的社會與文化指標。如果我翻閱一些介紹流行時尚的資料，例如《原始人飲食法》（The Paleo Diet），我會將之視為是提升不同面向的自我。你的飲食不該多肉少鹽；你該採取特定的烹飪方式，並抱持特定的複雜觀點，來看待農業對社會與新陳代謝所產生的影響。從某種意義來說，你應該讓自己蛻變成不同的人——亦即與過去的你並沒有太多共通點的史前人類。

但歸屬不像那樣。你不必變成別人。真要說的話，你是徹底轉變成「真正的你」。如果我從連結學到的第一件事，是我可以自行創造連結；第二件事就是，唯有誠實面對自己需要什麼、重視什麼，才能創造連結。舉例來說，在整個挑戰的過程中，我發覺自己不擅長團隊運動。我覺得這是相當大的缺點，因為我知道對許多人來說，團隊運動是讓彼此同心合力的最佳方式。

但是，有次我曾嘗試透過團隊運動尋找連結——那是在我還沒展開尋找歸屬感的挑戰前至少超過十年以上（但當時的經驗沒什麼結果）。我報名參加女子籃球隊，即使我和其他人穿同樣的制服，我還是沒感覺到多少團隊精神。我之所以在那裡，是因為團隊運動原本該是結交朋友的最佳機會，可是，我從未感覺到任何連結，因為我打從心裡就不喜歡團隊精神。這種厭惡之情得回溯到小學時期，當時我們都被迫玩棒球，而我會畏縮不前，或假裝沒注意到球正朝我而來。至於長大後加入籃球隊這件事不能說是毫無價值，因為我在那裡認識了我的前女友，但要說到獲得歸屬感，我確實一無所獲，只因為我根本不在乎團隊運動。

透過公眾連結，讓人際網路不斷線

倘若這本書不是我執筆，而是由熱愛運動的人撰寫，我完全可以想像結果會變得如何。這個人或許一開始就會報名參加當地的棒球隊，然後可能會開始教孩子打棒球，接著加入Meetup社群，只要附近酒吧有多倫多藍鳥隊的賽事轉播就絕不錯過。然後，他的興趣或許會進一步擴展，他會開始到處進行遊說，希望能改善當地的運動設施；接著可能會開始害怕如果他在診所擔任義工，或加入幫助受傷士兵的組織，他就沒辦法運動了。

即使這個人的計畫看起來與我的截然不同，但他最終的結果依然跟我一樣，因為一切活動都是源自於他在乎的事。對我來說，我在乎的事情就是動物的命運與大自然，而且這永遠都會是我關注的重點。對其他人來說，可能是在乎兒童的健康、都市規劃或非洲的水質淨化方案。

你想要如何落實你的連結計畫，都沒有絕對的對錯。或者該說，除非你選擇以對你毫無意義的事做為基礎，才有可能出錯。那結果就會像我的計畫一樣，決定花一整年時間從事團隊運動，不論是什麼運動，我都照單全收，只為了試試看其中能否有**一項**帶給我連結感的運動。而且，我也有很充分的理由這麼做，因為我們的社會普遍重視團隊運動。就連我這個沒辦法加入團體改善自己生活的人，都知道誰是柯比・布萊恩（Kobe Bryant）。如果你在乎的剛好也是社會文化重視的事，或許是運動、音樂或時尚，那就太好了。這代表你可以搶先得到歸屬，因為你不需要猜測自己的好惡，更不必試圖變成另一個人。

萬一對你最具意義的事並非是社會文化重視的事，你也沒必要面對一場苦戰。你首先要面對的狀況（而且是立即就會碰到），是你不能漠視對**自己**重要的事。從某種意義上來說，我重視大自然，這表示我們的文化會給予我一些鼓勵，因為社會上就有深具影響力、以及和我擁有相同價值觀的大型團體，例如綠色和平組織。然而，一旦我開始轉移陣地，參與比較非主流的活動，例如拯救豬隻，我就會感受到一些阻力，我因此從中學到，要忠於自己，並在追尋歸屬的挑戰過程中以自身真正的需求為出發點，這麼做會有多難。

所以，你必須思考自己真正在乎的是什麼。思考此事的好方法，是回想你**曾**擁有過歸屬感的時候，然後試著釐清究竟是什麼原因讓那段時間那麼特別。在吉納維芙跟我提到「歸屬」的那一瞬間，我立刻聯想到喚起我深愛動物以及與「土地」記憶的北極圈，特別是那片廣大無亙的空間。其他人也會經歷同樣的過程，只是每個人發現的主題都大不相同。但那沒關係，關鍵在於要確認什麼對你而言是很重要的。

比方說，許多專家強調，一旦我們過度仰賴私人的連結，就會忘了公眾的連結會帶給我們什麼感覺。由個人生活所產生的強烈情感很難在其他地方重現。如果我走進社區花園時，希望能找到我和蘿拉、或我和兩個姊姊間同樣親密的互動，肯定會感到失望，因為沒有人會以那樣的方式跟我互動。公眾生活提供的情感**較不強烈**，我們也別再認為這種缺少親密的互動是件壞事。雷·歐登伯格曾說「最好的場所」能提供稍微休息一下的機會，而那就是我們所忽視的幸福。光只是四處閒晃，不用做太多事，就能帶給人莫大的滿足，這種滿足的程度不亞於和永遠的摯友分享祕密。當然，分享祕密或擁有一輩子的密友這兩件事並沒有錯，但我們不能期待所有的關係都像這樣；如果我們抱持這種期待，就會忽視其他最終對我們可能是非常重要的人。

較低調的關係，也可能帶給我們與緊密連結一樣重要的事物。這種關係那麼強烈，代表別人不需要無時無刻都陪在你身邊，因此彼此感受到的壓力都會比較小，也比較具自發性。另外從團體層面來看，這對於公眾關係而言也非常重要。當賀志死後我參加同志彌撒時，我哭倒在蓋瑞的肩膀上。但現場也還有十個人可以讓我跟他們聊聊發生什麼事。這些人可以傾聽我的遭遇，提供較有限的支持，因為我並未要求他們給我安慰。既然我的要求比較少，他們自然就比較容易陪伴我。既然「陪伴」這件事對我或任何團體成員而言都不是太過分的要求，在上述提到的那種關係就會較容易維繫。每個人唯一需要做的事就是人出現就好。萬一那天晚上你沒心情聊天，你可以選擇離開，因為總是還有下一晚可以讓你建立連結或重新參與其中。

公眾連結代表我們可以和別人在一起，卻無須**隨時在側**，這是件很棒、能讓人毫無壓力的事。雖然這並非是我們生活所需的一切——我們確實也需要強烈且穩固的一對一關係——但我們已經忘記沒那麼密切的關係會帶來多美好的感受。剛開始進行這項挑戰時，我一走進瑜伽教室，便發現只要往地板上一躺，我就成為團體中的一份子了。這真是令人寬慰，又深感安心，而且此事也比我們認為的更加重要。我們透過公眾連結所建立的人際關係「比較輕」，並不代表這些關係「不夠強」。在你尋找無需仰賴彼此分享或高度的情感投入的與人相處之道時，你就會開啟入一個全新的社交世界，當你感到疲倦、心情低落或無心與人進行太多社交互動時，都可以進入那個世界。

我曾在社區花園，整晚跟一個滿腦子只想著要重建儲藏室的人坐在一起，他好幾個小時都沒說話。但我看得出來他很快樂，也自覺是團體中的一份子——而他確實也屬於這個團體。他或許是害羞，或者一心只想著他的木工計畫，但這座花園提供他可以和別人相處、卻不必一直**說個不停**的場所。

如果我們要檢視自己是否抱持既定的期待，認為我們剛認識的人應該在外表與行為上都與我們最親近的朋友相似，那麼，我們也必須自我檢視是將什麼樣的信念及想法，帶到自己與新朋友的關係裡。我立刻就迷上了這項研究。研究顯示，我們所尋找的連結，其實有一部分就在我們的大腦中，某些特定的想法可能會導致我們很難感覺到連結，即使連結就在那裡。對我來說，我的「家」就讓這個問題顯而易見：那是個很棒的地方，可我偏偏就不覺得它有那麼好。對其他人而言，則只要是牽涉到在地或甚至義工的事，可能就會出現阻礙或產生偏見。或許過去在這些事情上，你曾有過不好的經驗，可能導致你在參與新的活動時會出現這種想法：「**根本沒用**。這樣做只是浪費時間而已。」

你得非常小心提防這種想法。如果你覺得事情沒有意義，不妨捫心自問為什麼。你一定要讓自己經歷這些過程。以我為例，我是從與椅子對話開始，最後以獨自站在一大片公寓大樓的建築工地裡劃下句點。這樣做並不會多快樂。事實上，在啟發課程看到「同志死因」時，或許是我在進行這項挑戰的過程中感到最低潮的時候。但是，我必須做這件事，才能釐清自己究竟是把什麼樣的**想法**帶進尋找歸屬感的歷程中；也就是說，只要一想到「地方」，我就會缺乏安全感，因此認為奠基於地方的人際關係可能也不安全。

我同意布萊恩．雷基與克蕾兒．古柏．馬可斯等專家的主張，他們認為，歸屬感有很大一部分早就存在於我們的大腦中。我也同意專家說我們太快拒絕乍看不像親密友誼的人際互動，以及我們希望更廣大的社會連結能看起來很像我們的個人連結等看法。這些想法都非常沉重。如果你在進行自己的連結計畫時，認為除了親密的友誼之外，其他關係都無法滿足你，結果你可能會大失所望。

優秀的領導人，能讓團隊產生向心力

但是，關於連結，還有另一個無關乎我們心理狀態的層面，同時也是我們要注意到的一個重點。我們住在一個會以怪異的方式來自貶身價的世界裡。如果我們不快樂、失業或破產，整個社會就認為這是個人的問題，解決之道應該是要找出自身可能導致問題的成因。但是，害我們失業或破產的原因，很可能跟我們根本無關。套句科技術語來說，或許這是結構性的問題，也就是說，看似是個人的缺點，但罪魁禍首其實是社會情況或經濟情勢所造成，不論你如何改變自己，也無法改變這些大環境。

我並非要低估個人的積極主動性，但我認為，要是我說你只要探尋內心，就能找到歸屬，那就太不誠實了，而且也毫無助益。不論從大局來看或自小處著眼，真相都不是如此。許多感覺像是個人或由私密情緒所引起的問題，事實上是肇因於更大或更外在的因素。如果能察覺到這些因素，對事情會大有幫助。否則，當問題不出在你身上時，你仍會覺得是因為自己缺乏連結而感到自責。

舉個例子來說：在我進行義工計畫時，我發覺每兩家機構中，就有一家不再需要義工，這讓我有點震驚。在這個數據背後有段很長的故事，此外也表示過去都是由義工免費執行的那些專業工作，在我可能加入的團體中，有半數都將不再提供給義工機會。萬一我沒做這項研究，並進而解決更大的問題，我很可能會緊張兮兮地自責不已，認為自己肯定有問題，或我的方法哪裡出錯了，但其實問題是出在這些機構本身的改變。

數據讓我們更容易明瞭這件事。以義工為例，許多睿智學者所做的研究就讓我獲益良多，他們能對我經歷過的一些事情做出解釋：例如哈佛大學的社會學家賽達・斯科次波（Theda Skocpol），就曾探索在我們的文化裡，團體成員的關係是如何隨著時間演變的。儘管如此，還是有其他問題很難察覺到，而且也不見得總是有人會詳細記下來。

比方說，我發覺當我進入一個團體後，心裡通常就會立刻出現被接納或被排擠的感覺。我在社區花園與拯救豬隻組織就覺得是被接納的，但在啟發課程卻完全沒有這種感覺。有好一陣子我都搞不懂為什麼會這樣，因為我選擇的團體全都和我擁有類似的價值觀，而且這些團體的運作模式也大致相同：他們都希望像我這樣的人參加，也試著召募一群能為特定目標共同努力的陌生人。

我花了一段時間才明白，能讓我立刻產生連結感的地方，通常那種感覺都是由團隊領導人所造成的。像是拯救豬隻的貝絲和社區花園的海蒂，她們習於親切且友善地待人，而且也都會告訴我該如何融入他們團體的辦法。但是像負責帶領我在啟發課程中加入討論小組的泰碧，則慌亂得不知所措；她無法讓小組裡的人放鬆，因為她自己就很緊張。所以，有時我會產生例如「哇！這個團體感覺真好。」的這種個人反應，其實跟我自身一點關係也沒有。這些反應之所以產生其實是很有邏輯的，這完全取決於團隊領導人把什麼樣的技巧與態度帶進他們的工作裡。優秀的團隊領導人會讓「建立連結」這件事看來十分容易；而能力較差的領導人則會切斷連結。

如果你碰到糟糕的團隊領導人，可以運用許多處理方式。比方說，你可以與團體的其他成員接觸互動，以拓展人際關係。但是，萬一領導人話講個不停，或作風強勢，或許很難這麼做。還有一種做法也很有效，雖然聽起來可能會有點無情，那就是你可以不再參加這個團體的活動。雖然當初我離開啟發課程，是因為看到課程中居然提供恐同的資料，而不是因為泰碧的緣故，但倘若我並未因為政治因素而離開，也必須決定是否願意繼續留下來面對泰碧拙劣的領導能力。我的答案很可能是「不要」。最終，我們所做的決定是很個人的：對於「無趣」忍耐度較高的人，或許比較受得了泰碧；他們甚至可能還會想出有建設性的方法，來鼓勵大家討論。但我不是那種人。現在，如果我有與人建立連結的機會，但卻看到差勁的領導能力，我就會傾向離開，因為就算我有想要多做一些事的心，但是在這種狀況下我還是沒辦法繼續留下來。

公共空間減少，讓歸屬感也流失

此外，也不是只有「人」的問題會妨礙我們尋找連結，但至少「人」是可以被看見的：我每週到拯救豬隻組織，都能見到貝絲有多沈著又和善。在很久之後我才注意到的（雖然我早就已經多少意識到此事的重要性），是我周遭的公共空間對我與連結間的關係產生有多大的影響。

波士頓學院的教授茱麗葉・修爾（Juliet Schor）等許多專家指出，在一九八〇年代早期（差不多也是擁有歸屬感的人數比例開始下降的時候），我們的花費由從公共開支轉為私人消費。不論是當時或現在，投入眾人共享事物中的費用越來越少，例如公共運輸系統、公園、圖書館和社區中心（以我家附近的社區中心為例，招牌上有個字母已經不見好幾年了，只因為沒有預算進行額外的修復工作）。

我花了一段時間才明白，我原以為我獲得歸屬感的部份成果是自己的功勞（我居然在社區花園也可以與人建立連結！），但其實這得歸功於我能充分利用公共資源。幾十年前，有人決定將土地做為公園預定地；然後某位市政府官員則撥款剷平土地；幸好在主要支出款項尚未被凍結之前，我們還是用納稅義務人的錢蓋好了社區活動中心（這是個可以讓我們常去裝水澆花的地方）。如果這些事做得不到位，在地方上少了必要的基礎設施，我就不可能尋得連結。或許社區裡仍會有綠地（我個人覺得擁有綠地是很幸運的事），但是在綠地上是很難舉辦社區活動的。

因此，有些我們原以為是屬於個人的問題（例如人們不夠團結和睦），其實是公共政策所造成的。我事後諸葛地體認到，我很幸運可以在有像樣的大眾運輸系統的城市裡進行整個挑戰。雖然交通系統有時會故障，害我得跑步才趕得上彼拉提斯課，但我通常都可以靠大眾運輸工具載我前往綠色和平組織的辦公室、拯救豬隻組織以及教會。如果沒有大眾運輸工具，我就得開車；萬一我的車壞了，我擁有的連結方式就會變少，這不是因為我做了什麼或沒做什麼，而是因為我無法去那些能提供連結的地方。

當我體會到公眾社會提供我這麼許多歸屬感時，會讓我更加珍惜、也更想保護它。而想要保護公共空間最好的方式就是去使用它。這話聽起來或許很怪，因為人們**當然**會去公園啊！但他們可能不會使用、又或將來可能不再使用社區中心或當地的圖書館，只因為還有其他的私人空間可供選擇。這些選項究竟是公共領域減少的因或果，或許會引起爭論，但如今我們確實有許多能帶來歸屬感的私人空間可以選擇。

在地的歸屬感，能產生環境療癒力

我承認我之所以會「購買歸屬感」，是在頭腦不清楚的情況下做出的決定：當時賀志正瀕臨死亡，我感到筋疲力竭，那也可能是我在這項挑戰的過程中最有所質疑的時候。但我那時（現在依然如此）懷疑的是，私人世界究竟得提供什麼東西，它並非無法提供歸屬感，其實它可以的。但它提供的是不同的歸屬感——那是我無法自行重現那種歸屬感；而且，至少在彼拉提斯教室，那種歸屬感讓我變成另一種人，不那麼敏感，也不那麼愛跟人聊天。如果我繼續這樣下去，讓自己變得更不愛說話、也更愛批判，最後我很可能會成為「無法以免費方式建立連結」的人，因為在非商業的世界裡，你必須與人為善，和別人聊天。我想，我最後會陷入「以金錢換取連結感」的輪迴中：既然我沒有能與他人產生任何必要連結的技巧，那就得仰賴某人替我完成大部分的工作。

因為我學會在現今社會，我們必須把一些特定的技能帶進尋找歸屬的過程中。當我還住在紐芬蘭時，我對於「我所住的地方能為帶我來什麼」這件事很感興趣。在這個例子中，我的家曾帶給我的是美麗的風景、丹妮爾的大家族，還有團體（像是我的冥想團體），這些感覺起來都是輕鬆就能搞定的小事，因為那是個人口很少、也易於管理的小鎮。很像我以前打算寫的那本關於從大城市來到小鄉村裡的書，就是那種一到當地馬上就能感受到社區意識的小鄉鎮。

我想，說到歸屬，那就是我們大部份的人所渴望的狀態。這當然也是我泰半所想要的感覺，尤其是與家庭和社區鄰里這兩者有關時更是如此。我想要那種只要我待在那裡，就會被呵護、被接納的感覺。

換成是現在，我就不那麼確定你能否那麼容易就被接納。回顧過往，我甚至不確定我「離開」的那個小鎮（亦即我原先想要書寫的小鎮），當時所呈現出的社區意識是否就是他們原本的樣貌。如今在我看來，那個美麗的濱海小鎮所做的，似乎是激發了我內在某些特定的行為，讓我更容易獲得、也更容易體會到歸屬感。

大部分小鎮傳奇的真相，其實就是如此。重點不在於要尋找雞犬相聞的某個小鎮，而是要找到能讓你展現出更好的另一面的地方。在那裡，你會逢人就打招呼，認識各種年齡層的朋友，並成為能信賴別人、也值得別人信任的人。

遇到拒絕，除了離開，也可以轉身面對

你不需要特意到一座小鎮以激發潛藏於內在的這些態度或行為。我在北美的第三大城市就創造了歸屬感，而我之所以能做到，是因為我學會了特定的**行事風格**。這不僅只是控制自己的想法，同時我還了解到自己不必與周遭的人都很相似，更清楚了解到自己該如何應對特定的情況，即使社會文化所傳遞的訊息是你不該那麼做時，我依然能鼓起勇氣勇往直前。

舉例來說，在你開始尋找歸屬時，你極可能會碰釘子。這種拒絕或許非常微不足道，就像我第一次上完瑜伽課在水果攤碰到的那種拒絕。你也可能會碰到很嚴重的拒絕，就像在教堂講道壇上的那種訓話，又或是在新聞傳媒中出現的大新聞。關於上述的第一種拒絕，如果你知道泰諾止痛藥有助於緩解疼痛，對你會很有幫助（甚至還有研究指出，在你試著加入一個團體**之前**，先吃顆泰諾止痛藥，或許是很好的事前準備工作）。如果你不想處理痛苦的問題，或是這個團體對你來說不太重要，那你大可離開，不需再面對那樣的拒絕。

如果你想參加的活動對你而言並不重要，你心裡就必須很清楚，被拒絕會對你造成什麼影響，還有你該如何做出最好的回應。你得明白遭拒可能會讓你更有敵意或更容易發火（或像豪豬般渾身是刺）。光是你能意識到可能會發生這種情況，就能幫助你從正確的角度思考與行事，或許還能讓你將速度放慢到可以放鬆的程度，並好好享受你正打算退出的新團體。比方說，當我最

後覺得必須逃離聯合教會那些友善的人時，我應該捫心自問為什麼我會拒絕參加聚會。我也應該好好探究，為什麼我當初加入時是想建立連結，離開時卻不想跟任何人說話。只要我能對事情的背景有所了解，相信必定有助於明白為何我還會對當初被天主教會排斥的事耿耿於懷——即使在聯合教會，也沒有人會那樣拒絕我。

但我也必須學會我可以轉過身來直接面對拒絕。當初我試著重新加入天主教會時，所有的壓力如排山倒海而來，讓我幾乎想打退堂鼓。天主教會是階級分明的宗教，一旦最高層（當時是教宗本篤十六世）說他不想要你，就沒有太多的轉圜空間。可是，我也明白，在那樣艱困的處境下，仍有許多人與我一樣，面對著相同的拒絕，但他們學會面對拒絕，並加以克服，進而獲得我所尋找的歸屬感。長久以來，人們已經透過各種重要的方式在這麼做。就連我那些瘋狂的祖先（想當初他們離開英國，踏上橫跨大西洋的冒險之旅，直到看見陸地才終止），也與一樣流落在外的同鄉維持緊密的關係。

團結在一起，為共同的理念發聲

一個人獨自划船橫跨大西洋的景象，看來還蠻時髦的。有時候我就會在聖約翰市看到這種人，因為那裡是熱門的出發點。我想不通他們為什麼要做這麼奇怪的事。但我更好奇的是，為何所有媒體都是以正面角度報導這些參賽者在付出努力時，伴隨而來的匱乏、寂寞與耐力等感受的。

剛開始進行尋找歸屬挑戰時，我思索著現代社會對於毅力的重視程度，以及為什麼大多數我們所做的事情，其實都是在突破自己的個人極限。我們在這方面所做的努力，像是連續數日的禁語、跑坡訓練、冰浴和地獄式減肥法等，都在在顯示我們覺得自己必須學會具有毅力；而我們為訓練毅力做的準備，就需要一定程度的孤獨（從這個層面來看，學習漠視個人的不幸，以及連續數週禁語，都是有用的技巧）。我不知道在這之前是否有任何世代曾和我們一樣，經歷過同樣程度、或被迫接受這樣的孤獨。這種孤獨有時會被美化（大膽無畏的水手坐在單人艇上），有時候則充滿悲傷（老太太被發現死於獨居公寓裡），但這兩種孤獨都不是挑戰。我們的文化很少鼓勵我們以實際、且親自參與的方式，與大家同在一起。我們可以發推特，但並不鼓勵彼此見面。

為什麼二〇一一年橫掃北美的佔領運動[1]如此令人熱血沸騰，還有我的關心計畫為什麼這麼重要，原因都在於此。即使社會文化不鼓勵眾人以公開的方式齊聚一堂，但我們依然可以這麼

---

1 這是指「佔領華爾街」（Occupy Wall Street）運動，最早發生於二〇一一年九月十七日，由一個加拿大反消費組織 Adbusters 媒體基金會所發起。以持續佔領紐約金融中心華爾街的方式，抗議各財團、銀行、大型公司的貪得無饜、造成社會貧富懸殊、運用金錢影響政治和傷害民主制度發展。之後，相關的佔領運動蔓延到全美各地，進而擴及至世界各地的主要城市。

做。這麼做不只會令人感到不滿（尤其是當你的訴求目標是不受歡迎時更是如此），你將遭受的責難更將遠超過於此。當年加州大學戴維斯分校的學生在靜坐抗議時因遭到警方噴灑胡椒噴霧，使得這起事件鬧得沸沸揚揚[2]；當我拿著關心小狗與小豬權益的標語站在多倫多路邊時，經過的人會怒罵我是白痴。我真心覺得，當下大家批判的並非是我們的「訴求」，而是我們「參與的行為」。我們只是不再習慣大家一起參加活動；除了運動團隊或獨立樂團之外，我們沒有太多團結的榜樣能夠學習。

在進行這項挑戰時，我決定參加一場示威遊行，抗議「基石XL輸油管計畫」[3]，為當地住民爭取權利。當我告訴一位朋友我的打算時，她說：「妳要**做**那件事？妳要去抗議？」當時我已經在豬島站了超過兩個月，在完全沒有保護措施的情況下，我們小小的抗議聲浪毫無任何防備地暴露在外界的敵意中。而我朋友口中的那場遊行是透過正式的組織，而且還有警方保護。我不明白她為什麼會覺得那是件大事。更何況，沿著市中心的街道走根本不算什麼（甚至沒人要求我們得拿著標語），即使我閉著眼睛都做得到。

然而，我突然明白了，我那位善良的朋友只是不知該如何抗議，她並非要挑戰「支持當地居民權利」的理念。她想傳達的意思是，她沒有和別人一起公開表達理念的經驗。此時的她有點像第一次參加綠色和平集會的我，只要一想到跟著群體在大庭廣眾下示威遊行，就會覺得怪怪的。但我必須學習與別人並肩挺身而出，這是我必須精通的能力，就像我必須學會閱讀案例法，以及寫規劃申請書的備忘錄一樣。事實上，這種能力更難學會，因為閱讀法庭案例並不會讓我感到還算符合正常標準的那種困窘，或讓我心裡萌生「**我該這麼做嗎？**」之類的疑問。

在進行這項挑戰的大部分過程中（或許剛開始的一整年都是如此），我將這種不願意公開與大家一起活動的心態，視為文化上的缺陷。我覺得我們失去做這件事的能力，實在是很慚愧；同樣地，我也覺得弄丟我叔公的小提琴是件很丟臉的事。這種失去似乎是我那令人懷念的過往歲月中，又一件我不可能再發生的軼事。不過，後來發生了一連串的事，我因此不再把失去這種能力與搞丟查理叔公的小提琴歸在同一類，我發覺這兩件事有些許差異。

離開團體，就會失去改變的可能性

正當這項挑戰漸漸邁向尾聲時，有一連串的發展似乎都跟我有關。首先，是聯邦政府頒佈了新的豬籠法規，規定讓動物要能有更多互動、更充足的採光，也要能更常活動。我想起貝絲為

---

2 二〇一一年十一月，該校一批響應「佔領華爾街」運動、在校園內和平靜坐的學生，遭校警數度使用胡椒噴罐驅離。警方攻擊學生影片被上傳至網路，受到各國媒體廣泛報導，批評聲浪蜂擁而至。

3 加拿大石油公司在二〇一三年宣布此計畫，預計興建一條從加拿大西部到美國德州、長度近三千公里的油管，反對者認為此舉會使全球暖化更為惡化，因而在美國境內進行大規模的抗議遊行。

「白晝之夜」藝術節準備的豬籠展覽，還有那天晚上，她帶領團體英勇地展開長夜漫漫的大眾教育運動。拯救豬隻肯定不是唯一投入改變農場作業方式的團體，但它卻能漸漸喚起世人的重視，讓聯邦政府、甚至是麥當勞等私人企業再也無法忽視這個問題。

後來，出乎意料之外地，拯救豬隻組織抗議的那間屠宰場申請破產了。那家屠宰場負責處理安大略省四分之一的豬隻。這項改變不代表工廠化農場的管理方式已經消失了，事實上還差得遠呢！但這確實代表一個小團體所努力的目標實現了。箇中原因或許與這個團體無關，畢竟拯救豬隻組織無法掌控一家大型豬隻屠宰公司的財務狀況。當這家屠宰場真的關門大吉時，許多人都知道發生了什麼事，但卻不似以往只要有個企業關店歇業就會有人強烈抗議。許多人（不分距離遠近、不論是吃蛋奶素或全素，又或是否富有同情心的人）都很高興看到屠宰場消失。

或許最令人困惑的是，有天早上我醒來時，聽到廣播中傳來教宗本篤十六世卸任的消息。這件事本身就很奇怪：教宗竟然像銀行執行長一樣辭職了？但這是真的：強烈反對同性戀的教宗本篤十六世要離開了。再過了幾個月，他的繼任者教宗方濟各就表示他不會批判同性戀者。我的同志天主教電子信箱就如同被點亮的聖誕樹般。他真的那麼說嗎？那是真的嗎？那是什麼意思？

教宗方濟各的話不代表天主教會改變了自己的教義。但就像母豬籠的改變一樣，這些變化都顯示大方向轉變了，有些事跟以前不一樣了。我覺得很激動，這不只是為了我自己和我那小團體中的成員，也為了其他所有害怕出櫃、但又不可能參加我們這類型團體的同志天主教徒而高興。

對我們許多人來說，現在事情簡單多了。

我覺得奇怪的是，這些事態的發展政治意味濃厚（就連教宗方濟各的聲明也不例外，儘管是在宗教背景下提出聲明，卻具有明顯的政治操弄）。而且，我不是很政治化的人。我不會在我家的草坪上放候選人的標語，也不會寫信給政治人物。我對創造歸屬感有興趣的動機，從來都無關乎政治；我這麼做永遠都是出於個人因素。我的整體目標應該是為**自己**創造更好的生活。

但出乎意料地，一旦我開始為了自己建立更大的生活圈，我就得加入團體，結果這些團體都致力於政治方面的改變。而我所參與的都是邊緣化的組織：一個關心豬隻福祉的團體，還有一個同性戀小團體。至於我並未加入的綠色和平組織，它追求的則是更大的目標：亞洲漿紙業集團（Asia Pulp & Paper），這家在印尼老虎棲息地砍伐樹木的公司，之前曾經承諾會停止這種行為。這意味著，這三家我曾經加入或考慮加入的政治性團體，全都對更廣大的世界發揮了影響力。他們的努力帶來改變，這一切都源自於他們願意勇於抗議，挺身而出面對拒絕，要求不同既往的包容與接納。

如果我往前回推，假設自己、還有其他人都沒有參與其中，就很難想像會發生這些改變。這也是商業化的世界快把我逼瘋的一點。在教宗方濟各發表那番眾所矚目的聲明，以及母豬籠的法規改變之後，我報名參加冥想與彼拉提斯的課程。當時我親眼目睹透過團體的努力所能發揮的影響力。然後，在身處商業化世界用金錢購買歸屬感的過程中，有人告訴我要把焦點放在自己身上，以及要從內在創造連結。這不只顛覆了我所有的語法規則與理智規則，同時也讓我感到挫敗。我認為在內在反思與對外行動這兩者之間，應該會有一些爭辯和拉扯，因為這兩者都有充分理由說服我們該是改變的時候了，畢竟那些西藏喇嘛看起來都很厲害。但是我們身處的商業化世界並不鼓勵我們直接出家去當喇嘛，而是回家向內探尋自我，少花時間跟身邊的人閒扯。

這意味著，倘若這是我們現今社會對於連結的看法；又或者，倘若我們已經疲累到這是我們唯一能夠建立的連結，那麼我們將身陷險境。因為如果我們不加入團體、俱樂部或參加聚會活動，在這個獨來獨往的世界，將不會發生任何改變。不論我們此刻擁有什麼，最終都只會比現在再多一些，但我們所擁有的那一切是不夠的。是「改變」讓我們聚在一起，也是「改變」為我們打開能和同胞們及彼此共同迎向更好關係的大門。如果我們缺少同心協力的能力（包括面對可能遭到拒絕、以及對抗我們認為不公不義事物的能力），這些改變將永遠不會發生。

在結束這項挑戰後，我確信一件很重要的事：我們已經忘記不同的互動會帶來不同的結果。當我們完全仰賴個人的連結，只把焦點放在自己身上；或者過度美化當一個人獨自從紐芬蘭的大淺灘出發，划船前行一百哩這種孤單的情況，代表我們已經忘了在這世上，大部分的改變都是由團體造成的，要是我們離開團體，就會失去改變的可能性。

我並不是說尋找歸屬的計畫必須充滿政治性。我依然認為，歸屬的重點在於要為自己創造更美好、更富足的生活。只不過在這種創造、還有學習如何和土地與他人建立連結的過程中，我們都無可避免地會轉向公共領域。我認為，一個結合群體與個人的世界，才是讓人居住起來會覺得更滿足的世界。在那裡，你可以用毅力換得支持、創意與親密無間，而且這種感覺好極了。

我們都快忘記這種美好的感覺了，但幸而還記得一些。當我結束這項挑戰，並運用各種方式找到連結之後，我騎腳踏車穿越多倫多的主要大道央街（Yonge Street），然後上了一座橋。下方的街道因為舉辦馬拉松比賽而封閉了，穿著明亮服飾的跑者正慢慢跑著下坡路段。橋上聚集了一小群人，大部分人可能都沒發現到此刻正進行馬拉松比賽，像我就不知道。不過，路人一看見那些跑者，就停下來觀賽，並且鼓掌歡呼以表示支持。那些跑者一個個抬頭看，有些人微笑，許多人回以掌聲，還有人大喊道：「下來跟我們一起跑！」那天天氣晴朗，微風輕拂，街道因為封閉的關係所以相當安靜。每個人，尤其是在橋上那一群人，似乎都很快樂，甚至是到熱情的程度。而造成這種情況的原因是，他們進入所謂的「群體同在感」。對我們來說，這不再是隨手可得的機會，但這種感覺真的很棒。

我想，我們都知道這種感覺很好，也希望能擁有更多這樣的體驗。更具體地說，我認為我們正處於轉捩點，此時我們必須決定是否該採取行動，以滿足自身的渴望。如果不這樣做，的確會比較輕鬆，即使只有私人的關係、商業交易的經驗，以及在郵輪上制式的群體互動模式，我們一樣能生活。但我們想要的不只是這些。一旦遇到對的情境，比方說，那天早上我在橋上看到的情景，或者在暴風雪過後鄰居間互相幫忙，我們就會體會到截然不同的契合，也更有患難與共的感受。可是，在事過境遷後，我們就又退縮了。

我們可以不必退縮。我們可以用對自身有意義的方式，加入群眾的行列。而這樣做的結果不會像在一九五〇年代一樣。我不是要所有在城市裡的潮人都開始戴著共濟會的帽子（儘管這種裝扮真的很酷），也並非要媽媽們花好幾個小時參加家長會。但我們可以跳脫個人的生活圈，尋找同樣也會令人滿足的新方式，與其他人產生連結。當我們那麼做時，就會創造另一種與眾不同的群體世界，在那裡，或許會更平等、也更友善些。

重點是，**我們**必須起身力行。沒有人能替你尋找歸屬，商業世界也無法帶你找到歸屬，但你可以透過行動自行創造。也有很多人已投入此事，這些人不是正踏在尋找的路上，就是正準備展開行動。你唯一要做的，就是加入他們。在參與的過程中，我們可以做得更多、感受更多，並且成就更充實的自己。你只要踏出一步——別再當個局外人，踏出離開舒適圈的第一步。站在這個位置的你，就不會再覺得那麼孤單，也會確定自己究竟想要什麼。在整個尋找歸屬計畫裡，或許你會一直覺得「我只是個新手」，這種感覺會伴你走過很長一段路，最終讓你到達出乎意料之外的地方，也讓你獲得意外的體驗，然後你會發現自己愛極了這段經歷。

致謝

如果沒有我的經紀人蘇珊・布藍瑞斯（Suzanne Brandreth）支持與鼓勵，我就不可能完成這本書，她對我信心十足，而且在我想要放棄的時候，鼓勵我繼續寫下去。我也要大大感謝我的編輯拉拉・希其伯格（Lara Hinchberger），多虧她提供啟發靈感的明智建議，讓這本書更加條理清晰，更好閱讀。

感謝蘿拉、潔西卡、東尼、艾力克斯和史考特，他們是這麼好的朋友，好到難以置信。感謝我在聖約翰市認識的莫若、溫多和艾爾莎。此外，當然還要感謝我的家人，謝謝他們用各種方式讓我找到歸屬感。

感謝我在這趟旅程中遇到的所有人。我很高興這本書幫助我找到你。感謝所有拯救豬隻的同伴，還有在社區花園耕耘的朋友；感謝教會的教友，還有視察動物園的伙伴；感謝所有出席集會或說明會的人們，也感謝和我一起在「最好的場所」站著聊天的友伴——謝謝大家讓這個世界感覺更遼闊、更溫暖，也更有生命力。倘若沒有你們，這本書不可能問世。

評量與測驗

以下針對本書所關注的幾個主題附上評量與測驗，讓你可以評估自己的表現。在這裡，沒有平均分數，答案也沒有對錯。不過，思考這些問題會很有趣。我一看到「心理上的家的評量」（Psychological Home Scale），就知道我沒有投入很多時間與精力，把一個地方變成我的家，而這讓我思考如何改變自己，改變我和地方的關係。

你也可以用簡單的「是」或「不是」回答每個問題。我發現，在挑戰的過程中至少測驗一次，會很有幫助。儘管我在「擔心被批評」的評量上結果仍然一樣，但在「心理的家」與「鄰里的社群意識」，我的表現變好了。

心理的家的評量

一、我十分依戀我住過的地方。

二、我會投入許多時間與精力，把一個地方變成我的家。

三、我在家時感覺會更放鬆。
四、我身邊的物品可以凸顯我的個性。
五、我從自己的家可以得到安全感。
六、我會在自己的住處注入個人風格。
七、我以自己的住處為傲。
八、我會努力把一個地方變成我的家。

鄰里的社群意識評量

一、我和與我住在同一社區鄰里的大部分居民都很相似。
二、我想說話的時候，通常可以立刻找到住在附近的人聊天。
三、我不在乎我住的社區鄰里管理是否得當。＊
四、住在我們那一帶的居民都知道，只要他們有麻煩，就可以從鄰居那裡得到幫助。
五、我有幾個朋友住在同一區，他們會參與我每天的活動。
六、當我因為私事而心情不好時，我找不到鄰近的朋友傾訴。＊

七、我在住家附近沒有可以仰賴的朋友。*

八、如果在我住的那區發生嚴重的問題，居民會團結起來解決問題。

九、如果有人為社區鄰里做了什麼好事，會讓我心情很好。

十、萬一遇到緊急情況，我根本就不知道我家附近有誰願意伸出援手。

十一、對鄰里好的事，就是對我也好的事。

十二、成為社區中的一份子，感覺就像交了一群朋友。

十三、我擁有可以信任的社區鄰里領導人。

十四、除了我的家人，在社區鄰里中還有其他人是真的關心我。

（註：以上的測驗中，第三、六和七題回答「不是」，才算是正面答案。）

擔心被批評的評量

一、對我來說，受人喜愛與獲得認同很重要。

二、當我看不出來剛認識的人是否喜歡我時，我就會很不安。

三、如果身邊的人跟我沒有明顯相似的地方，我會很不自在。

四、我說話時會字斟句酌，因為我擔心別人不贊成我的看法。
五、我擔心萬一別人知道我的毛病或弱點，他們就會不喜歡我。
六、我和別人相處時，會一直尋找對方是否喜歡和我在一起的線索。
七、我老是向人道歉，即使那並不是我的錯。
八、只要有一個人批評我的外表，我就會覺得大家都認為我缺乏魅力。
九、我害怕傷害別人的感情。
十、我發現自己很難拒絕別人。
十一、為了討好別人，我會做一些自己不喜歡的事。
十二、如果我覺得某人可能在生我的氣，我就會很想向他道歉。
十三、我覺得自己必須對別人表示友好。
十四、特立獨行、標新立異會讓我很不自在。
十五、當與別人共處時，我不確定他們希望我該如何表現，這一點讓我很不自在。
十六、我擔心「別人是否喜歡我」，勝過擔心「自己能否實現重要的成就」。

CFH0416

找到我的歸屬感：建立連結，尋求認同，擁有存在感的心靈探尋（探索真我升級版）

作　者—艾蜜莉．懷特
譯　者—沈維君
主　編—郭香君
責任企劃—張瑋之
封面設計—張巖
內頁排版—極翔企業有限公司

編輯總監—蘇清霖
董 事 長—趙政岷
出 版 者—時報文化出版企業股份有限公司
108019台北市和平西路三段二四〇號四樓
發行專線—（〇二）二三〇六—六八四二
讀者服務專線—〇八〇〇—二三一—七〇五
（〇二）二三〇四—七一〇三
讀者服務傳真—（〇二）二三〇四—六八五八
郵撥—一九三四四七二四時報文化出版公司
信箱—（一〇八九九）台北華江橋郵局第九十九信箱

時報悅讀網—http://www.readingtimes.com.tw
綠活線臉書—http://www.facebook.com/readingsgreenli
法律顧問—理律法律事務所　陳長文律師、李念祖律師
印　刷—勁達印刷有限公司
二版一刷—二〇二一年四月九日
定　價—新台幣三六〇元
（缺頁或破損的書，請寄回更換）

時報文化出版公司成立於一九七五年，
並於一九九九年股票上櫃公開發行，於二〇〇八年脫離中時集團非屬旺中，
以「尊重智慧與創意的文化事業」為信念。

找到我的歸屬感：建立連結，尋求認同，擁有存在感的心靈探尋（探索真我升級版）/艾蜜莉．懷特（Emily White）著；沈維君譯. -- 二版. -- 臺北市：時報文化, 2021.04
面；　公分
譯自：Count Me In: How I Stepped Off the Sidelines, Created Connection, and Built a Fuller, Richer, More Lived-in Life
ISBN 978-957-13-8778-9（平裝）
1.人際關係　2.社會互動

541.76　　　110003749

ISBN 978-957-13-8778-9
Printed in Taiwan